Kohlhammer

Die Herausgeberinnen

Dr. Juliane Gerland ist Professorin für Musikpädagogik mit dem Schwerpunkt sonderpädagogische Förderung und Inklusion an der Universität Münster. Sie forscht zu Inklusion und Diversität in der Musikalischen Bildung sowie zu pädagogischer Professionalisierung im Musikschulkontext.

Dr. Helen Knauf ist Professorin für Bildung und Sozialisation im Kindesalter an der Hochschule Bielefeld. Ihre Arbeitsschwerpunkte liegen in den Bereichen Digitalität und Digitalisierung in Kindertageseinrichtungen sowie Bildungsdokumentation.

Juliane Gerland, Helen Knauf (Hrsg.)

Bildungsbereiche in der Kindheitspädagogik

Grundlagen – didaktische Impulse – Praxisbeispiele

Verlag W. Kohlhammer

Dieses Werk einschließlich aller seiner Teile ist urheberrechtlich geschützt. Jede Verwendung außerhalb der engen Grenzen des Urheberrechts ist ohne Zustimmung des Verlags unzulässig und strafbar. Das gilt insbesondere für Vervielfältigungen, Übersetzungen, Mikroverfilmungen und für die Einspeicherung und Verarbeitung in elektronischen Systemen.

Die Wiedergabe von Warenbezeichnungen, Handelsnamen und sonstigen Kennzeichen in diesem Buch berechtigt nicht zu der Annahme, dass diese von jedermann frei benutzt werden dürfen. Vielmehr kann es sich auch dann um eingetragene Warenzeichen oder sonstige geschützte Kennzeichen handeln, wenn sie nicht eigens als solche gekennzeichnet sind.

Es konnten nicht alle Rechtsinhaber von Abbildungen ermittelt werden. Sollte dem Verlag gegenüber der Nachweis der Rechtsinhaberschaft geführt werden, wird das branchenübliche Honorar nachträglich gezahlt.

Dieses Werk enthält Hinweise/Links zu externen Websites Dritter, auf deren Inhalt der Verlag keinen Einfluss hat und die der Haftung der jeweiligen Seitenanbieter oder -betreiber unterliegen. Zum Zeitpunkt der Verlinkung wurden die externen Websites auf mögliche Rechtsverstöße überprüft und dabei keine Rechtsverletzung festgestellt. Ohne konkrete Hinweise auf eine solche Rechtsverletzung ist eine permanente inhaltliche Kontrolle der verlinkten Seiten nicht zumutbar. Sollten jedoch Rechtsverletzungen bekannt werden, werden die betroffenen externen Links soweit möglich unverzüglich entfernt.

1. Auflage 2025

Alle Rechte vorbehalten
© W. Kohlhammer GmbH, Stuttgart
Gesamtherstellung: W. Kohlhammer GmbH, Heßbrühlstr. 69, 70565 Stuttgart
produktsicherheit@kohlhammer.de

Print:
ISBN 978-3-17-044617-5

E-Book-Formate:
pdf: ISBN 978-3-17-044618-2
epub: ISBN 978-3-17-044619-9

Inhaltsverzeichnis

Von Astronaut bis Zucchinipuffer. Bildungsbereiche und ihr
Potenzial zur Anregung vielfältiger Lerngelegenheiten   7
Juliane Gerland & Helen Knauf

I   Alltagsintegrierte sprachliche Bildung und Kommunikation

Brotmänner und Himmelsautos: Sprache & Kommunikation   23
Nadine Madeira Firmino

II   Personale und sozial-emotionale Entwicklung, Werteorientierung und Religiosität, kultursensitive Kompetenzen

Leben und lernen in der Kita – divers und plural   47
Güler Arapi & Juliane Gerland

Wertebildung   62
Alexander Scheidt

III   MINT – Mathematik, Informatik, Naturwissenschaft und Technik

Mathematik, Informatik, Naturwissenschaft, Technik   85
Alexander Scheidt

Mathematik lernen im Elementarbereich – Wie Kinder
spielerisch und alltagsnah mathematische Konzepte entdecken   104
Miriam M. Lüken & Lena S. Jaeger

IV Medien und digitale Bildung

Produzieren statt konsumieren – der Bildungsbereich Medien und Digitalität   135
Helen Knauf

V Ästhetische Bildung

Sinnliche Wahrnehmung und künstlerisches Experimentieren als Bausteine frühkindlicher Bildung   151
Juliane Gerland

VI Körper, Bewegung, Gesundheit, Prävention

Bewegung: Motor der kindlichen Entwicklung und Zugang zur Welt   171
Renate Zimmer

Gesundheitsförderung und Prävention als Herausforderung kindheitspädagogischen Handelns   190
Thomas Altenhöner & Katja Makowsky

VII Umweltbildung und Bildung für nachhaltige Entwicklung

Durch gute Bildungsarbeit tragen Kindertageseinrichtungen zur Nachhaltigkeit bei – eine Kritik an einem Bildungsbereich BNE in der frühen Kindheit   213
Marcus Knauf

Verzeichnis

Die Autorinnen und Autoren   233

Von Astronaut bis Zucchinipuffer. Bildungsbereiche und ihr Potenzial zur Anregung vielfältiger Lerngelegenheiten

Juliane Gerland & Helen Knauf

1 Qualitäten des Phänomens Bildungsbereiche – Bildungsbereiche als analytische Kategorie?

Die Formulierung verschiedener Bildungsbereiche in der Kindheitspädagogik hat verschiedene Funktionen. Im Folgenden wird deutlich, dass sie zur Strukturierung der pädagogischen Arbeit dienen, sie können aber auch als kindheitspädagogische Ordnungsmuster verstanden werden. Sowohl im historischen als auch im internationalen Vergleich lassen sich unterschiedliche Vorläufer bzw. vergleichbare Strukturen erkennen. So orientierte sich die Pädagogik der frühen Kindheit in Deutschland vor dem »Gemeinsamen Rahmen« bzw. den Bildungsplänen der Bundesländer in der Hauptsache an den allgemeinen Zielsetzungen im SGB VIII, in vielen anderen Staaten gibt es ebenfalls Curricula, die sich entweder an inhaltlichen Sachbereichen (wie in Deutschland) oder an Auseinandersetzungsmodi (wie in Neuseeland) orientieren.

1.1 Bildungsbereiche als kindheitspädagogisches Ordnungsmuster

Frühstückszeit in der Kita. Neben Obst, Marmelade, Butter und Käse steht ein Brotkorb mit verschiedenen Brotsorten. Zwischen der pädagogischen Fachkraft Katharina und den beiden 5-jährigen Rafi und Alisia entspinnt sich eine Unterhaltung: »Rafi, welches Brot magst du am liebsten?« – »Das mit den Körnern drin, das ist so weich.« – »Stimmt, das mag ich auch gerne. Und du Alisia?« – »Ich mag lieber das Brot, das es zuhause gibt. Das ist ganz schön weiß und man kann sich einfach ein Stück abbrechen.« – »Aber man kann es nicht zusammenklappen«, sagt Rafi. »Kann man doch«, ruft Alisia empört. Katharina schlägt vor, dass Alisia mal ein Brot von zuhause mitbringt: »Und dann probieren wir, was man damit machen kann!«. An den nächsten Tagen bringen auch andere Kinder das Brot mit, das es bei ihnen zuhause gibt. Ein Kind bringt auch Kuchen mit, weil in der Familie gar kein Brot gegessen wird. So entstehen viele kleine Gespräche darüber, welche Brotsorten es gibt, wie man sie am besten isst und was Brot eigentlich ist. Die Kinder machen Fotos von den verschiedenen Arten von Brot und ihren Zubereitungsformen. Alisia erzählt, dass man »ihr« Brot ganz leicht selber backen kann; zusammen mit Katharina und zwei anderen Kindern probieren sie das aus. Sie gehen gemeinsam einkaufen, um die Zutaten für Alisias Rezept zu besorgen, wiegen ab, setzen den Teig an. Am Ende duftet es in der ganzen Kita verführerisch nach frisch gebackenem Brot, von dem nun viele Kinder kosten möchten.

Die Szene aus dem Kita-Alltag zeigt, auf welchen Pfaden sich Bildungsprozesse in den ersten sechs Lebensjahren vollziehen: In Gesprächen unter den Kindern und zwischen Kindern und Erwachsenen, durch Ausprobieren und Entdecken, durch Erfahrungen mit allen Sinnen. Vor allem knüpfen sie an den Alltagserfahrungen der Kinder an. Diese enge Verbindung zu den Alltagserfahrungen der Kinder führt auch dazu, dass in einzelnen Bildungssituationen unterschiedlichste Lebensbereiche angesprochen werden. In der oben beschriebenen Szene spielen sozio-kulturelle Erfahrungen und Zusammenhänge eine wichtige Rolle, wenn die Kinder die Arten und Verwendungsweisen von Brot in ihrer Familie einbringen. Auch geht es um Ernährung, um die Dokumentation mit Fotos (Medienbildung), um mathematische Bildung, wenn Zutaten eingekauft, bezahlt und abgemessen werden. Beim Backvorgang können chemische Prozesse beobachtet und erfahren werden (naturwissenschaftliche Bildung). Sicher würden sich hier noch weitere Anschlussmöglichkeiten finden, wie etwa Gesundheitsfragen, die Bedeutung von Brot in religiösen Zusammenhängen oder Darstellungen von Brot in Kinderbüchern. Das Zulassen und Fördern dieser vielfältigen Anschlüsse in Form von Bildungsbereichen sind typische Kennzeichen der kindheitspädagogischen Praxis. Deshalb sind sie im »Gemeinsamen Rahmen der Länder für die frühe Bildung in Kindertageseinrichtungen« (KMK & JMFK, 2004/2022) verankert und in der Folge in den Bildungsplänen der 16 Bundesländer. Der »Gemeinsame Rahmen« gibt in seiner Fassung von 2022 sieben Bildungsbereiche vor:

- Alltagsintegrierte sprachliche Bildung und Kommunikation
- Personale, sozial-emotionale Entwicklung, Wertevermittlung, Religiosität, kultursensitive Kompetenzen
- MINT: Mathematik, Informatik, Naturwissenschaft, Technik

- Medien und digitale Bildung
- Ästhetische Bildung
- Körper, Bewegung, Gesundheit, Prävention
- Umweltbildung und Bildung für nachhaltige Entwicklung

Die Bundesländer definieren zwar auf dieser Grundlage eigene Bildungsbereiche; das Prinzip der Bildungsbereiche wird dabei jedoch durchgängig umgesetzt: Ausgangspunkt ist eine ganzheitliche und inklusive Bildungsunterstützung aller Kinder (KMK & JMFK, 2004/2022, S. 8). Bildungsbereiche sollen ausgehend von den Erfahrungen der Kinder beschrieben werden, um so die Bildungs- und Erziehungsarbeit in Kindertageseinrichtungen konkretisieren, dokumentieren und analysieren zu können, ohne das Kind und seine individuellen Bildungsprozesse aus dem Blick zu verlieren. Vergleicht man die einzelnen Papiere der Bundesländer zur frühkindlichen Bildung untereinander und diese auch mit dem »Gemeinsamen Rahmen« wird deutlich, dass durch den »Gemeinsamen Rahmen« die wesentlichen Eckpunkte definiert sind. Ob die individuellen Ausbuchstabierungen auf Landesebene (und die hierfür aufgewendeten Ressourcen) einen tatsächlichen entsprechenden Mehrwert für die frühkindliche Bildung bedeuten, sei dahingestellt – insbesondere, da sich die Länder mit zwei Ausnahmen inhaltlich und strukturell sehr dicht am Rahmenpapier orientieren: Mecklenburg-Vorpommern übernimmt die Bildungsbereiche des »Gemeinsamen Rahmens« komplett und individualisiert sein Papier nur in den Einzelheiten der inhaltlichen Ausgestaltung, Baden-Württemberg wiederum orientiert sich an bestimmten kindlichen Entwicklungsfeldern und nicht zuvorderst an Sachbereichen.

Deutlich wird auch, dass sich zwei unterschiedliche Zieldimensionen in den Bildungsbereichen abbilden. Zum einen gibt es die Dimension des inhaltlichen Lerngegenstands, in der die Kinder fachspezifisches Wissen und entsprechende Kompetenzen erwerben. Zum anderen gibt es die Dimension eines indirekten Erziehungsziels, in der die Kinder sich mit bestimmten Werten und Normen auseinandersetzen. Prinzipiell sind beide Dimensionen in allen Bildungsbereichen erkennbar, sie sind jedoch nicht immer gleichermaßen präsent. So liegt der Fokus im Bildungsbereich *MINT* deutlich auf dem Erwerb von Wissen und Kompetenzen, im Bildungsbereich *Personale, sozial-emotionale Entwicklung, Wertevermittlung, Religiosität, kultursensitive Kompetenzen* steht eher die Auseinandersetzung mit Werten und Normen sowie die Entwicklung der eigenen Persönlichkeit im Vordergrund. In anderen Bildungsbereichen, beispielsweise *Ästhetische Bildung* oder *Medien und digitale Bildung*, wirken die beiden Dimensionen in einem dynamischen Wechselspiel zusammen, abhängig von der jeweiligen Situation und den beteiligten Akteur*innen.

Im Zuge der Entwicklung von Curricula für die frühe Bildung in den 1990er und 2000er Jahren haben viele Länder nach Möglichkeiten gesucht, die Bildungsinhalte sinnvoll und dem Alter der Kinder entsprechend zu strukturieren. In Neuseeland entstand mit dem »Te Whariki« das erste Curriculum für die Zeit vor der Schule (May & Carr, 2016). Es diente als Impulsgeber und Vorbild für ähnliche Vorhaben weltweit. Dort jedoch hat man sich gegen eine inhaltliche bzw. domänenspezifische Struktur entschieden. Stattdessen charakterisieren insgesamt vier Prinzipien das »Te Whariki«, nämlich eine ganzheitliche Entwicklung, Stärkung, Beziehungen sowie Familie und Gemeinschaft (Ministry of Education, 2017). Außerdem werden fünf Stränge als wesentlich angesehen: Wohlergehen, Zugehörigkeit, Beitragen, Kommunikation und Exploration (Ministry of Education, 2017). Auch das schwedische Vorschul-Curriculum orientiert sich an Prinzipien, die das pädagogische Handeln prägen sollen, nämlich einer ganzheitlichen Sichtweise, dem Spiel als Grundlage von Entwicklung, an Lernen und Wohlbefinden, Kommunikation und Gestaltung sowie Nachhaltiger Entwicklung, Gesundheit und Wohlbefinden (Skolverket, 2019).

Andere Länder hingegen formulieren, ähnlich wie Deutschland, Bildungsbereiche. In Finnland beispielsweise werden die folgenden Lernbereiche (»learning areas«) definiert: Die reiche Welt der Sprachen, vielfältige Formen des Ausdrucks, Ich und unsere Gemeinschaft, Entdecken und Interagieren mit meiner Umgebung sowie Ich wachse, bewege und entwickle mich (Finish National Agency for Education, 2018). Außerdem werden im »National Core Curriculum for Early Childhood Education and Care« Kompetenzbereiche genannt: Denken und Lernen, Kulturelle Kompetenz, Interaktion und Selbst-Ausdruck, auf sich selbst achten und den Alltag bewältigen, Multi-Literalität und Kompetenz in Informations- und Kommunikationstechnologie sowie Partizipation und Beteiligung (Finish National Agency for Education, 2018). Im Gegensatz zu den Bildungsbereichen in den deutschen Bildungsplänen fällt jedoch auf, dass sich auch hier die Lern- als auch Kompetenzbereiche deutlich von Schulfächern unterscheiden.

1.2   Bildungsbereiche als systematischer Ordnungsversuch: Die Welt strukturieren, ohne sie zu zerstückeln

Legt man der institutionalisierten Bildung ein Stufungsprinzip zugrunde, können Bildungsbereiche auch als eine Vorform von Schulfächern verstanden werden. Mit den Bildungsbereichen wurde versucht, eine offenere und entschieden alltagsbezogene Struktur zu bereitzustellen, als dies beispielsweise durch Schulfächer geschieht. Hartmut von Hentig beschreibt die Schule als »Brücke zwischen der kleinen und der großen Welt« (1993, S. 228): Mit zunehmendem Lebensalter werden den Kindern komplexere und abstraktere Gliederungen und Strukturen zugemutet. Auf der ersten Stufe sieht Hentig den Lebensraum, der aus Familie, Wohnumgebung, Straße und Nachbarschaft sowie der Natur besteht. Auf der zweiten Stufe folgen Erfahrungsbereiche (Umgang von Menschen mit Menschen, Umgang mit Sachen, Umgang mit dem eigenen Körper, Umgang mit Gesprochenem, Geschriebenem, Gedachtem). Erst danach folgen als dritte Stufe die Schulfächer, die jedoch implizit bereits in den Erfahrungsbereichen enthalten sind. Auch wenn die kindheitspädagogischen Bildungsbereiche (schon in ihren Formulierungen) stärker an den Schulfächern orientiert sind, haben sie doch einige Gemeinsamkeiten mit Hentigs Erfahrungsbereichen und verdeutlichen wesentliche Grundprinzipien der Gliederung in Bildungsbereiche:

An erster Stelle ist hier die *Alltags- und Lebensweltorientierung* zu nennen, die allen Bildungsbereichen zugrunde liegt. Ziel ist es nicht, Kindern etwas beizubringen, sondern ihnen Erfahrungen zu ermöglichen, die mit ihrem Alltag verbunden sind und die sie für das Zurechtfinden in der Welt benötigen. Im oben genannten Beispiel sind es alltagspraktische Tätigkeiten wie Einkaufen, ein Rezept umsetzen oder ein Brot belegen.

Zweitens ist die *Ganzheitlichkeit* ein zentrales Prinzip. Im »Gemeinsamen Rahmen« heißt es deshalb: »Die inhaltlichen Bildungsschwerpunkte in den Bildungsplänen stehen nicht isoliert, sondern durchdringen sich gegenseitig und sind nicht fächerorientiert zu handhaben. Durch ganzheitliche Bildungsangebote ist es möglich, mehrere Bildungsbereiche gleichzeitig umzusetzen. Die pädagogische Praxis wahrt und gestaltet gezielt diese Verbindung und gegenseitige Durchdringung der Bildungsbereiche« (KMK & JMFK, 2004/2022, S. 8). Die Bildungsbereiche verbinden deshalb die verschiedenen Fächer oder Domänen des Wissens.

Schließlich liegt den Bildungsbereichen drittens das Prinzip der *Projektorientierung* zugrunde. Zwar kann und soll nicht jede Situation als Teil eines Projektes verstanden werden. Grundsätzlich kann aber gerade das Projekt als zeitlich befristete Auseinandersetzung mit einem Thema die vertiefte Bearbeitung ermöglichen und sicherstellen (Katz & Chard, 2014). Das Projekt bietet einerseits einen Rahmen, der Verbindlichkeit schafft und den Kindern verdeutlicht, dass sie an etwas arbeiten. Andererseits ist das Projekt offen genug, um an den aktuellen Themen, Interessen und Bedürfnissen der Kinder anzuknüpfen.

1.3 Bildungsbereiche und der kindheitspädagogische Bildungsbegriff

Die drei Prinzipien – Lebensweltorientierung, Ganzheitlichkeit und Projektorientierung – korrespondieren mit dem kindheitspädagogischen Bildungsbegriff: In diesem Verständnis sind Kinder aktiv Lernende, die in ihrer je individuellen Auseinandersetzung mit und Aneignung der Welt Bildungsprozesse vollziehen (Schäfer, 2007). Die Bildungsbereiche können als eine Konkretisierung und Operationalisierung von Welt als einer zunächst abstrakten und allgemeinen Vorstellung gesehen werden. Bildungsprozesse werden in diesem Bildungsverständnis insbesondere auch durch ko-konstruktive Interaktionen angeregt und vertieft (Fthenakis, 2003; Übersicht über die Diskussion bei Drieschner, 2010). Kinder sind mit ihren Konstruktionen von Welt nicht auf sich allein gestellt, sondern werden durch Partner*innen begleitet und unterstützt. Typischerweise sind pädagogische Fachkräfte solche Partner*innen und können – mit den Bildungsbereichen als orientierende Struktur im Hintergrund – Impulse für die stattfindenden Bildungsprozesse geben. Voraussetzung hierfür ist die Beobachtung und Wahrnehmung der Interessen, Anliegen und Bedürfnisse der Kinder. Neben den Fachkräften kann auch die physische Umgebung wichtige Bildungsimpulse geben und zum Partner in ko-konstruktiven Interaktionen werden. Räume, die bestimmten Bildungsbereichen oder einzelnen Aspekten der Bildungsbereiche gewidmet sind und als Werkstätten, Ateliers oder Funktionsräume gestaltet werden, können hier einen sinnvollen Ansatzpunkt geben. Lernwerkstätten bieten unterschiedliche Ansatzpunkte für die Gestaltung von Räumen, beispielsweise als Klangwerkstatt, Naturwerkstatt oder Sprachwerkstatt (Pfeiffer, 2017). In der Reggiopädagogik spielen die Ateliers eine zentrale Rolle, die durch Kreativität und Ästhetik neue Perspektiven (für Kinder und Erwachsene) ermöglichen sollen. Idealerweise sind diese nicht auf den Raum des Ateliers begrenzt, sondern können zur Keimzelle für neue Ideen und Inspirationsquelle für die gesamte Kita werden (Chieli, 2016). In den Räumen spielt Material eine zentrale Rolle für die pädagogische Umsetzung der Arbeit in den Bildungsbereichen. Bestimmte Materialien regen zur Auseinandersetzung mit den einzelnen Bildungsbereichen an: Eine Waage provoziert Kinder, das Gewicht von Dingen zu ermitteln und verschiedene Objekte abzuwiegen, ein Regenmacher lädt dazu ein, ihn zu bewegen und dem rieselnden Klang zu lauschen. Andere Materialien, die verwendungsoffen sind, wie etwa Muscheln oder leere Dosen, können die Kreativität von Kindern herausfordern und sie zu einer Verknüpfung mit den Bildungsbereichen anregen: Die leeren Dosen können beispielsweise zu einem Dosentelefon (Bildungsbereich Medien) oder zu einem Klangkörper (Musisch-ästhetische Bildung) werden oder Fragen zum ökologischen Fußabdruck von Konserven anregen (Bildung für nachhaltige Entwicklung und Ökologie).

1.4 Bildungsbereiche als Anknüpfungspunkt für Individualität und Gemeinschaft

In kindheitspädagogischen Zusammenhängen – und insbesondere in der Institution Kindertageseinrichtung – sind die Gruppen typischerweise sehr heterogen. Auf den ersten Blick unterscheiden sich die Kinder vor allem hinsichtlich des Alters, aber auch in Bezug auf andere Heterogenitätsmerkmale wie etwa Geschlecht, Ability, Sprache oder Religion. Und natürlich haben all diese Kinder unterschiedliche Vorlieben, Interessen und Temperamente. Diese Individualität gilt es zu schätzen und zu fördern. Zugleich bedarf es aber auch gemeinsamer Themen, mit denen sich die unterschiedlichen Kinder auseinandersetzen können und wollen. Die Bildungsbereiche bieten durch ihre Offenheit Anknüpfungspunkte für alle Kinder. Ähnlich wie bei dem Prinzip des »Gemeinsamen Gegenstands« bei Feuser (1989, S. 151) können einzelne Themen unterschiedliche Anknüpfungspunkte für jedes Kind bieten. Um auf das Beispiel am Beginn dieses Beitrags zurückzukommen: Das Brot auf dem Frühstückstisch kann für das eine Kind ein altbekanntes und gewohntes Frühstück sein, für das andere Kind ein exotisches und neuartiges Lebensmittel. Das eine Kind mag sich für Brot als ein Lebensmittel interessieren, das andere eher für Brot als ein naturwissenschaftliches Phänomen und ein drittes möchte es einfach nur essen. Im Sinne einer »Pädagogik der Vielfalt« (Prengel, 1995, S. 7) bieten die Bildungsbereiche Anknüpfungspunkte auf unterschiedlichen Komplexitätsniveaus und sprechen Kinder in den verschiedenen Entwicklungsstadien und Kompetenzniveaus an.

2 Bildungsbereiche im Studium

Die Relevanz der Bildungsbereiche in kindheitspädagogischen Studiengängen wird mit einem Blick in die entsprechenden Rahmenpapiere deutlich. So spielt die Begleitung kindlicher Bildungsprozesse im Berufsprofil Kindheitspädagogin/Kindheitspädagoge des Studiengangstags Pädagogik der Kindheit (2015) eine zentrale Rolle – zumal etwa 70 % der Absolvierenden kindheitspädagogischer Studiengänge eine Berufstätigkeit im Arbeitsfeld Kindertagesstätte aufnehmen (Kirstein, Haderlein & Fröhlich-Gildhoff, 2012). Auch aus dem Kerncurriculum Kindheitspädagogik (Studiengangstag Pädagogik der Kindheit, 2022) geht die Bedeutung der Bildungsbereiche für die Studiengänge hervor. In der Studieneinheit »Pädagogische Aufgaben« wird formuliert, dass »Bildungsprozesse in Bildungsbereichen didaktisch und methodisch [zu] begleiten und gestalten« sind (Studiengangstag Pädagogik der Kindheit 2022, S. 3). Damit zeigt sich ein unmittelbarer Bezug der wissenschaftsorientierten Disziplin der Kindheitspädagogik zur pädagogischen Praxis in der Kindertageseinrichtung. Dieser Fokus auf kindliche Bildungsprozesse – insbesondere im beschriebenen offenen und alltagsbezogenen Verständnis, wie es sich in den Bildungsbereichen zeigt – trägt außerdem zu einer fachlichen Schärfung und zu einer Abgrenzung der noch vergleichsweise jungen Disziplin der Kindheitspädagogik bei. In Abgrenzung dazu liegt der Fokus in sozialpädagogischen und sozialarbeiterischen Studiengängen bezüglich der Altersgruppe der 0- bis 10-Jährigen eher auf sozialen und gesellschaftlichen Themen und auf den Arbeitsfeldern der Kinder- und Jugendhilfe bzw. in den Lehramtsstudiengängen der Primarstufe auf schulpädagogischen und fachdidaktischen Aspekten.

Eine kindheitspädagogisch geprägte hochschulische Didaktik der Bildungsbereiche erscheint dementsprechend als ein wichtiger Bestandteil kindheitspädagogischer Studiengänge. Gleichermaßen liegt hierin eine Chance zur weiteren Etablierung der berufspraktischen und wissenschaftlichen Disziplin der Kindheitspädagogik.

Mit Blick auf die Kompetenzentwicklung Studierender bieten sich insbesondere folgende Fokussierungen an:

- Ein methodisch-didaktischer Fokus, in dem sich die Studierenden mit Fragen zur praktischen pädagogischen Begleitung von Bildungsprozessen auseinandersetzen.
- Ein forschungsbezogener Fokus, in dem sich Studierende insbesondere mit forschungsmethodischen und -methodologischen Fragen auseinandersetzen, die im Zusammenhang mit den Bildungsbereichen Bildungsprozesse und ihre Dokumentation betreffen.
- Ein systematischer Fokus, in dem sich Studierende mit (internationalen) Vergleichen von Bildungsplänen und Curricula unterschiedlicher Bildungsinstitutionen auseinandersetzen.

Die Lehrveranstaltung »Von Astronaut bis Zucchinipuffer -- Bildungsbereiche in der Elementarpädagogik« im Studiengang Pädagogik der Kindheit an der

Hochschule Bielefeld hat mit verschiedenen hochschuldidaktischen Methoden experimentiert, um diesen Fokussierungen einen Rahmen zu geben. Zwei davon sollen im Folgen skizziert werden, um einen Eindruck in die hochschulische Lehrpraxis zum Thema Bildungsbereiche zu vermitteln.

Posterausstellung
Für die gemeinsame Posterausstellung im Rahmen des Seminars war es Aufgabe der Studierenden, auf einem Poster eine Aktivität aus der kindheitspädagogischen Praxis so darzustellen, dass sowohl eine Beschreibung der Aktivität selbst im Sinne einer methodischen Anleitung als auch die verschiedenen Bildungsbereiche, die diese Aktivität berühren, zu entnehmen sind. Darüber hinaus sollten konkrete Bildungsgelegenheiten für die Kinder und Herausforderungen für pädagogische Fachkräfte benannt werden. Zur Gestaltung des Posters wurden vorab Kriterien erarbeitet, die sich an Postern aus dem Wissenschafts- und Forschungskontext orientieren. Neben der vertieften inhaltlichen und didaktischen Auseinandersetzung mit verschiedenen Bildungsbereichen ergaben sich für die Studierenden so Lerngelegenheiten in Bezug auf Methoden wissenschaftlichen Arbeitens sowie bei der Ausstellung selbst in Bezug auf Präsentations- und Feedbacktechniken.

WasserKinderGarten
Ziel dieses Formats war es, verschiedene Bildungsbereiche anhand des Materials Wasser zu erschließen. Wasser erweist sich hier als Material, das quer zu den Bildungsbereichen zahlreiche Anschlüsse ermöglicht. Konkret entwickelten die Studierenden in kleinen Gruppen jeweils in sich abgeschlossene Angebote mit dem Material Wasser. Neben der konkreten Entwicklung und Durchführung dieser Angebote im Rahmen eines Tages der Offenen Tür der Hochschule Bielefeld gehörte die Erstellung einer Konzeptskizze zu den Aufgaben der Studierenden. In dieser Skizze war zu erörtern, an welche Altersgruppe sich das Angebot richtet, welche Bildungsbereiche berührt werden, welche Materialien benötigt werden und welche Bildungsgelegenheiten sich bieten. Hier war insbesondere die selbstständige Durchführung des Angebots eine spannende Herausforderung für die Studierenden.

Aus unserer Perspektive hat sich die hochschuldidaktische Auseinandersetzung mit dem Themenkomplex der Bildungsbereiche als ausgesprochen fruchtbar erwiesen, da sich Studierende so anhand von kindlichen Bildungsprozessen grundlegende kindheitspädagogische Orientierungen aneignen können, pädagogisch-praktische Kompetenzen erwerben und Aspekte verschiedener wissenschaftlicher Diskurse kennenlernen können.

3 Über dieses Buch

In diesem Buch werden die Bildungsbereiche von einzelnen Expertinnen und Experten beschrieben. Ziel ist es, die Bildungsbereiche sowohl in ihrem praktisch-pädagogischen Potenzial als auch in ihrer Verbindung zu Forschungsdisziplinen auszuleuchten. Die Bildungsbereiche werden so nicht nur als pädagogischer Gegenstand, sondern auch aus der Perspektive der Forschung behandelt. Diese Verknüpfung von pädagogischem Handeln und Forschung ist aus unserer Sicht ein wichtiges Prinzip einer akademisch geprägten kindheitspädagogischen Ausbildung. Dabei fällt auf, dass im Vergleich zur Grundschulpädagogik auf deutlich weniger Forschung, beispielsweise im Hinblick auf fachdidaktische Forschung oder auch Unterrichtsprozessforschung, zurückgegriffen werden kann – insbesondere seit den 2010er Jahren nehmen die Forschungsaktivitäten der Kindheitspädagogik im deutschsprachigen Raum jedoch deutlich zu. Hier spiegelt sich ein Bewusstsein für die Notwendigkeit, Bildung bereits in der frühen Kindheit (auch) institutionalisiert zu stärken. Die Herausarbeitung verschiedener Forschungsperspektiven innerhalb der einzelnen Bildungsbereiche bietet sowohl Studierenden als auch Lehrenden in kindheitspädagogischen Studiengängen sinnvolle Verknüpfungsmöglichkeiten von Forschung und kindheitspädagogischer Praxis.

Dabei orientiert sich dieser Band strukturell an der Nennung der Bildungsbereiche im »Gemeinsamen Rahmen«. Die dort aufgeführten Bereiche Alltagsintegrierte Sprache und Kommunikation (I), Personale und sozial-emotionale Entwicklung, Werteorientierung und Religiosität, kultursensitive Kompetenzen (II), MINT – Mathematik, Informatik, Naturwissenschaft und Technik (III), Medien und digitale Bildung (IV), Ästhetische Bildung (V), Körper, Bewegung, Gesundheit, Prävention (VI), Umweltbildung und Bildung für nachhaltige Entwicklung (VII) bilden die inhaltlichen Abschnitte des Buchs. Jedem Abschnitt ist ein Einleitungsteil vorangestellt, der einen knappen Überblick über den jeweiligen Gegenstand des Bildungsbereichs gibt und erörtert, wie dieser Bildungsbereich in den einzelnen Bundesländern bezeichnet und konzipiert wird. Auf diese Weise möchten wir den Leser*innen ermöglichen, sowohl die übergeordnete Perspektive des »Gemeinsamen Rahmen« als auch die Umsetzung in den jeweiligen Bundesländern in den Blick zu bekommen, um so mögliche interessante Verknüpfungen oder auch produktive Widerstände zu identifizieren und einen frischen Impuls in die akademische und/oder pädagogische Arbeit mit den Bildungsbereichen zu bringen. Herzstück dieser Abschnitte sind die jeweiligen Fachartikel, die sich vertieft mit den einzelnen Feldern befassen. In vier Abschnitten handelt es sich um jeweils einen Hauptartikel, für drei der Abschnitte bot es sich an, zwei verschiedene Schwerpunktartikel aufzunehmen, um der inhaltlichen Breite der Bildungsbereiche besser entsprechen zu können. So bildet der Artikel zu Sprache und Kommunikation von Nadine Madeira Firmino den Einstieg. Für den Bildungsbereich II entwickeln einerseits Güler Arapi und Juliane Gerland Perspektiven auf (Trans-)Kulturelle Bildung in einer pluralen Gesellschaft, andererseits setzt sich Alexander Scheidt mit Fragen von Ethik und Wertermittlung in der frühen Kindheit auseinander. Auch im Bildungsbereich III werden zwei Perspektiven ausgearbeitet. Alexander Scheidt setzt einen Schwerpunkt auf die naturwissenschaftliche und technische Bildung, Miriam Lüken und Lena Jäger fokussieren sich auf mathematische Bildung vor dem Schulbeginn. Helen Knauf beschreibt frühkindliche Bildung rund um Digitalität und Medien (IV), bevor sich Juliane Gerland mit der Ästhetischen Bildung auseinandersetzt (V). Für den Bildungsbereich Körper, Bewegung, Gesundheit, Prävention (VI) bietet einerseits Renate Zimmer einen detaillierten Blick auf Bewegung als Bestandteil und Methode frühkindlicher Bildung, andererseits zeigen Thomas Altenhöner und Katja Makowsky mit einer gesundheitswissenschaftlichen Perspektive einen zweiten Schwerpunkt in diesem Bildungsbereich auf. Nachhaltigkeit und die Fragen nach einer Relationierung von frühkindlicher Bildung und nachhaltigkeitsbezogener gesellschaftlicher Transformation beschließen in Marcus Knaufs Beitrag im Bereich Umweltbildung und Bildung für nachhaltige Entwicklung (VII) diesen Band.

Trotz dieser Fülle an individuellen Schwerpunktsetzungen im Feld frühkindliche Bildung erheben wir hier keinesfalls einen Anspruch auf inhaltliche Vollständigkeit – es gäbe zu jedem der Bildungsbereich noch so viel mehr zu sagen. Ziel dieses Buches ist es vielmehr, anhand der ausgewählten exemplarischen Einsichten in die Bildungsbereiche ihre große Bedeutung für die frühkindliche Bildung und gleichermaßen ihre Relevanz für die fachspezifische Forschung zu betonen.

Eine Link-Sammlung mit hilfreichen Hinweisen und Anregung zur Vertiefung der Auseinandersetzung mit dem zuvor behandelten Bildungsbereich beschließt jeden Abschnitt.

Auch bezüglich der Reihenfolge der Abschnitte orientieren wir uns am »Gemeinsamen Rahmen« und intendieren keineswegs eine Reihenfolge der Bedeutung oder eine inhaltliche Priorisierung. Ganz im Gegenteil: Die Konzeptionierung des Buches und die zahlreichen Gespräche mit den Autor*innen sowie das großes Engagement und die Begeisterung für *ihren* Bildungsbereich haben uns einmal mehr davon überzeugt, dass es gerade die inhaltliche Vielfalt der Bildungsbereiche und ihrer möglichen Verschränkungen ist, die das besondere Bildungspotenzial für Kinder und diejenigen, die mit ihnen arbeiten, ausmacht.

Einen besonderen Dank möchten wir an dieser Stelle an Christin Lintker aussprechen, die uns mit hoher fachlicher Kompetenz und bewundernswerter Geduld bei der Manuskripterstellung unterstützt hat.

Literatur

Chieli, F. (2016). The culture of the atelier in the infant-toddler centres and preschools of the municipality of Reggio Emilia. *Innovations in Early Education: The International Reggio Exchange, 23*(2), 4–7.

Drieschner, E. (2010). Bildung als Selbstbildung oder Kompetenzentwicklung? Zur Ambivalenz von Kind- und Kontextorientierung in der pädagogischen Bildungsdebatte. In D. Gaus & E. Drieschner (Hrsg.), ›Bildung‹ *jenseits pädagogischer Theoriebildung? Fragen zu Sinn, Zweck und Funktion der Allgemeinen Pädagogik* (S. 183–220). Wiesbaden: VS Verlag für Sozialwissenschaften.

Feuser, G. (1989). Allgemeine integrative Pädagogik und entwicklungslogische Didaktik. *Behindertenpädagogik, 28*(1), 4–48.

Finnish National Agency for Education (Hrsg.) (2018). *National Core Curriculum for Early Childhood Education and Care.* Helsinki. https://www.oph.fi/en/statistics-and-publicati ons/publications/national-core-curriculum-early-childhood-education-and

Fthenakis, W.E. (2003). Zur Neukonzeptualisierung von Bildung in der frühen Kindheit. In: W.E. Fthenakis (Hrsg.), *Elementarpädagogik nach PISA. Wie aus Kindertagesstätten Bildungseinrichtungen werden können* (S. 18–37). Freiburg im Breisgau: Herder.

Hentig, H. v. (1993). *Die Schule neu denken. Eine Übung in praktischer Vernunft.* München: Hanser.

Katz, L. G. & Chard, S. C. (2014). *Engaging children's minds: The project approach.* Santa Barbara: ABC-Clio.

Kirstein, N., Fröhlich-Gildhoff, K. & Haderlein, R. (2012). *Von der Hochschule an die Kita. Berufliche Erfahrungen von Absolventinnen und Absolventen kindheitspädagogischer Bachelorstudiengänge.* (Weiterbildungsinitiative Frühpädagogische Fachkräfte [WiFF]). München: Deutsches Jugendinstitut.

May, H. & Carr, M. (2015). Te Whāriki: A uniquely woven curriculum shaping policy, pedagogy and practice in Aotearoa New Zealand. In T. Davis, K. Goouch & S. Powell (Hrsg.), *The Routledge international handbook of philosophies and theories of early childhood education and care* (S. 316–326). London: Routledge.

Ministry of Education (Hrsg.) (2017). *Te Whariki – Early Childhood Curriculum New Zealand.* Wellington.

Pfeiffer, S. (2017). *Lernwerkstätten und Projekte in der Kita. Handlungsorientierung und entdeckendes Lernen.* Göttingen: Vandenhoeck & Rupprecht.

Prengel, A. (1995). *Pädagogik der Vielfalt.* Opladen: Leske & Budrich.

Schäfer, G. E. (2007): *Bildung beginnt mit der Geburt. Ein offener Bildungsplan für Kindertageseinrichtungen in Nordrhein-Westfalen.* Berlin: Cornelsen.

Skolverket (Hrsg.) (2019). *Curriculum for the Preschool. Lpfö 18.* Stockholm. https://www.skolverket.se/publikationsserier/styrdokument/2019/curriculum-for-the-preschool-lpfo-18?id=4049

Studiengangstag Pädagogik der Kindheit (2015). *Berufsprofil Kindheitspädagogin/Kindheitspädagoge.* https://www.fbts-ev.de/was-wir-tun

Studiengangstag Pädagogik der Kindheit (2022). *Kerncurriculum Kindheitspädagogik.* https://www.fbts-ev.de/was-wir-tun

I Alltagsintegrierte sprachliche Bildung und Kommunikation

Sprache erweist sich als ein Dreh- und Angelpunkt der Bildungsprozesse von Kindern. Auch wenn grundsätzlich alle Bildungsbereiche verknüpft sind und miteinander in Wechselwirkung stehen, so gilt dies für Sprache in besonderem Maße. Deshalb ist es nicht überraschend, dass der Bildungsbereich Sprache in allen 16 Bildungsplänen der Bundesländer präsent ist und zwar entweder als eigenständiger Bildungsbereich (Baden-Württemberg und Sachsen-Anhalt) oder er wird – wie im »Gemeinsamen Rahmen« – mit dem Bereich Kommunikation als Ganzes verknüpft (Brandenburg, Bremen, Mecklenburg-Vorpommern und Nordrhein-Westfalen) oder noch einmal untergliedert (z.B.: Bayern und Hessen: Sprache und Literacy, Niedersachsen: Sprache und Sprechen, Berlin, Hamburg und Saarland: Kommunikation: Sprachen, Schriftkultur und Medien, Schleswig-Holstein: Sprache(n), Zeichen/Schrift und Kommunikation). Sachsen bezeichnet den vergleichbaren Bereich als »Kommunikative Bildung«, Thüringen benennt ihn »Sprachliche und schriftsprachliche Bildung«.

Inhaltlich haben in den vergangenen Jahren alltagsintegrierte Strategien der Anregung von Sprach- und Lesekultur sowie ein ressourcenorientierter Umgang mit Mehrsprachigkeit deutlich an Bedeutung gewonnen. Diesen Fokus nimmt auch der folgende Beitrag von Nadine Madeira Firmino ein.

Brotmänner und Himmelsautos: Sprache & Kommunikation

Nadine Madeira Firmino

> Sprache gilt als zentrale Schlüsselkompetenz für den Bildungserfolg und die aktive Teilnahme am gesellschaftlichen Leben. Besonders für Kinder in den ersten Lebensjahren sowie mehrsprachig aufwachsende Kinder ist die Unterstützung sprachlicher Kompetenzen von großer Bedeutung. In den letzten Jahren ist eine Vielzahl von Ansätzen und Programmen mit unterschiedlichen Schwerpunkten entwickelt worden. Der vorliegende Beitrag gibt einen Überblick über den Bildungsbereich, ordnet diesen wissenschaftlich ein, beschreibt praktische Beispiele für den pädagogischen Alltag und gibt Impulse für die kindheitspädagogische Lehre.

1 Theoretische Grundlagen des Bildungsbereichs

1.1 Sprache und Kommunikation

Sprache spielt eine wichtige Rolle in der zwischenmenschlichen Kommunikation. Sie ermöglicht den Austausch von Informationen und die Äußerung von Bedürfnissen. Darüber hinaus erfüllt Sprache eine wesentliche Funktion beim Erinnern und Mitteilen von Erlebtem sowie bei der Regulierung von Emotionen. Insbesondere Kinder setzen Sprache nicht nur ein, um ihre Bedürfnisse mitzuteilen, sondern auch, um soziale Kontakte zu knüpfen, Beziehungen aufzubauen und ihre sprachliche Handlungsfähigkeit zu entwickeln. Diese Fähigkeit bildet eine wichtige Grundlage für die aktive Teilnahme von Kindern an Interaktionen in der Kita (Albers, 2009). Darüber hinaus nutzen Kinder Sprache, um Spiel- und andere Aktivitäten zu planen und durchzuführen, wodurch ihnen bedeutende Selbstwirksamkeitserfahrungen ermöglicht werden (Jampert et al., 2006; Zimmer, 2019). Der Erwerb einer oder mehrerer Sprachen ist somit eng mit der sozial-emotionalen und kognitiven Entwicklung verbunden. Sprachkompetenz kann als interner Schutzfaktor für die kindliche Entwicklung betrachtet werden und ist eine Grundlage für partizipatives Handeln.

Entwicklung

Kinder beginnen nicht um der Sprache willen zu sprechen. Sie erwerben die Sprache, um Beziehungen aufzubauen und Bedürfnisse zu äußern. Sprache wird somit instrumentalisiert – als Mittel zum Zweck eingesetzt. Gleichzeitig muss sie erfahrbar gemacht und mit allen Sinnen erlebt werden; kurz: Sprache muss für das Kind sinnvoll sein: »Worte, die mit sinnlichen Erfahrungen gefüllt sind, sind ein Schatz – ein Wortschatz« für Kinder (Winner, 2007, S. 100). Eigenaktivität und Selbsttätigkeit sind Voraussetzungen zur Entdeckung der Sprache. Nicht nur die passive, auch die aktive Auseinandersetzung mit Sprache im Dialog ist grundlegend für ihren Erwerb. Deswegen ist es wichtig, die kommunikative Funktion von Sprache zu sehen. Kinder lernen Sprache im Dialog, in für sie sinnhaften Kontexten mit Personen, die Bedeutung für sie haben.

Betrachtet man den Spracherwerb aus seiner produktiven lautsprachlichen Perspektive, so beginnt der Säugling nach dem ersten Schrei mit Gurren, Lallen und Vokalisierungen. Es folgen Lallmonologe und -dialoge, und zum Ende des ersten Lebensjahres spricht das Kind in der Regel die ersten Wörter. Diese gewinnen in den nächsten Monaten an Bedeutung und werden zu sogenannten Ein-Wort-Sätzen. An dieser Stelle ist die Interpretationsfähigkeit der Bezugspersonen gefragt: Bedeutet »brumbrum« Auto, Bagger, Laster oder Müllauto? Und wenn der semantische (bedeutungstragende) Begriff geklärt ist, geht die Interpretation auf Satzebene weiter: Bedeutet »brumbrum«: Papa kommt mit dem Auto? Da draußen fährt ein Müllauto? Ich will das Auto haben? Aber woher weiß die Bezugsperson, welches die richtige Antwort ist? Nicht nur der bedeutungsvolle Kontext, in den die spezifische Situation eingebettet ist, hilft bei der Entschlüsselung des Satzes, sondern auch die mimischen und gestischen Ausdrucksweisen des Kindes. Zeigt es auf etwas? Schaut es den Dialogpartner fragend an? Auch die prosodischen Merkmale, wie Betonung und Lautstärke, helfen an dieser Stelle: Hebt das Kind seine Stimme? Wird der Ein-Wort-Satz zur Frage?

Innerhalb des dritten Lebensjahres wächst der Wortschatz rasant weiter. Es kommt zu Wortneuschöpfungen: Der Bäcker wird zum Brotmann, das Flugzeug wird zum Himmelsauto usw. Die grammatikalischen Strukturen bilden sich weiter aus und die Sätze werden länger. Das Kind entdeckt in seinem Alltag viel Neues. Es kann seine Umwelt durch selbstständige Fortbewegung immer weiter und intensiver erkunden. Gegen Ende des zweiten Lebensjahres umfasst der aktive Wortschatz laut Szagun (2016) zwischen 50 und 550 Wörter, der nun neben Nomen und Funktionswörtern viele Verben umfasst. Grimm und Weinert (2002) sowie auch Kauschke & Siegmüller (2010) weisen auf die kritische Wortschatzgrenze hin: Hat ein Kind im Alter von 24 Monaten noch keine 50 Wörter erworben und/oder bildet noch keine Zwei-Wort-Sätze, wird es als Late-Talker bezeichnet. Die Hälfte dieser Kinder holt im Laufe des dritten Lebensjahres diese Defizite im Wortschatz wieder auf. Man bezeichnet sie dann als Late-Bloomer. Kinder, denen das nicht gelingt, können eine spezifische Sprachentwicklungsstörung ausbilden, die sich meist im Alter von 36 Monaten konkretisiert.

Voraussetzungen und Bereiche der Sprachentwicklung

Die Entwicklung sprachlicher Kompetenzen baut auf grundlegenden Voraussetzungen auf, die in engem Zusammenhang zu anderen Entwicklungsbereichen stehen. Diese lassen sich wie folgt unterteilen:

- Organische Voraussetzungen (Atmung, Sprechwerkzeuge, Mundmotorik)
- Sinneswahrnehmung (auditive Wahrnehmung, visuelle Wahrnehmung, taktile Wahrnehmung, kinästhetische Wahrnehmung)
- Kognition
- Soziale Beziehungen und Bindungen

Um die Sprachentwicklung, aufbauend auf den Voraussetzungen, gezielt unterstützen zu können, bedarf es eines dezidierten Wissens über die zentralen fünf Sprachbereiche (vgl. u. a. Weinert & Grimm, 2008):

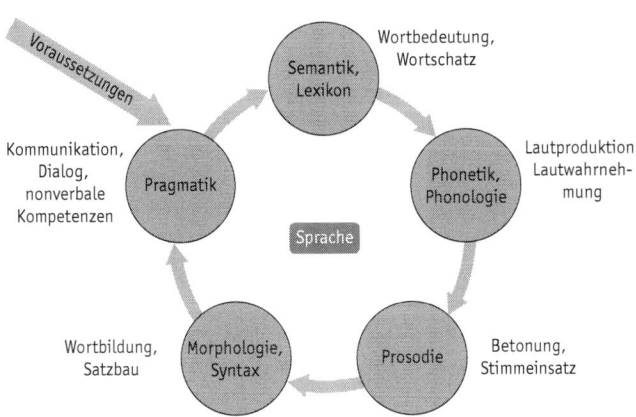

Abb. 1: Sprachbereiche

Somit umfasst eine gezielte Sprachbildung und -förderung nicht nur die Unterstützung der linguistischen Bereiche, sondern setzt bereits bei den Voraussetzungen an und bezieht auch die prosodischen und pragmatischen Kompetenzen mit ein. Denn wie kann ein Kind beispielsweise den Unterschied zwischen den Lauten [g] und [d] wahrnehmen (Phonologie), wenn es bereits in der auditiven Wahrnehmung, insbesondere bei der auditiven Diskrimination (Unterscheidung von Geräuschen) Schwierigkeiten hat?

Literacy

In den letzten Jahren wird der Begriff Literacy vermehrt im Kontext von frühkindlichen Bildungsprozessen genutzt. Er bezeichnet Erfahrungen rund um die Buch-, Erzähl-, Reim- und Schriftkultur (Ulich, 2003). Besonders in Anlehnung an die PISA-Ergebnisse wird den Bereichen Sprach-, Lese- und Schreibkompetenz immer mehr Bedeutung für den späteren Bildungsverlauf zugesprochen. Kinder machen je nach Situation in der Familie, im soziokulturellen Umfeld und in der Kita unterschiedliche Erfahrungen im Bereich Literacy. Diese können intensiv und vielfältig, eher beiläufig oder sogar sehr gering sein. So entsteht eine große Chancenungleichheit im Bildungssystem zwischen privilegierten und benachteiligten Kindern. Dementsprechend zählt Literacy als ein weiterer entscheidender Bestandteil der frühkindlichen (Sprach-)Bildung. Hierbei liegt der Fokus darauf, die Freude der Kinder am Umgang mit Büchern, Erzählungen und Reimen zu wecken. Kinder entdecken in diesem Kontext die Schrift als Mittel, gesprochene Sprache festzuhalten und sich mit anderen auszutauschen. Literacy eröffnet den Kindern Einblicke in die Vielschichtigkeit von Sprache, die durch dialogisches Lesen, Geschichten und Zeichen zu Ausdrucksmitteln von Fantasie und Kreativität werden. Dieser Bereich motiviert Kinder dazu, Sprache lustvoll zu erleben, wobei der Fokus über den rein funktionalen Umgang mit Sprache hinausgeht. Durch frühe Literacy-Erfahrungen werden die sprachliche Abstraktionsfähigkeit, Lesefreude, Vertrautheit mit Büchern und Schriftsprache sowie die Medienkompetenz gestärkt (Näger, 2017). Wichtig ist hierbei zu beachten, dass Literacy-Erziehung nicht den vorzeitigen Lese- und Schriftspracherwerb evozieren möchte, sondern den frühen Umgang mit einer Erzähl-, Lese-, Schreib- und Buchkultur zum Ziel hat (Kieschnick, 2015). Zur Literacy-Förderung zählen alle Aktivitäten, bei denen Kindern etwas vorgelesen oder erzählt wird, Situationen, in denen (Schrift-)Zeichen bewusst eingesetzt werden (Aneinanderreihen von Kringeln oder Wiedererkennen von Symbolen im Alltag und Wissen um ihre Bedeutung), Rollenspiele, die sich an realen Vorbildern orientieren und die Buch- und Schriftkultur mit einbeziehen

(Zimmer, 2013). Die Grundlage für die Bildung von Literacy-Fähigkeiten liegt meist bereits in der Familie, wo beispielsweise abends vorgelesen wird, Einkaufszettel geschrieben werden und Bücher im Alltag eine Rolle spielen. An dieser Stelle wird insbesondere auch die Verbindung zum Bildungsbereich Medien sichtbar, in dem die Verschränkung zum Einsatz digitaler und analoger Medien deutlich wird.

1.2 Ausgangslage und aktuelle Diskurse

In den vergangenen zwanzig Jahren sind zahlreiche Konzepte, Fördermaßnahmen und Projekte entstanden, die sich mit dem frühkindlichen Spracherwerb beschäftigen. Bei genauerer Betrachtung der einzelnen Sprachprogramme fällt auf, dass ein Teil von ihnen einen funktionsorientierten Zugang verfolgt und kommunikativ-pragmatische Elemente nur selten berücksichtigt werden. Einige Ansätze konzentrieren sich hauptsächlich auf linguistische Merkmale und sind kognitiv ausgerichtet. In den letzten Jahren hat sich jedoch eine Präferenz für den Ansatz alltagsintegrierter Sprachbildung entwickelt, der eher handlungsorientierte Zugänge zur Sprache in den Mittelpunkt stellt. Die verbale und non-verbale Interaktion der Bezugspersonen mit dem Kind ist ein zentraler Faktor für den Spracherwerb (Madeira Firmino, 2015; Madeira Firmino & Hofmann, 2023).

Die beschleunigten gesellschaftlichen Entwicklungen und ihre Auswirkungen auf das Aufwachsen von Kindern haben dazu beigetragen, dass der Bildungsbereich Sprache und Kommunikation zunehmend an Bedeutung gewinnt. Nicht zuletzt seit den PISA-Ergebnissen 2023 besteht Einigkeit darüber, dass kindliche Sprachkompetenzen als Schlüsselfähigkeiten für den Bildungserfolg gelten und dementsprechend im Mittelpunkt vieler bildungspolitischer Bemühungen stehen sollten. Dies gilt u.a. auch vor dem Hintergrund, dass mittlerweile etwa jedes dritte Kind in Deutschland mehrsprachig aufwächst (Autor:innengruppe Bildungsberichterstattung, 2022; Geis-Thöne, 2022; Kaiser-Kratzmann & Sachse, 2022; Woerfel, 2022). Es ist offensichtlich, dass Sprache im Elementarbereich derzeit ein wichtiges Thema in der frühpädagogischen Diskussion ist. Dies wird durch die Vielzahl an Forschungsprojekten (u.a. Sprachkitas, BISS) und jüngeren Publikationen (Beckerle & Mackowiak, 2019; Cordes, Radan & Wirts, 2019; Egert et al., 2018; Frick & Zumtobel, 2019; Geyer & Müller, 2021; Kammermeyer et al., 2019; Tessmer, 2021) zu diesem Thema belegt. Die Programme zeichnen sich durch unterschiedliche Schwerpunktsetzungen aus. Manche richten sich nur an eine bestimmte Zielgruppe (z.B. nur an Kinder mit zuvor festgestelltem Sprachförderbedarf), fokussieren bestimmte linguistische Kompetenzen (z. B. nur phonologische Bewusstheit) oder werden nur von einzelnen Sprachförderkräften außerhalb des Gruppengeschehens umgesetzt. Wobei festzuhalten ist, dass der Großteil der erwähnten Studien ein alltagsintegriertes Vorgehen untersucht. Auch wenn in den letzten Jahren eine zunehmende Abkehr von rein additiven Sprachförderkonzepten zu beobachten ist, besteht aktuell bundesweit eine große Fachdiskussion (u. a. Sallat & Spreer, 2018; Kammermeyer & Kucharz, 2023), wie effektive Angebote für Kinder geschaffen werden können, die sich im Entwicklungsprozess ihrer sprachlichen Fähigkeiten befinden – sei es im U3- oder Vorschulbereich, bei dem Erwerb der deutschen Sprache als Zweit- oder Drittsprache oder dem Erwerb der Fremdsprache Deutsch.

Von der additiven Sprachförderung zur alltagsintegrierten Sprachbildung

Die Begleitung von Bildungsprozessen sowie die Förderung sprachlicher Entwicklungsprozesse ist schon seit Einführung der Bildungspläne in den Bundesländern ein Auftrag der pädagogischen Arbeit in Kindertageseinrichtungen. Derzeit wandelt sich die Ausgestaltung dieses Bildungsauftrags aufgrund vielfältiger Herausforderung wie Flucht und Migration, der Umsetzung der UN-Behindertenrechtskonvention und nicht zuletzt der Covid-19-Pandemie. So werden teilweise auch wieder additive Ansätze der Sprachförderung diskutiert, die ausschließlich vermeintliche Risikogruppen ansprechen und einen rein funktionalen Zugang zu Sprache vertreten (Kammermeyer & Kucharz, 2023).

Konzepte zur *alltagsintegrierten Sprachbildung* betrachten Sprache und Kommunikation im Rahmen einer ganzheitlichen Perspektive und werden als Aufgabe des gesamten pädagogischen Teams verstanden (Reppenhorst & Madeira Firmino, 2017). Im Gegensatz dazu beziehen sich *additive Sprachfördermaßnahmen* auf die Förderung punktuell ausgewählter sprachlicher Fähigkeiten und sind meist zeitlich sowie auf einzelne Kinder oder Kleingruppen begrenzt. Sie werden daher auch als sprachstrukturelle Fördermaßnahmen bezeichnet (vgl. Jungmann & Albers, 2013; Jungmann et al., 2015). Der Schwerpunkt liegt hierbei auf der Förderung einzelner Teilsysteme wie zum Beispiel dem morphologischen Regelsystem. Im Allgemeinen erhalten nur Kinder mit durch Test- oder Screeningverfahren festgestelltem Förderbedarf besondere Unterstützung. Die anschließende Sprachförderung wird meist von einzelnen (teilweise externen) Sprachförderkräften zu festgelegten Zeiten mit vorgegebenen Materialien bzw. Programmen durchgeführt. Die Herangehensweise ist häufig künstlich und wenig ressourcenorientiert. Studienergebnisse zeigen, dass diese isolierten, additiv ausgerichteten Sprachförderprogramme nur einen geringen Nutzen für die weitere Sprachentwicklung von Kindern haben (Hofmann et al., 2008; Lisker, 2011; Wolf et al., 2011; Schakib-Ekbatanet al., 2007). Erfolgreicher ist die Sprachbildung dann, wenn sie in den pädagogischen Alltag integriert stattfindet, an den individuellen Kompetenzen der Kinder ansetzt und sinnvolle, sprachanregende Situationen als Grundlage für die Kommunikation der Kinder untereinander und mit den pädagogischen Fachkräften nutzt. Zusammenfassend zeigt sich, dass eine gezielte, in den Alltag integrierte Sprachförderung einen effektiveren Einfluss auf die Sprachentwicklung von Kindern hat als additive und punktuelle Fördermaßnahmen (Wildemann & Fornol, 2016; Cloos et al., 2019; Deutscher Bundestag, 2021).

1.3 Grundlagen einer alltagsintegrierten Sprachbildung

Eine alltagsintegrierte Sprachbildung durchzieht den gesamten Alltag der Kindertageseinrichtungen. Es werden alltägliche Situationen genutzt, um sprachbildende Prozesse anzuregen, anstatt vorgegebene Materialien und festgelegte Zeiten zu verwenden. Sprachbildung ist erfolgreich, wenn sie kontinuierlich stattfindet und vor dem Hintergrund der individuellen Ressourcen der Kinder gestaltet wird. Authentische und sprachanregende Situationen bilden den Ausgangspunkt für die Interaktion der Kinder untereinander (Peer-Interaktionen) sowie mit den pädagogischen Fachkräften. Das Ziel besteht darin, die Sprechfreude der Kinder zu unterstützen und ihre sprachlichen Fähigkeiten weiterzuentwickeln. Nur durch den aktiven Gebrauch der Sprache, sowohl im Dialog mit Erwachsenen als auch mit den Peers, können Kinder ihre sprachlichen Kompetenzen ausbauen. Die Unterstützung der Sprechfreude als zentrales Ziel darf allerdings nicht zur Folge haben, dass eine in den Alltag integrierte Sprachbildung als beliebig oder zufallsbedingt wahrgenommen wird. Entscheidend für die Qualität der Anregungen und Interaktionen ist das sprachförderliche Verhalten der pädagogischen Fachkräfte und die Berücksichtigung von Sprachbildungsstrategien (Kammermeyer et al., 2017; Buschmann, 2009; Beckerle & Mackowiak, 2019; Reppenhorst & Madeira Firmino, 2017; Madeira Firmino, 2020).

1.4 Mehrsprachigkeit

Die Wertschätzung der natürlichen Mehrsprachigkeit – insbesondere in der Zusammenarbeit mit Familien – ist ein wichtiger Bestandteil der Sprachbildungsarbeit. Über ein Drittel aller Kinder unter fünf Jahren in Deutschland wächst mit mehr als einer Sprache auf (Autor:innengruppe Bildungsberichterstattung, 2022). Damit gilt Mehrsprachigkeit – die weltweit ohnehin eher die Regel als die Ausnahme darstellt – in deutschen Kitas als Normalfall. Unsicherheiten bezogen auf das Aufwachsen mit mehreren Sprachen gibt es jedoch weiterhin häufig. So wurde viele Jahre das Trennen von Sprachen – one language, one person – propagiert. Heute weiß man, dass auch das Mischen von Sprachen, im Sinne einer quersprachigen Kompetenz, unproblematisch bzw. sogar förderlich ist (Panagiotopoulou, 2016). Wenn sich im Verlauf des mehrsprachigen Aufwachsens Herausforderungen ergeben, liegt dies nicht an den verschiedenen Sprachen, sondern eher an dem zeitgleichen Auftreten hinderlicher Umstände (List, 2005). Mehrsprachig aufwachsende Kinder haben daher auch nicht automatisch einen Sprachförderbedarf (Albers, 2009; Woerfel, 2022).

2 Umsetzung in der kindheitspädagogischen Praxis

2.1 Beobachtung und Dokumentation als Ausgangspunkt für eine gezielte Sprachbildung nutzen

Die Bildungsarbeit im Kontext Sprache und Kommunikation umfasst in Kindertageseinrichtungen sowohl situative Gelegenheiten, die sich durch eine sprachförderliche Haltung der pädagogischen Fachkräfte ergeben, als auch konkrete Spielimpulse zur Förderung sprachlicher Teilkompetenzen (z.B. Wortschatz). Grundlage jeder Sprachbildung jedoch ist eine frühzeitig einsetzende, gezielte Beobachtung der sprachlichen Kompetenzen. Daher ist es wichtig, zunächst die sprachlichen Fähigkeiten der Kinder zu erfassen, um in alltäglichen Situationen gezielt auf die Kinder eingehen zu können. Die Beobachtung und Dokumentation der kindlichen Entwicklung ist seit Jahren Bestandteil der pädagogischen Arbeit in Kindertageseinrichtungen (Knauf, 2019; Viernickel & Völkel, 2022). Einen neuen Stellenwert erlangte sie insbesondere im Zuge der Neuausrichtung der Sprachförderung in vielen Bundesländern. So geht mit einer Abkehr von additiven Sprachfördermaßnahmen auch ein Wechsel in der Form der Erfassung sprachlicher Kompetenzen einher – weg von der Testung isolierter linguistischer Kompetenzen im Sinne einer

Sprachstandsdiagnostik, hin zur Erfassung aller sprachlichen Ebenen durch entwicklungs- und prozessbegleitenden Beobachtungsverfahren (Damen et al., 2021; Machens, 2023). Manche Bundesländer, wie beispielsweise Nordrhein-Westfalen (MKJFGFI, 2014), geben konkrete Vorgaben zur Auswahl der Verfahren und der Anzahl an jährlichen Beobachtungen. Die gängigsten Verfahren unterscheiden sich hinsichtlich der Zielgruppe (einsprachige und/ oder mehrsprachige Kinder), Alter (z.B. 1-6, 4-6 Jahre) und Schwerpunktsetzung (alle Sprachbereiche, ganzheitliche Perspektive, Einbezug von Literacykompetenzen). Neben der Wahl eines geeigneten Verfahrens ist entscheidend, dass die pädagogischen Fachkräfte die Verbindung zwischen dem beobachteten Entwicklungsverhalten und der daran gezielt anknüpfenden Sprachbildung erkennen. Der sognannte »Gießkanneneffekt« soll somit vermieden und eine gezielte, auf aktuellen Beobachtungen fußende Sprachentwicklung im pädagogischen Alltag individuell unterstützt werden. Sprachbildungsmaßnahmen sind am wirksamsten, je genauer sie sich am individuellen Sprachentwicklungsstand des Kindes orientieren (Fried, 2010). Dabei ist aus Perspektive der pädagogischen Fachkraft ein reflektierter, selbstbestimmter Umgang mit Verfahren der Sprachbeobachtung zentral, den das gesamte Team als sinnvoll erachten sollte.

2.2 Von der Beobachtung zur sprachförderlichen Haltung

Während des Kita-Alltags kommuniziert jede Fachkraft mit vielen verschiedenen Kindern. Dabei ist sie ständig herausgefordert zu entscheiden, ob sie sich eher in die Rolle als Beobachter*in begibt oder sich in die Aktivitäten der Kinder einbringt. Es ist ihre Aufgabe, das aktuelle Gruppengeschehen und die Mitteilungen einzelner Kinder im Blick zu behalten und aufzugreifen. Die Sprachbildungskompetenz der pädagogischen Kräfte hat einen hohen Stellenwert. Ihre Kenntnisse über die Entwicklung und Förderung von Sprache, ihr Repertoire an Spielen und vor allem ihre förderliche Haltung sind häufig wichtiger als die Umsetzung eines konkreten Sprachförderprogramms. Dafür ist die Entwicklung und Stärkung einer sprachförderlichen Haltung unerlässlich. Folgende vier Elemente lassen sich dabei unterscheiden:

Den pädagogischen Fachkräften sollte bewusst sein: Wenn ich das Interesse des Kindes an Sprache wecken möchte, muss ich auch selber ausstrahlen: Mir macht Sprache Spaß! Dies kann ich sowohl durch meine offene Körpersprache signalisieren als auch über das Gesagte. Im Vordergrund steht das Interesse des Kindes. Damit verbunden ist auch die Herausforderung, individuelle Sprachbildungssituationen für die Kinder zu schaffen, die nicht nur an ihren

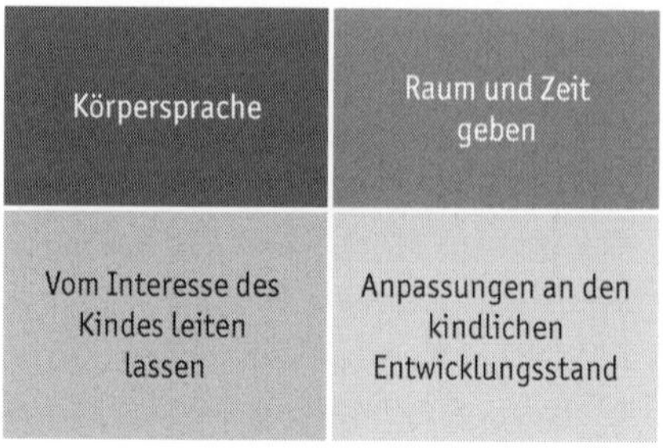

I Alltagsintegrierte sprachliche Bildung und Kommunikation

Körpersprache	Raum und Zeit geben
Vom Interesse des Kindes leiten lassen	Anpassungen an den kindlichen Entwicklungsstand

Abb. 2: Elemente einer sprachförderlichen Haltung

Entwicklungsstand, sondern auch an ihr Interesse anknüpfen: Wie kann ich mein sprachliches Angebot auf die Interessensschwerpunkte der Kinder ausrichten?

Dieser große Spielraum bringt aber auch gleichzeitig die Herausforderung der Reflexion der Interaktion mit sich. Wie begleite ich die kindliche Handlung? Spreche ich selbst in grammatikalisch korrekten Sätzen? Beachte ich das Sprachniveau des Kindes? Welche Fragen stelle ich? Stelle ich entwicklungsangemessene Fragen (geschlossene/offene Fragen, Alternativfragen, etc.), überfordere ich das Kind mit meinem lexikalischen und grammatikalischen Input (z.B. durch zu viele Fremdwörter)? Oder überfordere ich das Kind grade in dieser Situation mit meiner sprachlichen Begleitung (wenn es z.B. grade vertieft ist in eine andere Spielsituation). Diese Fragen lassen sich einer weiteren, konkreteren Ebene, den sogenannten Sprachbildungsstrategien zuordnen.

2.3 Sprachbildungsstrategien

Regelmäßige, kognitiv stimulierende und an das Sprachniveau angepasste sowie unterstützende Interaktionen sind sowohl in der Familie als auch in der Kita entscheidende Faktoren für die sprachliche Entwicklung und Bildung (Glück et al., 2023). Diese werden von unterschiedlichen Autor*innen auch als Modellierungs-, Sprachlehr- oder Unterstützungsstrategien benannt. Angelehnt an den Entwicklungsstand des Kindes (Ergebnisse der Beobachtung und Dokumentation) versucht die pädagogische Fachkraft die Kinder beim Erwerb der Sprache durch die gezielte Anwendung der Sprachbildungsstrategien zu unterstützen. Als Beispiele zählen dazu das *korrektive Feedback* (die kindliche Äußerung ohne den Hinweis auf Fehler, korrekt wiedergeben), die *Expansion* (Erweiterung der kindlichen Äußerung), das *handlungsbegleitende Sprechen* oder das *sustained shared thinking* (gemeinsam geteilte Denkprozesse versprachlichen). Sprachbildungsstrategien sind zwar keine notwendige Voraussetzung, sie können den Spracherwerb jedoch beschleunigen.

2.4 Gezielte Sprachbildung

Die alltagsintegrierte sprachliche Bildung umfasst sämtliche Maßnahmen, die darauf abzielen, den Spracherwerb von Kindern in kindheitspädagogischen Umgebungen zu fördern. Ziel ist es, im pädagogischen Alltag Situationen zu gestalten, die eine ganzheitliche sprachliche Unterstützung und Anregung für alle Kinder schaffen. Aufbauend auf den Erkenntnissen der systematischen Entwicklungsdokumentation, können neben der Anwendung von Sprachbildungsstrategien auch konkrete Impulse in Form von Bildungsanlässen geschaffen werden, die die verschiedenen Sprachbereiche fördern.

Gezielte alltagsintegrierte Sprachbildung adressiert alle Sprachbereiche (► Abb. 1): Von der Prosodie (Wahrnehmung der Sprachmelodie) über die Artikulation und Lautwahrnehmung (Phonetik und Phonologie), Wortschatz und Wortbedeutung (Lexikon und Semantik), grammatikalische Regelbildung und Satzbau (Morphologie und Syntax) bis hin zum sprachlichen Handeln (Pragmatik) als Grundlage der Kommunikationsfähigkeit. Voraussetzung für eine gezielte Sprachbildung im Alltag ist ein Bewusstsein für das Erkennen, Aufgreifen und Schaffen sprachanregender Situationen, in denen die individuellen Interessen und Stärken der Kinder Beachtung finden (Zimmer & Madeira Firmino, 2017). Im Vordergrund steht das Ziel, die Lust des Kindes an Sprache zu wecken und ihm den Sinn und Zweck von Sprache aufzuzeigen. Denn was nützen ein großer Wortschatz, eine gute Artikulationsfähigkeit und ausgeprägte morpho-syntaktische Kompetenzen, wenn der Mut fehlt, zu sprechen?

Ausgangspunkt ist immer das Interesse des jeweiligen Kindes. Daher ist eine Kombination aus Erkenntnissen der Bildungsdokumentation (Wofür interessiert sich das Kind?) und der Entwicklungsdokumentation (Wo steht das Kind?) essenziell, wenn es um eine ressourcen- und interessenorientierte, systematische Sprachbildung geht. Zu weiteren Situationen der sprachlichen Bildung zählen auch das dialogische Vorlesen oder das Anbahnen von Peer-Interaktionen zum Rollenspiel. Dies können Stuhlkreisspiele sein, die verschiedene Wortkategorien evozieren oder auch spielerische Hörimpulse zum Differenzieren von unterschiedlichen Lauten (z.B. Geräuschememory). Neben der bewussten sprachbildenden Begleitung durch die pädagogischen Fachkräfte eignen sich auch konkrete Bewegungsspiele, um Sprachentwicklungsprozesse gezielt zu unterstützen. Ein Handlungsrepertoire an geeigneten, zielgruppenspezifischen Spielideen ist neben der Kenntnis der Sprachbereiche notwendig. Diese sollten mit einem geringen Aufwand durchführbar sowie möglichst unabhängig von Material oder räumlichen Gegebenheiten sein.

Insbesondere mehrsprachig aufwachsende Kinder profitieren von alltagsintegrierten Zugängen zur Sprache. Bewegung bietet eine ganzheitliche Alternative zu bisherigen funktionsorientierten Sprachförderprogrammen, wie sie häufig Anwendung bei Kindern mit Migrationsgeschichte finden. Durch die bewusste Inszenierung handlungsorientierter Sprachlernprozesse eröffnet sich die Möglichkeit, durch didaktisch reflektierte Angebote die Kinder in der Entwicklung ihrer sprachlichen Kompetenzen zu unterstützen (Zimmer, 2019). Besonders bei mehrsprachigen Kindern spielt es eine wichtige Rolle, dass sie sich zunächst in einem Medium (z. B. Bewegung) ausdrücken können, in dem sie sich sicher fühlen.

Alltagsintegrierte Sprachbildung orientiert sich an der Lebenswelt, den individuellen Interessen und Stärken der Kinder und greift Angebote anderer Bildungsbereiche wie z. B. Musik auf, um individuelle Zugänge zu den Kindern (und ebenso zur Sprache) zu finden. Zudem kann ein positiver Einfluss auf kindliche Sprachfähigkeiten durch eine intensive Zusammenarbeit mit den Familien unterstützt werden, insbesondere mit Familien, die zu Hause eine andere Sprache als Deutsch sprechen.

2.5 Sprachbildung im Rahmen der Erziehungs- und Bildungspartnerschaft

Familienmitglieder als die ersten Bezugspersonen sind die bedeutsamsten Sprachvorbilder für Kinder. Wie wird die Stimme bei bestimmten Äußerungen eingesetzt? Welche Bezeichnungen werden gewissen Dingen gegeben? All das und vieles mehr lernen die Kinder in den ersten Jahren durch Imitation. Eine Sprachbildung, die nur im pädagogischen Alltag der Tageseinrichtung stattfindet und nicht den sozialen Kontext des Kindes einbezieht, erzielt keine ausreichend nachhaltige Wirkung (z. B. Manolson, 1985; Buschmann, 2009; Madeira Firmino, 2015). Eltern nehmen als primäre Interaktions- und Bezugspersonen eine wesentliche Rolle im Spracherwerb der Kinder ein. Wenn ein Kind in die Krippe oder in die Kita kommt, verfügt es meist über einen vielfältigen Sprachschatz, den es im Kontakt mit der Familie erworben hat. Durch den Eintritt in die Kindertageseinrichtung wird dieser Sprachschatz durch viele Erfahrungsmöglichkeiten erweitert. Die Unterstützung des frühkindlichen Spracherwerbs bleibt dennoch eine Kooperationsaufgabe zwischen der Familie und dem pädagogischen Fachpersonal.

In der Praxis sind kombinierte Eltern-Kind-Angebote zur Sprachbildung und -förderung jedoch noch nicht sehr häufig vorzufinden. Die Einbindung der Eltern in Projekte und Angebote der Kita stellt zudem auch hohe Anforderungen an die pädagogischen Fachkräfte und setzt ein gewisses Maß an gemeinsamer Vorbereitung voraus (beispielsweise die Bestimmung einer gemeinsamen Haltung hinsichtlich der Sprachbildung; die Formulierung konkreter Ziele für die Einbindung der Eltern) (Kühn, 2011). Gerade in Zeiten, in denen Lebenslagen und Anforderungen an Familien vielfältiger werden (Albers & Ritter, 2015), benötigen Eltern besondere, auf sie abgestimmte Unterstützungsangebote.

2.6 Sprachbildungsimpulse – auf einen Blick

Im Folgenden werden die zentralen Inhalte, die die Grundpfeiler einer alltagsintegrierten Sprachbildung darstellen, in Form von Sprachbildungsimpulsen zusammengefasst:

- Voraussetzungen des Spracherwerbs in die Förderung integrieren,
- alle fünf Sprachbereiche berücksichtigen,
- eigene Sprache bewusst einsetzen und dabei eine hohe Qualität des sprachlichen Angebotes bieten,
- an der Lebenswelt der Kinder anknüpfen,
- Interaktionen mit kompetenten gleichaltrigen Sprecher*innen (Peers) etablieren,
- Familien in den Prozess der Sprachbildung miteinbeziehen,
- sich der kommunikativen Funktion des eigenen Körpers bewusst sein und diese bewusst im pädagogischen Alltag nutzen,
- auf sprachunabhängige Bewegungskompetenzen, besonders bei mehrsprachigen Kindern, aufbauen,
- Sprachbildungsstrategien verwenden,
- bekannte Spiele auf ihr linguistisches, prosodisches und pragmatisches Potential prüfen und gezielt einsetzen.

3 Hochschuldidaktische Impulse

3.1 Bildungsbereich Sprache und Kommunikation

Die Bildungsbereiche dienen (angehenden) Kindheitspädagog*innen als Orientierung für eine anregende und vielseitige Gestaltung ihrer Bildungsarbeit im Elementarbereich. In den Bildungsplänen der Länder werden diesbezüglich bereichsspezifische Kompetenzen und Erfahrungsfelder definiert, die sich jedoch in der praktischen Arbeit überschneiden und aufeinander beziehen sollen. Der Bildungsbereich Sprache und Kommunikation erscheint in den meisten Bildungsplänen der Länder als eigenständiger Bereich. Ebenso wird Sprache aber auch als übergreifender Lernbereich anerkannt, der sich durch alle Bildungsprozesse im Elementarbereich hindurchzieht. Bei der Erarbeitung des Bildungsbereichs Sprache und Kommunikation mit den Studierenden kann auf den alltagsintegrierten Ansatz in pädagogischen Settings zurückgegriffen werden.

3.2 Pädagogische Handlungskompetenz aufbauen und weiterentwickeln

Das übergeordnete Ziel in der Entwicklung und Umsetzung der kompetenzorientierten Lehre ist der Aufbau einer professionellen Handlungskompetenz der Studierenden, um die pädagogische Qualität und Professionalität im Bereich Sprache und Kommunikation zu fördern. In Anlehnung an die kompetenzorientierte Weiterbildung von pädagogischen Fachkräften (Meyer, 2015) werden Lehrinhalte auf diesem Gebiet dann als sinnvoll erachtet, wenn die Studierenden ihre Handlungskompetenzen, die sie für ihre zukünftige pädagogische Praxis benötigen, erweitern und so mit ersten Anforderungen innerhalb ihrer Praxisphasen im Studium besser umgehen können[1]. Bezogen auf die Frage »Was brauchen Kindheitspädagog*innen, um eine gezielte Sprachbildung umzusetzen?« werden die drei sich ergänzenden Bereiche der Sprachbildungskompetenz fokussiert:

---

1 An dieser Stelle sei angemerkt, dass die Diskussion über den vielschichtigen Begriff der Kompetenz weiterhin nicht abgeschlossen ist. Damit verbunden ist auch eine Vielfalt an Kompetenzmodellen (Friedrich & Schelle, 2015).

1. Das *Wissen* über Sprachentwicklung, -begleitung, -beobachtung und Mehrsprachigkeit,
2. im Bereich *Können* u.a. die Impulsgestaltung zur Anregung von Interaktionen und gezielten Sprachspielen sowie
3. die *sprachförderliche Haltung* und der Einsatz von Sprachbildungsstrategien in Bezug auf die Interessen und Ressourcen des Kindes.

Damit eine gelingende alltagsintegrierte Sprachbildung in kindheitspädagogischen Settings gestaltet werden kann, sollten alle pädagogischen Fachkräfte über eine hohe Sprachbildungskompetenz verfügen. Dieses kann anhand der drei skizzierten Ebenen mit den Studierenden anhand folgender Faktoren erarbeitet werden:
Eine sprachbildungskompetente Fachkraft ...

- ... besitzt fundierte Kenntnisse über den Verlauf der kindlichen (Mehr-)Sprachentwicklung und ist sich der sensiblen Phasen bewusst,
- ... kann den Sprachentwicklungsstand des Kindes mit Hilfe von geeigneten Beobachtungsverfahren einschätzen,
- ... kann ihr sprachliches Angebot auf die individuellen Entwicklungsverläufe der Kinder abstimmen,
- ... vertritt eine positive Haltung gegenüber der Herausforderung, Sprachbildung als Aufgabe des gesamten Teams in allen Bildungssituationen des pädagogischen Alltags umzusetzen,
- ... ist sich der Bedeutung der Beziehungsqualität für den kindlichen Spracherwerb bewusst,
- ... ist sich bewusst, dass die eigene Rolle als Kommunikationspartner*in und Sprachvorbild ein zentrales Element der Sprachbildung ist und reflektiert diese regelmäßig,
- ... berücksichtigt, dass Sprachkompetenz auch durch motorische, sensorische, kognitive, emotionale und soziale Entwicklungen bedingt ist und nicht auf einzelne linguistische Aspekte des Spracherwerbs reduziert werden kann,
- ... misst den nonverbalen Formen der Kommunikation große Bedeutung bei,
- ... ist sensibel für sprachbildende Situationen und deren Gestaltung im Alltag,
- ... kann das Potenzial alltäglicher bzw. natürlicher Situationen aufgreifen und für die gezielte Sprachbildung nutzen.

3.3 Praxisbeispiele

Im Rahmen der Lehre können die genannten Inhalte exemplarisch anhand folgender Seminarübungen praxisorientiert erarbeitet werden:

1. Thema: Spracherwerb. Methode: Grenzsteine der Entwicklung

Umsetzung: Die Studierenden teilen sich in mehrere Kleingruppen auf und erhalten in ihrer Gruppe jeweils vorbereitete Karten mit sprachlichen Entwicklungsschritten (z.B.: spricht in Zweit-Wort-Sätzen; beherrscht alle Laute korrekt). Dann werden sie gebeten, die Entwicklungsschritte gemeinsam in der Kleingruppe den Altersstufen (0–6 Jahre) zuzuordnen. Anschließend werden die unterschiedlichen Ergebnisse im Plenum diskutiert. Dabei können folgende Fragestellungen leitend sein: Waren Sie sich einig? Hatten Sie bestimmte Kinder im Kopf? Woran haben Sie sich bei der Zuordnung der Entwicklungsschritte orientiert?

Bei dieser Praxiseinheit ist es wichtig zu betonen, dass alle Entwicklungsschritte nur grobe Richtwerte und keine festgelegten Normen sind. Vorrangiges Ziel der Übung ist, dafür zu sensibilisieren, wie individuell der jeweilige Spracherwerb auch sein kann, es jedoch sogenannte »Marker« in der Sprachentwicklung gibt, auf die geachtete werden sollte (z.B. 50-Wort-Grenze mit 24 Monaten).

2. Thema: »Um mich herum wird in einer anderen Sprache gesprochen« – Mehrsprachiges Handeln aus verschiedenen Blickwinkeln betrachten. Methode: Perspektivwechsel

Auch wenn das Thema mehrsprachiges Aufwachsen schon seit vielen Jahren im kindheitspädagogischen Diskurs diskutiert wird und es zahlreiche Konzepte und Projekte in Einrichtungen der frühkindlichen Bildung gibt, begegnen einem regelmäßig Äußerungen wie »Bitte sprechen Sie mit Ihrem Kind nur DEUTSCH in der Garderobe.« Was solche und ähnliche Sätze ausmachen können, soll in der Übung anhand von Kleingruppen reflektiert werden.
Umsetzung: Die Studierenden teilen sich in drei Gruppen auf und erarbeiten in ihrer Gruppe, wie es sich anfühlt, wenn »nur« Deutsch als Kommunikationssprache in dem jeweiligen Setting erlaubt ist.

Perspektive 1 – Kind

Stellen Sie sich vor, Sie sind ein Kind, wachsen zu Hause mit einer anderen Sprache auf und in der Kita sind auch ein paar andere Kinder, die die gleiche Familiensprache sprechen.
Wie kommunizieren Sie mit deinen Freunden im Spiel? Im Morgenkreis? Beim Mittagessen? Wie gehen Sie damit um, wenn jemand zu Ihnen sagt, Sie dürfen in der Kita nur deutsch sprechen?

Perspektive 2 – Eltern

Stellen Sie sich vor, Sie sind Mutter/Vater eines dreijährigen Kindes, welches eine Kita besucht, in dem über die Hälfte der Familien eine Einwanderungsgeschichte haben und etwa zehn weitere Familiensprachen außer Deutsch gesprochen werden.
Welche Fragen stellen Sie sich? Was sind Wünsche an die Einrichtung? Was wünschen Sie sich für Ihr Kind?

Perspektive 3 – pädagogische Fachkraft

Stellen Sie sich vor, Sie sind pädagogische Fachkraft in einer Kita mit vielen Familien mit Einwanderungsgeschichte. Die Kinder bringen über zehn Familiensprachen mit. Wo sehen Sie Herausforderungen, wo Chancen? Was brauchen Sie, um die Kinder und Familien zu begleiten? Wie gehen Sie damit um, wenn einige Kinder untereinander in ihrer Familiensprache sprechen? Wie empfinden Sie es, wenn Eltern mit ihren Kindern in der Garderobe in einer anderen Sprache als Deutsch kommunizieren?

Anschließend werden die in den Kleingruppen besprochenen Gedanken aus der jeweiligen Perspektive gemeinsam im Plenum diskutiert. Ziel ist es, den Sinn der teilweise bestehenden Sprachverbote in Bildungseinrichtungen aus der jeweiligen Position heraus zu reflektieren (in Anlehnung an ZfTI, 2021).

Insbesondere in Begleitseminaren zu Praxisphasen, in denen die Studierenden das erworbene Wissen (z.B. Sprachbildungsstrategien) in der Praxis erproben, eignet sich der Einsatz von Hosentaschendialogen, die Impulse geben, um anregende Dialoge mit Kindern zu initiieren. Methodisch kann der Einsatz von Sprachbildungsstrategien im pädagogischen Alltag der Studierenden (im Rahmen der Praxisphase) durch die Videointeraktionsanalyse oder durch verschiedene Verfahren zur Erfassung der Interaktionsqualität (z.B. GInA) im Seminar reflektiert werden.

Literatur

Albers, T. (2009). *Sprache und Interaktion im Kindergarten.* Bad Heilbrunn: Klinkhardt.
Albers, T. (2011). *Sag mal!: Krippe, Kindergarten und Familie: Sprachförderung im Alltag.* Weinheim: Beltz.
Albers, T. & Ritter, E. (2015). *Zusammenarbeit mit Eltern in der Kita.* München, Basel: Ernst Reinhardt.
Autor*innengruppe Bildungsberichterstattung (2022). *Bildung in Deutschland 2022. Ein indikatorengestützter Bericht mit einer Analyse zum Bildungspersonal.* Bielefeld: wbv Publikation.
Beckerle, C. & Mackowiak, K. (2019). Adaptivität von Sprachförderung im Kita-Alltag. Ein Vergleich des Sprachförderhandelns pädagogischer Fachkräfte bei Kindern mit Deutsch als Erst- und Zweitsprache und unterschiedlichen Sprachkompetenzen. *Lernen und Lernstörungen 8*(4), 203–211.
Brandes, H. (2010). Entwicklungspotentiale von Kindergruppen – Gruppenprozesse und ihre Förderung im Kindergarten. In E. Hammes-Di Bernardo & A. Speck-Hamdan (Hrsg.), *Kinder brauchen Kinder. Gleichaltrige – Gruppe – Gemeinschaft* (S. 16–25). Weimar: Verlag das Netz.
Buschmann, A. (2009). *Heidelberger Elterntraining zur frühen Sprachförderung.* München: Elsevier.
Cloos, P., Koch, K., Mähler, C. & von Salisch, M. (2019). Professionalisierung alltagsintegrierter sprachlicher Bildung bei ein- und mehrsprachig aufwachsenden Kindern: Fühlen – Denken – Sprechen. In BiSS-Trägerkonsortium (Hrsg.), *Projektatlas BiSS-Entwicklungsprojekte. Ergebnisse und Empfehlungen* (S. 11–17). Köln: Mercator-Institut für Sprachförderung und Deutsch als Zweitsprache.
Cordes, A.-K., Radan, J. & Wirts, C. (2019). Fachkraft-Kind-Dialoge im Freispiel: Wer hat das Wort? *Frühe Bildung, 8*(4), 200–205.
Damen, S., Fuchs-Rechlin, K., & Madeira Firmino, N. (2021). *BeDo-NRW-Beobachtung und Dokumentation in Kindertageseinrichtungen in Nordrhein-Westfalen. Abschlussbericht – Kurzfassung.* Düsseldorf: Fliedner-Fachhochschule.
Damen, S., Madeira Firmino, N. & Fuchs-Rechlin, K. (2021). Den Einsatz von Beobachtungs- und Dokumentationsverfahren in Kitas erforschen – Erkenntnisgewinne durch ›Multiperspektivität‹. In N. Weimann-Sandig (Hrsg.), *Forschungsfeld Kita – Grundlagen der Frühpädagogik.* Band 5 (S. 171–185). Köln: Carl Link.
Deutscher Bundestag (2024). Maßnahmen zur Sprachförderung im Elementarbereich. WD 8-3000-024/21. Berlin: Deutscher Bundestag.
Egert, F., Quehenberger, J., Dederer, V. & Wirts, C. (2018). Kindliche Initiative als Qualitätsindikator bei sprachlichen Bildungsaktivitäten. Ergebnisse einer empirischen Untersuchung. *Diskurs Kindheits- und Jugendforschung 13*(4), 21–22.
Frick, E. & Zumtobel, M. (2019). *Alltagsintegrierte Sprachförderung im Kindergarten. Anwendung von Sprachförderstrategien durch pädagogische Fachkräfte bei Kindern mit Deutsch als Zweitsprache.* Göttingen: Hogrefe.
Fried, L. (2010). Sprachliche Bildung. In M. Stamm (Hrsg.), *Frühkindliche Bildung, Betreuung und Erziehung. Was kann die Schweiz lernen?* (S. 155–175). Zürich: Rüegger.

Friedrich, T. & Schelle, R. (2015). Kompetenzorientierung. Qualitätsmerkmal frühpädagogischer Weiterbildungen? In A. König & T. Friederich (Hrsg.), *Qualität durch Weiterbildung. Konzeptionelle Denkanstöße für die Frühe Bildung* (S. 40–64). Weinheim: Beltz Juventa.

Geis-Thöne, W. (2022). Kinder mit nicht deutschsprechenden Eltern. *IW-Trends – Vierteljahresschrift zur empirischen Wirtschaftsforschung aus dem Institut der deutschen Wirtschaft, 49*(1), Online-Veröffentlichung. https://www.iwkoeln.de/fileadmin/user_upload/Studien/IW-Trends/PDF/2022/IW-Trends_2022-01-06_Geis-Th%C3%B6ne.pdf.

Geyer, S. & Müller, A. (2021). Wie adaptiv ist Sprachförderung für Kinder mit Deutsch als Zweitsprache? Eine Studie zum sprachlichen Handeln in der Zweitsprachförderung. *Zeitschrift für Angewandte Linguistik, 74*, 31–59.

Glück, C., Wirts, C., Kluge, K. & Theisel, A. (2023). Sprachkompetenzen in Interaktionen anregen und unterstützen – in Familie, Kita, Schule und Therapie. *Praxis Sprache, 68*(3), 173–178.

Grimm, H. & Weinert, S. (2002). Sprachentwicklung. In R. Oerter (Hrsg.), *Entwicklungspsychologie* (5., aktualisierte Auflage, S. 517–550). Weinheim: Beltz.

Hofmann, N., Polotzek, S., Roos, J. & Schöler, H. (2008). Sprachförderung im Vorschulalter: Evaluation dreier Sprachförderkonzepte. *Diskurs Kindheits- und Jugendforschung, 3*(3), 291–300.

Jampert, K., Leuckefeld, K., Zehnbauer, A. & Best, R. (2006). *Sprachliche Förderung in der Kita. Wie viel Sprache steckt in Musik, Bewegung, Naturwissenschaften und Medien*. Weimar, Berlin: Verlag das Netz.

Jungmann, T, & Albers, T. (2013). *Frühe sprachliche Bildung und Förderung*. München, Basel: Ernst Reinhardt.

Jungmann, T., Morawiak, U. & Meindl, M. (2015). *Überall steckt Sprache drin. Alltagsintegrierte Sprach- und Literacy-Förderung für 3- bis 6-jährige Kinder*. München u.a.: Ernst Reinhardt.

Kaiser-Kratzmann, J. & Sachse, S. (Hrsg.), (2022). *Mehrsprachigkeit in der Frühen Bildung*. München: Waxmann.

Kammermeyer, G. & Kucharz, D. (2023). Sprachliche Bildung im Elementarbereich. In M. Becker-Motzek, I. Gogolin, H.-J. Roth & P. Stanat (Hrsg.), *Grundlagen der sprachlichen Bildung* (S. 155–169). Münster: Waxmann.

Kammermeyer, G., Leber, A., Metz, A., Roux, S. & Biskup-Ackermann, E. F. (2019). Empirische Arbeit: Langfristige Wirkungen des Fortbildungsansatzes »Mit Kindern im Gespräch« zur Sprachförderung in Kindertagesstätten. *Psychologie in Erziehung und Unterricht, 66*(4), 285–302.

Kammermeyer, G., Roux, S., King, S. & Metz, A. (2017). *Mit Kindern im Gespräch. Strategien zur sprachlichen Entwicklung von Kleinkindern in Kindertageseinrichtungen*. Donauwörth: Auer-Verlag.

Kauschke, C. & Siegmüller, J. (2010). *Patholinguistische Diagnostik bei Sprachentwicklungsstörungen (PDSS)* (2., aktualisierte Auflage). München: Elsevier.

Kieschnick, A. (2015). *Literacy im Kindergarten*. Online-Veröffentlichung. https://www.kita-fachtexte.de/fileadmin/Redaktion/Publikationen/KiTaFT_Kieschnick_Literacy_2016.pdf.

Knauf, H. (2019). *Bildungsdokumentation in Kindertageseinrichtungen*. Wiesbaden: Springer.

Kühn, S. (2011). *Eltern mit Migrationshintergrund in die Sprachbildung einbeziehen.* Deutsches Jugendinstitut. Online-Veröffentlichung. www.dji.de/bibs/672_13588_Kuehn_Expertise_Eltern_mit_Migrationshintergrund.pdf.

Lisker, A. (2011). *Additive Maßnahmen zur vorschulischen Sprachförderung in den Bundesländern.* Expertise im Auftrag des Deutschen Jugendinstituts. München: Deutsches Jugendinstitut.

List, G. (2005). *Kognition und Sprache. Kindlicher Spracherwerb in Verbindung mit Kognition und kindlichem Handeln aus entwicklungspsychologischer Sicht.* München: Deutsches Jugendinstitut.

Machens, C. (2021). *Kompetenzerweiterung durch Beobachtung und Dokumentation im Kontext alltagsintegrierter Sprachbildung. Evidenzbasierte Erkenntnisse zum Einsatz des handlungsorientierten Beobachtungsverfahrens BaSiK in Kindertageseinrichtungen.* Düren: Shaker.

Madeira Firmino, N. (2013). Brauchen wir Sprache zum Verstehen? Bewegungsorientierte Sprachbildung und -förderung im Bildungskontext. In A. Krus & H. Jessel (Hrsg.), *Psychomotorik im Bildungskontext* (S. 95–108). Lemgo: AKP.

Madeira Firmino, N. (2015). *Bewegungsorientierte Sprachbildung in der frühen Kindheit: Eine empirische Studie zur bewegungsorientierten Sprachbildung im Krippenalltag unter Berücksichtigung familiärer Einbindung.* Bad Heilbrunn: Klinkhardt.

Madeira Firmino, N. (2020). Das Potenzial bewegungsorientierter Zugänge für die frühkindliche Sprachbildung. In J. Erhorn, J. Schwier & B. Brandes (Hrsg.), *Bewegung – Spielraum für frühkindliche Lern- und Bildungsprozesse* (S. 59–72). Bielefeld: Transcript.

Madeira Firmino, N. & Hofmann, F. (2023). Die Transkription als methodologische Herausforderung in der Videografie. Vorschläge für die frühpädagogische Forschung. In L. Burghardt, J. Durand, S. Peters, R. Schelle & K. Wolstein (Hrsg.), *Forschen in der Pädagogik der frühen Kindheit: Eine kritische Reflexion methodischer Ansätze* (S. 277–298). Weinheim: Beltz Juventa.

Manolson, A. (1985). *It takes two to talk: a parent's guide to helping children communicate.* Toronto: The Hanen Center.

MKJFGFI (Ministerium für Kinder, Jugend, Familie, Gleichstellung, Flucht und Integration) (2014). *Alltagsintegrierte Sprachbildung und Beobachtung im Elementarbereich – Grundlagen für Nordrhein-Westfalen.* Düsseldorf: MKJFGFI.

Näger, S. (2017). *Literacy: Kinder entdecken Buch-, Erzähl- und Schriftkultur.* Freiburg im Breisgau: Herder.

Panagiotopoulou, A. (2016). *Mehrsprachigkeit in der Kindheit. Perspektiven für die frühpädagogische Praxis.* Weiterbildungsinitiative Frühpädagogische Fachkräfte, WiFF Expertisen, 46. WiFF.

Reppenhorst, S. & Madeira Firmino, N. (2017). Kompetenzorientierte Weiterbildung von pädagogischen Fachkräften im Rahmen einer alltagsintegrierten Sprachbildung durch Bewegung. In A. Schmitt, E. Sterdt & L. Fischer (Hrsg.), *Empirisches Arbeiten in der Frühpädagogik im Kontext eines evidenzbasierten Ansatzes* (S. 79–94). Köln: Carl Link.

Sallat, S. & Spreer, M. (2018). *Wenn alltagsintegrierte Sprachbildung nicht reicht: Kinder mit sprachlichem Förderbedarf in der Kita.* Online-Veröffentlichung. https://www.kita-fachtexte.de/fileadmin/Redaktion/Publikationen/KiTaFT_SallatSpreer_2018_wennalltagsintegrierteSprachbildung__01.pdf.

Schakib-Ekbatan, K., Hasselbach, P., Roos, J. & Schöler, H. (2007). *Die Wirksamkeit der Sprachförderungen in Mannheim und Heidelberg auf die Sprachentwicklung im letzten Kindergartenjahr.* Online-Veröffentlichung. http://www.sagmalwas-bw.de/projekt01/media/pdf/EVAS_Erste_Ergebnisse.pdf

Szagun, G. (2016). *Sprachentwicklung beim Kind* (4., aktualisierte Auflage). Weinheim: Beltz.

Tessmer, E. (2021). *Sprachendidaktik in der Frühpädagogik: Eine Analyse alltagsintegrierter Sprachenbildung unter Berücksichtigung institutioneller Rahmenbedingungen.* Opladen: Verlag Barbara Budrich.

Ulich, M. (2003). Sprachliche Bildung und Literacy im Elementarbereich. *Kindergarten heute*, 3(2003), 6–18.

Viernickel, S. & Völkel, P. (2022). *Beobachten und Dokumentieren im pädagogischen Alltag.* Freiburg im Breisgau: Herder.

Weinert, S. & Grimm, H. (2008). Sprachentwicklung. In R. Oerter & L. Montada (Hrsg.), *Entwicklungspsychologie* (S. 502–534). Weinheim: Beltz.

Wildemann, A. & Fornol, S. (2016). *Sprachsensibel unterrichten in der Grundschule. Anregungen für den Deutsch-, Mathematik- und Sachunterricht.* Seelze: Klett, Kallmeyer.

Winner, A. (2007). *Kleinkinder ergreifen das Wort. Sprachförderung mit Kindern von 0 bis 4 Jahren.* Mannheim: Cornelsen.

Woerfel, T. (2022). *Faktencheck. Mehrsprachigkeit In Kita und Schule.* Köln Mercator-Institut für Sprachförderung und Deutsch als Zweitsprache.

Wolf, K. M., Felbrich, A., Stanat, P. & Wendt, W. (2011). Evaluation der kompensatorischen Sprachförderung in Brandenburger Kindertagesstätten. *Empirische Pädagogik, 25*(4), 423–438.

ZfTI (Zentrum für Türkeistudien) (2021). *Mehrsprachigkeit, Diversität, Empowerment: Curriculum für die Schulung der Elternbegleiter*innen in den Programmen Griffbereit & Rucksack Kita.* Essen: ZfTI.

Zimmer, R. (2013). *Konrad und Rita: Integrierte Förderung von Bewegung, Sprache und Literacy.* Oberursel: Finken-Verlag.

Zimmer, R. (2019). *Handbuch Sprache und Bewegung: Alltagsintegrierte Sprachbildung in der Kita.* Freiburg im Breisgau: Herder.

Zimmer, R. & Madeira Firmino, N. (2017). Alltagsintegrierte Sprachbildung durch Bewegung. In A. Bereznai (Hrsg.), *Mehr Sprache im frühpädagogischen Alltag. Potenziale erkennen, Ressourcen nutzen* (S. 88–101). Freiburg im Breisgau: Herder.

Zimmer, R., & Madeira Firmino, N. (2019). Bewegung und Sprache – Sprachbildung bewegt gestalten. In A. Voss (Hrsg.), *Bewegung und Sport in der Kindheitspädagogik: Ein Handbuch* (S. 127–137). Stuttgart: Kohlhammer.

I Alltagsintegrierte sprachliche Bildung und Kommunikation

Websites mit Praxis-Ideen und Hintergrundinformationen

Arbeitskreis neue Erziehung e.V. https://www.ane.de/download:Bereitstellung von Elternbriefen (u. a. zu sprachlicher Entwicklung von 0 – 6 Jahren) auf verschiedensten Sprachen

Programm Sprach-Kitas: https://sprach-kitas.plattform-spi.de/goto.php?target=cat_65029&client_id=inno

II Personale und sozial-emotionale Entwicklung, Werteorientierung und Religiosität, kultursensitive Kompetenzen

In diesem Bildungsbereich werden sehr unterschiedliche Aspekte miteinander verbunden. Zudem treffen sich hier in besonderem Maße Bildungsansprüche mit Erziehungszielen und Entwicklungsfeldern. Es steht weniger deklaratives und objektivierbares Wissen im Vordergrund, sondern normative, individuumsbezogene und ethische Perspektiven.

Entsprechend unterschiedlich sind auch die Zuschnitte der in den Bildungsplänen der Bundesländer genannten Bildungsbereiche. Insgesamt werden 38 unterschiedliche Stichworte genannt (z. B. »Soziales Lernen, Kultur und Gesellschaft« in Bremen; in Sachsen werden unter der Überschrift »Soziale Bildung« die Inhalte »Soziales Lernen, Differenzerfahrungen, Werte und Weltanschauen, Demokratie« bearbeitet). Gruppiert man diese Schlagworte, so zeigt sich, dass die Themenbereiche »Sinn, Werte, Religion, Ethik, Philosophie« (12 Nennungen) sowie »Emotionen, Mitgefühl, Soziales, Konflikte« (ebenfalls 12 Nennungen) besonders häufig genannt werden. Der Themenkomplex »Kinderrechte, Partizipation, Gesellschaft« hingegen wird fünfmal verwendet, »Lebenspraxis« viermal. Auffällig ist, dass »Interkulturelle Bildung« explizit nur dreimal als Name eines Bildungsbereichs auftaucht. Das heißt jedoch nicht, dass in den Bildungsplänen das Leben in einer von Vielfalt geprägten Gesellschaft kein Thema ist, vielmehr werden Fragen von Diversität und Inter- bzw. Transkulturalität in den Beschreibungen des Bildungsbereichs häufig thematisiert.

Im folgenden Abschnitt rückt diese Perspektive durch den transkulturell ausgerichteten Beitrag von Güler Arapi und Juliane Gerland stärker in den

Mittelpunkt. Außerdem setzt sich Alexander Scheidt in seinem Text mit Wertebildung auseinander. Religiöse Bildung im engeren Sinne tritt hier in den Hintergrund, denn diese kann von nicht-konfessionellen Kindertageseinrichtungen nur schwer geleistet werden; gerade in einer multireligiösen und pluralen Gesellschaft erscheint eine solche Orientierung unangemessen.

Leben und lernen in der Kita – divers und plural

Güler Arapi & Juliane Gerland

> Der Bildungsbereich Soziale und (inter-)kulturelle Bildung) zielt in erster Linie auf ein gelingendes soziales Zusammenleben. Dieses soziale Zusammenleben konkretisiert sich sowohl durch soziale Bildung im Sinne der Vermittlung von Werten wie Rücksichtnahme, Respekt, Demokratiebildung und wertegeleitetem Handeln als auch durch (inter-)kulturelle Bildung im Sinne einer Bildung entlang eines weiten Kulturbegriffs. Beide Aspekte werden in diesem Artikel erörtert und ihre Spezifika insbesondere im Hinblick auf ihre Bedeutung für (früh-)kindliche Bildung in einer Migrationsgesellschaft dargestellt. Hochschuldidaktische Impulse für die kindheitspädagogische Hochschullehre zu den verschiedenen Foki dieses Bildungsbereichs runden den Beitrag ab.

1 Gelingendes Zusammenleben in einer heterogenen Gesellschaft als Bildungsziel

Im »Gemeinsamen Rahmen« der Länder für die frühe Bildung in Kindertageseinrichtungen wird die Bedeutung des frühen Erwerbs kultursensitiver Kompetenzen und die Auseinandersetzung mit grundlegenden gesellschaftlichen Werten als »unabdingbar für die Entwicklung eines vorurteilsbewussten Selbstverständnisses« (KMK & JMK, 2022, S. 12) beschrieben. Vielfalt und Diversität gelten danach als selbstverständliche Merkmale der Gesellschaft und des kindlichen Alltags: Kinder werden in kulturelle Kontexte hineingeboren und wachsen in diesen auf. Kulturelle Praxen werden sowohl durch die unterschiedlichen gelebten Familienformen wie auch durch gesellschaftliche Zusammenhänge vermittelt. Die Kindertagesstätte ist oftmals die erste Institution, die Kinder kennenlernen und so den Radius der Familie erweitern. In der Kita kommen Kinder aus unterschiedlichen familiären Hintergründen zusammen. Gesellschaftliche Heterogenität ist daher ein Zustand, der allein durch die Anwesenheit der Kinder und ihrer Familien in der Institution hergestellt wird. Während der ersten Lebensjahre entwickeln sich Kinder zunehmend zu sozialen Personen, wenn es gelingt, dass sie eine sichere Vorstellung ihrer eigenen Identität entwickeln und über enstprechendes Selbstbewusstsein und Selbstvertrauen verfügen. Dies bildet die Voraussetzung für einen angemessenen Umgang untereinander. Kindertagesstätten sind hier in der Verantwortung, entsprechende Bildungsanregungen zu geben, um die soziale Entwicklung der Kinder bestmöglich zu unterstützen. So belegen Studien, dass Bildungs- und Spielangebote durchaus Einfluss auf empathisches und prosoziales Verhalten von Kindern ausüben (Spinrad & Gal, 2018; Schell et al., 2015).

Insbesondere die Fähigkeit zum Perspektivwechsel, kompetentes Konfliktverhalten und die Auseinandersetzung mit als ungewohnt oder fremd erlebten Situationen sind anspruchsvolle und bedeutende Meilensteine im Laufe der sozialen Entwicklung. In Kindertageseinrichtungen agieren die Kinder in einer Umgebung, in der sie lernen können, gerade diese Herausforderungen zunehmend gut zu bewältigen: Hier treten sie in vielfältige Interaktion mit anderen Kindern und Erwachsenen, die zwar nicht zur Familie als primärer Sozialisationsinstanz gehören, ihnen aber dennoch vertraut sind (Rönnau-Böse & Fröhlich-Gildhoff, 2021). Bereits in dieser frühen Phase des Lebens werden also im Hinblick auf Werteorientierung und Demokratiebildung bedeutsame und gesellschaftlich relevante Aspekte zum Gegenstand kindlicher Bildungsprozesse (Richter, 2023). Der »Gemeinsame Rahmen« konstatiert: »Um ein verantwortungsvolles Mitglied der Gesellschaft zu werden, sich sozial zugehörig zu fühlen und sich als Individuum positiv zu erleben, benötigt das Kind sozial-emotionale Kompetenzen, Empathie und Selbstregulation sowie orientierendes Wissen« (KMK & JMK, 2022, S. 12). In diesem Bildungsbereich geht es also sowohl um individuelle als auch um soziale Entwicklungs- und Bildungsprozesse.

2 Zusammenleben in einer Migrationsgesellschaft

Ein zentraler Bestandteil des Bildungsbereiches ist Interkulturalität. In den Bildungsgrundsätzen des Landes NRW wird folgende Leitidee zu *Interkulturalität* formuliert:

»(...) Kinder nehmen die Menschen im Umfeld als unterschiedliche Persönlichkeiten mit unterschiedlichen Lebensformen, Bedürfnissen, Kulturen und Sprachen wahr, und diese Vielfalt wird als Normalität und Bereicherung erlebt. Sie erfahren, dass die eigene Lebensweise eine von vielen möglichen ist und unterschiedliche Werte gelten können. (...) Aufgeschlossenheit gegenüber fremden Lebensstilen und Kulturen wird durch alltägliche Erfahrungen gefördert. Die Kinder haben Gelegenheit, Wissen über fremde und die eigene Kultur zu sammeln – sowohl über Schrift, Sprache, Religion als auch über verschiedene Formen der Familien und des Zusammenlebens – und dies auch praktisch zu erleben (...)« (MKFFI & MSB, 2018, S. 100).

Im Rahmen der OECD-Fachkräftestudie TALIS Starting Strong (2018) wurden Fachkräfte, Leitungskräfte und Kindertagespflegepersonen in der frühkindlichen Bildung, Betreuung und Erziehung zum Umgang mit Vielfalt in der Kindertagesbetreuung befragt. Im Fokus standen Diversitätspraktiken und ihre Anwendung in den Einrichtungen und mögliche Ursachen. Neben sozioökonomischer Benachteiligung wurden auch mehrsprachiges Aufwachsen und Fluchthintergrund als Diversitätsmerkmale betrachtet (Spensberger & Taube, 2022). 90 % aller befragten Fachkräfte begleiten Kinder, die mehrsprachig aufwachsen. Dies verdeutlicht auch die Relevanz der Auseinandersetzung mit Mehrsprachigkeit in kindheitspädagogischen Hochschulstudiengängen. Spensberger und Taube (2022) können weiter zeigen, dass die Zahl von Kindern mit Fluchthintergrund steigt: etwa 36 % der befragten Einrichtungen gaben für das Jahr 2018 an, dass ihre Kita auch von Kindern mit Fluchthintergrund besucht wird, wobei dies für mehr als die Hälfte der Einrichtungen (ca. 55 %) ein »neues Phänomen« (S. 231) darstellte. So erhöht sich in diesem Zusammenhang die Relevanz von Themen wie Flucht, Kinderrechte, Ausgrenzung und Diskriminierung für den frühkindlichen Bildungsbereich und damit auch Zugangsbarrieren zu gesellschaftlicher Teilhabe und Bildung.

Heterogenität und Diversität stellen also gesellschaftliche Realität (nicht nur) in der Migrationsgesellschaft dar. In Bezug auf frühkindliche Bildung stellt sich die Frage, welche kritischen Aspekte entstehen können, wenn der Fokus auf *Interkultur* gelegt wird. Was wird unter *Kultur* verstanden? Kalpaka und Mecheril (2010) betonen, dass *Interkulturelle Kompetenz* als eine allgemeine Kompetenz zu betrachten ist. Dies wird in der oben zitierten Leitidee deutlich. Jedoch wird Interkultur oft mit dem Fremden und Andersartigen im Migrationskontext assoziiert und thematisiert. »Die Rede vom Interkulturellen stellt dann, wenn sie Verwendung findet, um migrationsbedingte Differenzierungen und Auseinandersetzungen zu markieren, eine klare Verkürzung dar« (Kalpaka & Mecheril, 2010, S. 78). In aktuellen Diskursen findet daher zunehmend der Begriff des *Transkulturellen* Verwendung. Dieser geht auf Wolfgang Welschs (2020) Konzept der *Transkulturalität* aus den 1990er-Jahren zurück und wird immer öfter in pädagogischen Zusammenhängen verwendet. Entscheidend ist, dass im Begriff der Transkulturalität die interaktionistische, prozesshafte Veränderlichkeit und Durchlässigkeit von Kulturen impliziert ist. Kultur wird also weniger als etwas Statisches und von den Personen unabhängiges Phänomen verstanden, sondern als etwas, das durch das Praktizieren von Kultur überhaupt entsteht.

Kalpaka (2010) kritisiert entsprechend an der interkulturellen Perspektive die Reduktion auf Kultur, mit der eine Essentialisierung durch Kultur einhergeht und bei der Kultur als Nationalkultur verstanden und Kultur als Platzhalter für »Rasse« verwendet wird. So erläutert Auma (2018), dass die historische Vorstellung, Menschen in »Rassen« einzuteilen, wissenschaftlich widerlegt ist, jedoch die Vorstellung nach wie vor vorhanden ist. Um die Konstruktion zu verdeutlichen, wird der problematische Begriff in Anführungsstrichen gesetzt. Auma (2018) spricht von »Kulturrassismus« (S. 7). Unter Essentialisierung wird die Reduktion des Anderen auf seine Andersartigkeit im Sinne seines eigentlichen Wesens (= Essenz), welche als naturgegeben gedacht wird, verstanden. So liegt die Gefahr von interkulturellen Ansätzen in der Konstruktion von Kultur, die in sich einheitlich, vereinfacht, naturalisiert und abgeschlossen ist. Die Vermittlung von Wissen darüber, wie in anderen Kontexten dieser Welt gelebt wird, ist dabei zunächst einmal nicht problematisch. Zu fragen ist allerdings, wie diese Vermittlung inhaltlich gefüllt und umgesetzt wird und an welchen Maßstäben gemessen und bewertet wird. Wie wird solches Wissen an Kinder weitergegeben? Welche Beispiele von Kulturen werden pauschalisiert und welche differenziert dargestellt? So finden wir viele Beispiele in Bildungsmaterialien, wie beispielsweise in *Kinderweltkarten:* Menschen werden in verschiedenen Ländern oder Kontinenten unterschiedlich abgebildet. Diese Weltkarten suggerieren den Anspruch einer vielfältigen und differenzierten Darstellung. Ein genauerer und analytischer Blick zeigt häufig, dass sie aus einem eurozentristischen Blick entworfen sind und kultur-rassistische Stereotype vermitteln. Kinder, die außereuropäische Familienbezüge mitbringen, können sich hier gar nicht oder nicht positiv identifizieren. Haben die Kinder Bezug zum Herkunftskontext, sind sie häufig irritiert, dass die Darstellungen der Menschen auf den Karten nicht ihren individuellen Erfahrungen entsprechen. Darüber hinaus erlernen alle Kinder über diese Abbildungen kolonialstereotype Darstellungen (Fajembola et al., 2022). Auch in vielen Beispielen zu interkultureller Kompetenz werden regelmäßig Vergleiche zwischen unterschiedlichen national-kulturellen Kontexten mit der *deutschen Kultur* herangezogen, um interkulturelles Wissen anzueignen und dadurch Kinder und Familien mit einem »anderen« kulturellen Hintergrund besser verstehen zu können (Lamm, 2023).

Aber welche Informationen und welches Wissen gewinnen wir dadurch für die konkrete pädagogische Arbeit über die Familien, die ihren Lebensmittelpunkt in Deutschland haben oder nach Deutschland verlegt haben? Welche Reflexionsmomente lassen sich unter einer migrationspädagogischen Perspektive im Bezug auf Kultur/Inter- und Transkultur festhalten, um eine migrationspädagogische Praxis für die Kita zu skizzieren?

Mecheril (2004) ergänzt wichtige und kritische Aspekte für die inter- bzw. transkulturelle Pädagogik. Die von ihm herausgearbeitete Perspektive der Migrationspädagogik markiert zunächst Migration als Normalität, als historisch und als komplex und betont, dass Deutschland eine lange Migrationsgeschichte aufweist (Castro Varela & Mecheril, 2010). Die Perspektive verdeutlicht, dass Lebenswelten schon immer durch komplexe, globale Migrationsbewegungen und Phänomene der Migration beeinflusst wurden und werden. Vor diesem Hintergrund kennzeichnet die Perspektive der Migrationspädagogik die deutsche Gesellschaft als eine »Migrationsgesellschaft« (Mecheril, 2016, S. 12–15). Da Migrationsbewegungen sehr komplex sind, kann unter dieser Perspektive nicht von einer einheitlichen Herkunftskultur gesprochen werden, ebenso wenig wie von einer einzigen Zugehörigkeit. Transnationale Räume, hybride Identitätskonzepte und Mehrfachzugehörigkeiten entstehen bzw. waren schon immer vorhanden. In diesem Zusammenhang wird der Schlüsselbegriff »Natio-ethno-kulturelle Zugehörigkeit« (Mecheril, 2010, S. 14) für die pädagogische Arbeit und das Bild der Identitätszugehörigkeit von Kindern bedeutsam. Natio-ethno-kulturelle Zugehörigkeit verweist auf eine De-Konstruktion von Essentialisierung vermeintlicher oder zugeschriebener Zugehörigkeiten. Zugehörigkeiten sind komplex und vielfältig. Das heißt konkret, dass die nationale Zugehörigkeit (in manchen Fällen zwei-, drei- oder vierfache nationale Zugehörigkeiten) weder per se aus einer oder mehreren ethnischen Zugehörigkeiten noch per se aus einer oder mehreren kulturellen Zugehörigkeit(en) abzuleiten ist. Mysorekar (2007) verdeutlicht es folgendermaßen:

»Ein Beispiel: mein Kind. (...). Geboren in Buenos Aires/Argentinien vor zwölf Jahren. Großeltern väterlicherseits: ein argentinischer Großvater italienischer Abstammung, der dubiose sizilianische Flüche beherrschte und Pasta liebte; eine afroargentinische Großmutter mit chilenischem Vater, dessen Wurzeln unbekannt blieben, da er ein Findelkind war. Großeltern mütterlicherseits: ein indischer Großvater, Einwanderer der ersten Generation in Deutschland, als Deutschland noch Arbeitskräfte anwarb; eine deutsche Großmutter, die perfekt indische Gerichte kochen kann und deren Mutter wiederum aus London stammte (...). Was soll ich meiner Tochter über ihre Identität sagen? Sie sei indo-anglodeutsch-afro-italoargentinisch?« (Mysorekar, 2007, S. 161–162).

Deutlich wird, dass Mehrfachzugehörigkeit auf unendlich viele vorstellbare Kombinationen im Alltag der Kinder und ihrer Familien verweist. Dies kann sich genauso auf die gesprochenen Sprachen in den Familien beziehen.

Was lernen jedoch Kinder, wenn sie sich in einem Bildungskontext wie der Kita aufhalten? Krause (2022) zeigt, dass Kinder sich schon in ihren ersten Lebensjahren mit der Frage *Woher kommst Du?* auseinandersetzen müssen. Dabei lernen sie schnell, dass auf die Frage eine einfache Antwort erwartet wird. In einer solchen einfachen Antwort sind binäre Zugehörigkeiten noch möglich, aber Mehr-Mehrfachzugehörigkeiten nicht. Sie erwerben dementsprechend die Fähigkeit, ihre komplexe Zugehörigkeit zu reduzieren. Damit wird allen Kindern ein vereinheitlichtes und undifferenziertes Wissen über kulturelle Herkunft vermittelt. Mysorekar (2007) hingegen betont die Bedeutsamkeit der Sichtbarmachung von Mehrfachzugehörigkeiten und das Verständis von Migrationsphänomenen als ein Bestandteil der deutschen Kultur. In Bezug auf vorhandene Bildungsmaterialien (z. B. Bilderbücher) erscheint es wichtig, die Inhalte auf diverse und sachliche Darstellungen hin zu überprüfen und falls notwendig auszutauschen.

Die Auseinandersetzung mit der Frage *Woher kommst du?* bietet für pädagogische Fachkräfte einen fruchtbaren Reflexionsanlass. Die folgenden Fragen eignen sich beispielhaft für solche Reflexionen:

- Was erfahren wir, wenn wir Informationen über die natio-ethno-kulturelle Zugehörigkeit eines Kindes erhalten?
- Welches Wissen erlangen wir dadurch über die Lebenswelt des Kindes?
- Warum wurde gerade diesem Kind diese Frage gestellt und warum anderen Kindern nicht?
- Auf welche Informationen wird der Blick durch diese Frage verstellt?

Deutlich wird, dass sich auf Grundlage dieses vermeintlichen Wissens über die natio-ethno-kulturelle Zugehörigkeit keine Schlüsse bezüglich der alltagsweltlichen, familiären, sozioökonomischen oder gesundheitlichen Hintergründe eines Kindes ziehen lassen. Die Reflexion etwaiger eigener stereotypischer Zuschreibungen kann den Ausgangspunkt einer vorurteilsbewussten Professionalität bilden.

Im Rahmen einer Pilotstudie zum Umgang mit institutionellem Rassismus in Berliner Kitas weisen Bostancı, Biel und Neuhauser (2022) auf durch Differenzpraktiken hergestellte institutionelle Diskriminierung in Kitas hin. Der Fokus dieser Studie liegt auf den Erfahrungen der Eltern und ihrer Kinder mit Diskriminierung und deren Umgang mit Rassismuserfahrungen in der Kita. Die Ergebnisse zeigen, dass Rassismus durch diskriminierende Annahmen,

Materialien und Routinen erlebt wird. Die befragten Familien weisen auf die wenig oder kaum vorhandenen diversen Bildungs- und Spielmaterialien hin sowie auf fehlende positive Identifikationsmöglichkeiten für ihre Kinder. Vor diesem Hintergrund bescheinigen die Autor*innen den untersuchten Kitas institutionellen Rassismus. Dieser kam »auch in Wissensbeständen und Handlungspraktiken von Kita-Mitarbeitenden zum Vorschein« (Bostancı, Biel & Neuhauser, 2022, S. 6): insbesondere wurden Erfahrungen von anti-muslimischem Rassismus[2] thematisiert. Zum einen wurden sie mit kulturalisierenden Rollenmustern konfrontiert (beispielsweise wurde angenommen, dass die Mütter nicht erwerbstätig seien), zum anderen wurde das Verhalten der Söhne als »pascha«- oder »macho«-haft betitelt und nicht als kindliches Verhalten gedeutet (beispielsweise wenn sie ihr Geschirr nicht abräumen wollten). Ebenso zeigen die unterschiedlichen Umgangsstrategien mit Rassismuserfahrungen der Eltern, dass sie oft wenig Unterstützung von Seiten der Kita erfahren. Insgesamt konnten in der Studie vier Strategien der Kindertageseinrichtungen im Umgang mit Rassismus beschrieben werden (Bostancı, Biel & Neuhauser, 2022, S. 8–9):

- »Ambivalentes Diversity Management«: Eltern erleben, dass die Einrichtungen bestimmte Diversitätsmerkmale, wie etwa Gender, thematisieren und die Kategorie »Race« nicht. Auch wird durch das Ausspielen von Merkmalen institutioneller Rassismus verschleiert.
- »Blockieren«: Wenn Eltern Rassismuserfahrungen ansprechen, erleben sie institutionelle Barrieren und Abwehr.
- »Verharmlosung«: Institutioneller Rassismus wird von den Fachkräften geleugnet
- »Aktive Exklusion«: Auflösung des Vertragsverhältnisses von Seiten der Kita mit der Argumentation, dass das Vertrauensverhältnis durch die Thematisierung von institutionellem Rassismus nicht mehr bestehen kann.

Alle hier aufgeführten Strategien zeigen, dass Eltern, wenn sie sich entscheiden, Rassismus offen zu legen, ein hohes Risiko eingehen. Hier zeigt sich die immense Bedeutung des Bildungsbereichs soziale und (inter-)kulturelle Bildung für die Umsetzung von mehr Chancengerechtigkeit im Bildungssystem.

Zentrale Ziele dieses Bildungsbereichs sind die Förderung einer vorurteilsbewussten Haltung bei den pädagogischen Fachkräften einerseits und

---

2 Anti-Muslimischer Rassismus bezieht sich auf die Markierung von Menschen als muslimisch und basierend darauf die Diskriminierung bzw. Deprivilegierung (Auma, 2018).

eine plurale und diversitätsorientierte Bildung für Kinder andererseits. Dazu gehört auf der Ebene der Fachkräfte auch ein Wissen und eine (selbstreflexive) Auseindersetzung mit Ausgrenzungs- und Diskriminierungserfahrungen sowie auf der Ebene der Kinder die Entwicklung der Kompetenzen zu einem empathischen Perspektivwechsel und solidarischem Verhalten.

Amirpur und Doğmuş (2022) erläutern, dass die Analyse der Lebenswelten von migrantisierten Kindern einer intersektionalen[3] Perspektive bedarf, um die Verwobenheit von Mehrfachdiskriminierung analysieren und benennen zu können (Fajembola et al., 2022). Machold und Bak (2022) stellen die Relevanz dessen für die Kindheitsforschung heraus. Laut Amirpur und Doğmuş (2022) finden regelmäßig vereinfachte Erklärungsmuster Verwendung. Viele Fachkräfte denken zudem das komplexe Zusammenspiel von Ungleichheitseffekten nicht mit. Dies verdeutlicht, dass die frühe Kindheit »im Rahmen gesellschaftlicher, institutioneller und organisationaler Voraussetzungen nicht unberührt von Macht- und Herrschaftsverhältnissen« (Doğmuş, 2022, S. 53) bleibt. Das Zurückgreifen auf zu einfache Erklärungen jedoch verschleiert genau diese Verhältnisse. Die Perspektive der Migrationspädagogik betont die Herstellung einer machtvollen Zuschreibung in ein »imaginiertes Wir und die Anderen« (Mecheril, 2010, S. 13). Diese Zuschreibungen sind normal und allgegenwärtig und bedeuten, dass Kinder Erfahrungen von Nicht-Zugehörigkeit und damit Diskriminierungserfahrungen auch in pädagogischen Zusammenhängen erfahren – Wissen über unausgewogene Macht- und Herrschaftsverhältnisse erwerben Kinder durch eigene Erfahrungen oder durch entsprechende Beobachtungen. Eine pädagogisch fundierte Reflexion und Kritik dieser Erfahrungen und Beobachtungen gehört zu den für diesen Bildungsbereich spezifischen Aufgaben der pädagogischen Fachkräfte.

Problematisch ist also nicht die Wahrnehmung von Unterschieden, sondern deren Bewertungen und entsprechende Zuschreibung, die Einfluss auf den Zugang zu gesellschaftlichen Ressourcen wie Bildung nehmen. Ungleichheitsverhältnisse implizieren Diskriminierung und Unterdrückung. Sie sind Bestandteil der Gesellschaft und somit auch von Erziehungs- und Bildungseinrichtungen. Die migrationspädagogische Perspektive betont dabei, dass es im alltäglichen pädagogischen Handeln zu einem Re-Produzieren dieser Ordnung kommen kann. Der Effekt der ungleichen Zugänge zu früher Bildung und gesellschaftlicher Teilhabe der Familien beeinflusst im weiteren Verlauf der Bildungsbiographie auch den Beginn und die Entwicklung der Schullaufbahn und wirkt sich dementsprechend gesamtbiografisch aus. Dies betont einmal mehr die Bedeutung des Bildungsbereichs Soziale und (inter-)kultu-

---

3 Der Begriff »Intersektionalität« wurde von der Juristin K. Crenshaw entwickelt.

relle Bildung in einer Migrationsgesellschaft und die Notwendigkeit einer rassismuskritischen Reflexion der Routinen in Kindertageseinrichtungen, um mögliche institutionelle Diskriminierung abzubauen (siehe Linksammlung).

3 Kulturelle Bildung als Schlüssel zur Auseinandersetzung mit dem »Eigenen« und dem »Fremden«

Die im Titel des Bildungsbereichs in den Bildungsgrundsätzen Nordrhein-Westfalens vorgenommene Dreiteilung des Bildungsbereichs setzt einen Fokus auf die *soziale Bildung*, einen auf die *inter-, bzw. transkulturelle Bildung* und einen dritten Fokus auf die *kulturelle Bildung*. Ermert (2009) definiert diesen dritten Fokus wie folgt: »Kulturelle Bildung [...] bezeichnet den Lern- und Auseinandersetzungsprozess des Menschen mit sich, seiner Umwelt und der Gesellschaft im Medium der Künste und ihrer Hervorbringungen« (S. 2). Zielvorstellungen sind hier kulturelle Teilhabe bzw. gesellschaftliche Partizipation. Zwei Kulturbegriffe gilt es voneinander abzugrenzen: den engen Kulturbegriff, der im Wesentlichen klassische Kunstformen wie Musik, Bildende Kunst, Theater, etc. sowie ihre Kombinationsformen bezeichnet (hier zeigt sich auch eine enge Verbindung zum Feld der musisch-ästhetischen Bildung) einerseits und den weiten Kulturbegriff andererseits, bei dem es um als typisch empfundene Phänomene, Praktiken und Normen bestimmter Gruppierungen (Familien, Nationen, Altersgruppen, Interessensgemeinschaften etc.) geht.

Tab. 1: Verschiedene Verständnisse von Kultur

Enger Kulturbegriff	Weiter Kulturbegriff
• Musik	• Phänomene
• Bildende Kunst	• Praktiken
• Theater	• Normen
• ...	• ...

In der Kulturellen Bildung sind beide Kulturbegriffe relevant und werden durchaus auch in ihren Verschränkungen betrachtet. So können auch junge

Kinder insbesondere in der Auseinandersetzung mit künstlerischen Medien, Methoden und Praktiken Gewohntes neu entdecken, eine neue Perspektive einnehmen oder sich im Irritieren und Irritiert-werden üben (Hofmann, 2022). In dieser Auseinandersetzung auch mit dem Ungewohnten und Noch-Fremden liegt das Potenzial der kognitiven aber eben auch der ästhetischen Reflexion der eigenen Identität und damit eine Schlüsselkompetenz für die Entwicklung einer pluralen und diversitätssensiblen Haltung. Auf diese Weise tragen kulturelle Bildungsprozesse im engeren und im weiteren Verständnis zu inter-, bzw. transkultureller Bildung und somit auch zu sozialer Bildung bei.

4 Implikationen für die pädagogische Praxis in Kindertagesstätten

Wie beschrieben erscheint die Frage zentral, wie Bildungsangebote konkret so gestaltet werden können, dass sie zum Abbau von Zuschreibungen und Diskriminierung beitragen. Es ist wichtig, Kindern die Möglichkeit und den Raum für Selbstbenennungen und Selbstbezeichnungen abseits bestehender Normen in Bezug z. B. auf Nationalität zu geben. Zudem ist die Sichtbarkeit von unterschiedlichen Identitätszugehörigkeiten bedeutsam und immer wieder zu reflektieren. Kindern sollte die Botschaft vermittelt werden, dass alle willkommen sind und respektiert werden. Eine weitere Herausforderung liegt darin, mit Kindern über Diskriminierung und Ausgrenzung ins Gespräch zu kommen, dies zu thematisieren und eine Atmosphäre des solidarischen Miteinanders zu vermitteln und damit soziale Bildung zu fördern. Die Fachstelle Kinderwelten für Vorurteilsbewusste Bildung und Erziehung in Berlin verdeutlicht, dass die Lernumgebung ebenfalls vorurteilsbewusst gestaltet werden kann (Richter et al., 2016). Zentrale Stellschrauben für eine in diesem Sinne angemessene pädagogische Arbeit sind:

- Raumgestaltung: z. B. Räume und Bereiche für unterschiedliche Bedürfnisse, Repräsentation der Vielfalt der Kinder und ihrer Familiensprachen in Fotos und Arbeitsergebnissen
- Bildungs- und Spielmaterialien: z. B. Hautfarbenstifte in vielen Farben, vielgestaltige Puppen, Verkleidungsmaterial, vielfältige Kinderbücher

- Methoden für die konkrete Arbeit mit Kindern: Lieder, Spiele, Projekte, Ausflüge, die die kulturelle Fülle der in Deutschland lebenden Menschen in angemessener Weise einbeziehen
- Reflexion der pädagogischen Haltung: z.B. regelmäßige und differenzierte Auseinandersetzung mit eigenen Vorurteilen und Alltagspraktiken gegenüber Kindern, Eltern und Kolleg*innen
- Diskriminierungssensible Strukturen: z.B. Etablierung eines Beschwerdemanagements.

Den Einstieg in eine selbstreflexive Auseinandersetzung zu Fragen von Vorurteilsbewusstheit bieten beispielsweise die folgenden Fragen:

- Aus welcher gesellschaftlichen Positionierung heraus thematisiere ich als Pädagog*in Diskriminierung?
- Inwieweit habe ich mich mit meinen Privilegien auseinandergesetzt
- Habe ich ein Wissen erworben über Effekte von Diskriminierung?
- Habe ich ein Wissen über und Empathie für schmerzhafte Erfahrungen von Diskriminierung bei Kindern und auch Kompetenzen diese aufzufangen und zu begleiten?

5 Hochschuldidaktischer Impuls

5.1 Impuls zur sozialen Bildung

Mit Studierenden kindheitspädagogischer Studiengänge können Elemente und Ziele des Teilbereichs der sozialen Bildung in verschiedenen praxisbezogenen Formaten behandelt werden. Beispielsweise können die im Artikel *Wertebildung* (vgl. Beitrag Scheidt) beschriebenen Diskussionsformate herangezogen werden, um Diskussionskultur und Perspektivwechsel einzuüben. Auch kleine Rollen oder Dialogspiele zu zweit, in denen nach einer bestimmten Zeit die Rollen getauscht werden, können auf unkomplizierte, aber klare Art und Weise verdeutlichen, welche Herausforderungen Meinungsvielfalt und Perspektivwechsel im pädagogischen Alltag bedeuten können. Denkbar wäre es auch, im Rahmen von Hospitationen oder Praktika gezielte Beobachtungsaufgaben (Streitsituationen, Situationen von ge- oder missglücktem Perspektivwechsel) zu stellen. Die Studierenden beobachten und dokumentieren die Situationen detailliert nach einem zuvor gemeinsam erarbeiteten Beobachtungsraster und kommen in einer anschließenden gemeinsamen Sitzung zu den entsprechenden Situationen in den Austausch.

5.2 Impuls zur inter- bzw. transkulturellen Bildung

Grundsätzlich ist darauf zu achten, dass in den Studiengängen gesellschaftliche Realitäten wie zunehmende Mehrsprachigkeit und Fluchterfahrungen thematisch angemessen berücksichtigt werden und die Studierenden ausreichend Gelegenheit haben, sich entsprechendes Fachwissen anzueignen. Neben der Komponente der Wissensvermittlung liegen große Potenziale auch in der Auseinandersetzung mit eigenen Erfahrungen, der eigenen Herkunft und der eigenen Haltung. Auch in den kindheitspädagogischen Studiengängen ist Diversität als Ressource zu betrachten, beispielsweise sollte Mehrsprachigkeit als besondere Kompetenz und als berufliche Ressource begriffen werden. Auslandssemester oder Auslandspraktika können die Auseinandersetzung mit neuen Sprachen und kulturellen Kontexten auf besondere Art und Weise fördern. Außerdem erscheint die Erfahrung im Kontext des Studiums »fremd« zu sein als eine wichtige Bereicherung.

Insbesondere für die Arbeitskontexte, in denen Fluchterfahrung eine zunehmende Rolle spielt, sind spezifische Rechtskenntnisse relevant, um Familien kompetent beraten zu können.

Ein weiteres sehr zentrales Element für die hochschuldidaktische Aufbereitung dieses Bildungsbereichs ist die Reflexion der eigenen Vorurteile und Zuschreibungen. Hier bieten sich Methoden aus dem Anti-Bias-Kontext an (siehe Linksammlung).

Methoden zur Auseinandersetzung mit Privilegien wie beispielsweise aus der Critical Whiteness sowie verinnerlichter Diskriminierung und Selbstermächtigung aus Empowermentansätzen sind hier von großer Bedeutung (Fajembola et al., 2022).

5.3 Impuls zur kulturellen Bildung

Seminare zur kulturellen oder aber zur ästhetisch-künstlerischen Bildung sind im Curriculum nahezu aller kindheitspädagogischer Studiengänge vorhanden. Hier können die Studierenden mit ästhetischen Erfahrungen, Irritation und künstlerischem Ausdruck ihrer eigenen Persönlichkeit experimentieren (vgl. Beitrag Gerland – [musisch-]ästhetische Bildung). Insbesondere die Reflexion der eigenen Gewohnheiten und Strukturen ist die Zielsetzung mit Blick auf den Bildungsbereich der sozialen und (inter-)kulturellen Bildung. Natürlich ist es auch denkbar, Methoden aus der kulturellen Bildung exemplarisch in anderen Seminaren stattfinden zulassen: beispielsweise das individuelle Erstellen einer biographisch begründeten Playlist (*Soundtrack of my life*), das Erstellen einer Collage aus Fotos, Bildern, Zeitungsschnipsel, die die eigene Person beschreiben, die szenische oder pantomimische Umsetzung kleiner Szenen, Trickfilmproduktion, Poetry Slam, etc.

All diese Methoden sind besonders geeignet (neue) Zugänge zur eigenen Identität zu schaffen. Von Bedeutung erscheint hier, dass sie mit entsprechender künstlerischer Expertise angeleitet werden, damit sie nicht banal und unangemessen erscheinen (siehe Linksammlung).

5.4 Impuls zu diversen Spielmaterialien

Wichtig ist, dass Spielmaterialien kritisch reflektiert werden. Fajembola et al. (2022, S. 167–206) geben einen Überblick für ein diversitätssensibles Spielzimmer. Für die Verwendung und das Schärfen des eigenen Blicks auf die Materialien ist die Auseinandersetzung zu Migrations- und Kolonialgeschichte Deutschlands, Wissen über verschiedene Ausgrenzungsformen wie bspw. Rassismus gegen Sinti*zze und Rom*nja, Antisemitismus, Antimuslimischen Rassismus, Anti-Asiatischen Rassismus, etc. unumgänglich. Neben der Vermittlung dieses Wissens im Studium bieten Projekte wie Power Me Berlin, aber auch das MigrationLab (siehe Linksammlung) weitere wichtige Vorträge und Podcasts. Aufbauend auf diesem Wissen können Kontinuitäten in Spielmaterialien, Kinderbüchern und Kinderliedern (Fajembola et al., 2022, S. 141) analysiert, verstanden und diese insbesondere in Bildungsmaterialien der Kindheit aufgedeckt und verändert werden. Dabei stellt die Veränderung gemeinsam mit Kindern einen wichtigen Lerneffekt für das Handeln gegen Diskriminierung und damit das Einüben von Zivilcourage dar.

Die Fachstelle Kinderwelten für Vorurteilsbewusste Bildung und Erziehung in Berlin gibt weitere Materialien und Impulse zur Raumgestaltung, Methoden für die konkrete Arbeit mit Kindern und Reflexion der pädagogischen Haltung (siehe Linksammlung). Hautfarbenstifte, Malvorlagen, die alle Kinder in positiven und unterschiedlichen Rollen und Interaktionen abbilden, gehören in die Grundausstattung der Einrichtungen.

Auch das Wissen darüber, dass es zu Schwierigkeiten oder (erneuten) diskriminierenden Äußerungen innerhalb des *Ins-Gespräch-Kommens* mit den Kindern kommen kann, bedarf eines sensiblen und geschulten Umgangs mit diesen Situationen. Dies sollte Bestandteil von Lehre sein. So bietet beispielsweise der Ansatz und die Methode der Persona Dolls für Kinder zwischen drei und acht Jahren einen sehr guten Zugang, um Gesprächseinheiten zu Diversität und Ausgrenzung mit Kindern zu initiieren. Auch sind Bücher, die Kriterien von Diversität berücksichtigen, als selbstverständlicher Bestandteil der Einrichtungen notwendig, um für alle Kinder Identifikationsmöglichkeiten zu schaffen (Schulze, 2022).

Literatur

Amirpur, D. & Doğmuş, A. (2022). »Der ist nichts« – Die Praxis der Verunfähigung des migrantisierten Kindes. Zur Intersektion von Ableismus und Rassismus in der frühen Kindheit. In C. Machold & R. Bak (Hrsg.), *Kindheit und Kindheitsforschung intersektional denken. Theoretische, empirische und praktische Zugänge im Kontext von Bildung und Erziehung* (S. 41–57). Wiesbaden: Beltz.

Auma, M. E. (2018). *Rassismus: Eine Definition für die Alltagspraxis.* Regionale Arbeitsstellen für Bildung, Integration und Demokratie (RAA) e.V. Berlin. Online-Veröffentlichung. https://raa-berlin.de/wp-content/uploads/2019/01/RAA-BERLIN-DO-RASSISMUS-EINE-DEFINITION-F%C3%9CR-DIE-ALLTAGSPRAXIS.pdf

Bak, R. & Machold, C. (2022) (Hrsg.). *Kindheit und Kindheitsforschung intersektional denken. Theoretische, empirische und praktische Zugänge im Kontext von Bildung und Erziehung.* Wiesbaden: Springer.

Bostanci, S., Biel, C. & Neuhauser, B. (2022). »Ich habe lange gekämpft, aber dann sind wir doch gewechselt«. *Eine explorativ-qualitative Pilotstudie zum Umgang mit institutionellem Rassismus in Berliner Kitas.* DeZiM. Online-Veröffentlichung. https://www.dezim-institut.de/publikationen/publikation-detail/ich-habe-lange-gekaempft-aber-dann-sind-wir-doch-gewechselt/

Castro Varela, M. d. M. & Mecheril, P. (2010). Grenze und Bewegung. Migrationswissenschaftliche Klärungen. In P. Mecheril, A. Kalpaka, M. d. M. Castro Varela, I. Dirim & C. Melter (Hrsg.), *Migrationspädagogik* (S. 23–53). Weinheim, Basel: Beltz.

Eggers, M. (2005). *Rassifizierung und kindliches Machtempfinden. Wie schwarze und weiße Kinder rassifizierte Machtdifferenz verhandeln auf der Ebene von Identität.* MACAU. Online-Veröffentlichung. https://macau.uni-kiel.de/receive/diss_mods_00002627?lang=de.

Ermert, K. (2009). *Was ist Kulturelle Bildung?.* bpb. Online-Veröffentlichung. https://www.bpb.de/lernen/kulturelle-bildung/59910/was-ist-kulturelle-bildung/

Fajembola, O. & Nimindé-Dundadengar, T. (2022). *Gib mir mal die Hautfarbe. Mit Kindern über Rassismus sprechen.* Weinheim, Basel: Beltz.

Hofmann, F. (2022). Frühkindliche Kulturelle Bildung im Kontext Sozialer Arbeit. *Sozial Extra, 46,* 441–445. https://doi.org/10.1007/s12054-022-00533-9

Kalpaka, A. & Mecheril, P. (2010). »Interkulturell«. Von spezifisch kulturalistischen Ansätzen zu allgemein reflexiven Perspektiven. In P. Mecheril, A. Kalpaka, M. d. M. Castro Varela, I. Dirim & C. Melter (Hrsg.), *Migrationspädagogik* (S. 77–98). Weinheim, Basel: Beltz.

Krause, A. (2022). »Woher kommst Du?« Wie junge Kinder Herkunftsfragen begreifen. In P. Wagner (Hrsg.), *Handbuch Inklusion* (S. 130–139). Freiburg im Breisgau: Herder.

Kultusministerkonferenz (KMK) und Jugendministerkonferenz (JMK) (2022). *Gemeinsamer Rahmen der Länder für die frühe Bildung in Kindertageseinrichtungen.* KMK & JMK. Online-Veröffentlichung. https://www.kmk.org/fileadmin/veroeffentlichungen_beschluesse/2004/2004_06_03-Fruehe-Bildung-Kindertageseinrichtungen.pdf

Lamm, B. (2023). Kulturelle Sozialisationsmodelle und Entwicklungspfade. Orientierungshilfen zum Verständnis kultureller Unterschiede. In B. Lamm (Hrsg.), *Handbuch interkulturelle Kompetenz in der Kita* (S. 28–39). Freiburg im Breisgau: Herder.

Mecheril, P. (2004). *Einführung in die Migrationspädagogik.* Weinheim, Basel: Beltz.

Mecheril, P., Kalpaka, A., Castro Varela, M.d.M., Dirim, I. & Melter, C. (2010) (Hrsg.). *Migrationspädagogik.* Weinheim, Basel: Beltz.

Mecheril, P. (Hrsg.) (2016). *Handbuch Migrationspädagogik.* Weinheim, Basel: Beltz.

Ministerium für Kinder, Familie, Flüchtlinge und Integration des Landes Nordrhein-Westfalen (MKFFI) & Ministerium für Schule und Bildung des Landes Nordrhein-Westfalen (MSB) (2018). *Bildungsgrundsätze für Kinder von 0 bis 10 Jahren in Kindertagesbetreuung und Schulen im Primarbereich in Nordrhein-Westfalen.* Freiburg im Breisgau: Herder.

Mysorekar, S. (2007). Guess my Genes. Von Mischlingen, MiMiMis und Multiracials. In K.N. Ha, N. Lauré al-Samarai & S. Mysorekar (Hrsg.), *Re-Visionen* (161–170). Münster: Unrast.

Richter, E. (2023). Potenziale und Herausforderungen für Demokratiebildung in Kindertageseinrichtungen. In O. Bokelmann (Hrsg.), *Demokratiepädagogik: Theorie und Praxis der Demokratiebildung in Jugendhilfe und Schule* (S. 147–159). Wiesbaden: Springer. https://doi.org/10.1007/978-3-658-42649-1_11

Richter, S., Ansari, M., Höhme, E., Krause, A., Lindemann, U. & Wagner, P. (2016). *Inklusion in der Kitapraxis. Band 2: Die Lernumgebung vorurteilsbewusst gestalten.* Berlin: Was mit Kindern.

Rönnau-Böse, M. & Fröhlich-Gildhoff, K. (2021). Resilienzförderung im Vorschulalter. In K. Fröhlich-Gildhoff & M. Rönnau-Böse (Hrsg.), *Menschen stärken. Studien zur Resilienzforschung* (S. 61–83). Wiesbaden: Springer. https://doi.org/10.1007/978-3-658-32259-5_4

Schell, A., Albers, L., von Kries, R., Hillenbrand, C. & Hennemann, T. (2015). Preventing behavioral disorders via supporting social and emotional competence at preschool age. *Deutsches Ärzteblatt International, 112,* 647–654. https://doi.org/10.3238/arztebl.2015.0647

Schulze, E. (2022). *Diversität im Kinderbuch. Wie Vielfalt (nicht) vermittelt wird.* Stuttgart: Kohlhammer.

Spensberger, F. & Taube, V. (2022). Diversität in der frühkindlichen Bildung, Betreuung und Erziehung. In: D. Turani, C. Seybel & S. Bader (Hrsg.), *Kita-Alltag im Fokus – Deutschland im internationalen Vergleich. Ergebnisse der OECD-Fachkräftebefragung 2018* (S. 225–262). Weinheim, Basel: Beltz.

Spinrad, T. L. & Gal, D. E. (2018). Fostering prosocial behavior and empathy in young children. *Current opinion in psychology, 20,* 40–44.

Welsch, W. (2020). Transkulturalität: Realität und Aufgabe. In H. Giessen, C. Rink (Hrsg.), *Migration, Diversität und kulturelle Identitäten* (S. 3–18). Stuttgart: J.B. Metzler. https://doi.org/10.1007/978-3-476-04372-6_1

Wertebildung

Alexander Scheidt

> Moralische Wertvorstellungen sind ein grundlegender Bestandteil unseres Welt- und Selbstbildes. Wertebildung betrifft die personale und sozial-emotionale Entwicklung, Ethik, Religiosität und kultursensitive Kompetenzen. Der Bildungsbereich Wertebildung verbindet Bildungsziele, die für das Zusammenleben und insbesondere für eine freiheitlich-demokratische Gesellschaft von grundlegender Bedeutung sind. Positive Beziehungs- und Erziehungserfahrungen in pädagogischen Einrichtungen unterstützen die Wertebildung und fördern ein reflektiertes und empathisches Miteinander in einer kulturell vielfältigen Gesellschaft. Wertvorstellungen müssen aber auch immer wieder individuell und im Diskurs reflektiert werden, um handlungsleitend und damit wirksam zu sein.

1 Theoretische Grundlagen des Bildungsbereichs

1.1 Worum geht es in diesem Bildungsbereich?

Wertebildung ist die aktive Aneignung, Vermittlung und Förderung moralischer Werte. Werte wie Liebe, Gerechtigkeit, Respekt, Ehrlichkeit, Freiheit, Rücksicht sind abstrakte Vorstellungen von sozialen Handlungsmotiven, mit denen wir unser Verhalten und das Verhalten anderer beurteilen und begründen (Aebli, 1987). Werte dienen als Maßstab für eigene und fremde Handlungen (»Hast du gerecht geteilt?«, »Das war nicht rücksichtsvoll von mir«) oder zur Begründung normativer Schlüsse (»Warum soll ich mich entschuldigen?«, »Wenn du dich entschuldigst, fühlt sich der andere anerkannt und kann dir leichter verzeihen. Respekt und Mitgefühl sind wichtige Werte«). Wertvorstellungen bilden die Grundlage moralischer Normen, die auf individueller Ebene unser Gewissen bilden, auf gesellschaftlicher Ebene die geschriebenen und ungeschriebenen Regeln des Zusammenlebens (Aebli, 1987).

Kindertageseinrichtungen sind als erste Bildungs- und Sozialisationsinstanz außerhalb der Familie wichtige Orte der Wertebildung (Hildebrandt & Preissing, 2016). Wertebildung geschieht als explizite Vermittlung von Handlungsgrundsätzen (»Sei fair!«, »Nimm Rücksicht!« usw.), sie ist aber vor allem ein aktiver Aneignungs- und Reflexionsprozess, der über die ganze Lebensspanne hinweg immer wieder verwirklicht werden muss. Moral ist ein entscheidendes Merkmal des Menschen. Schon in der frühen Kindheit zeigen wir Interesse an moralischem Verhalten und bringen Kooperationsbereitschaft und Interaktionsfähigkeit mit (Tomasello, 2010). Die Moralentwicklung in der Kindheit kann als Prozess beschrieben werden, bei dem wir – ähnlich wie beim Sprachlernen – die Regeln des Zusammenlebens aufmerksam beobachten, sie erproben und austesten, um sie schließlich als Normen und Werte zu verinnerlichen (Hildebrandt & Preissing, 2016).

> »Eine Grundregel lautet, dass Kinder, die Selbstwirksamkeit erleben sowie Anerkennung und Anteilnahme erfahren, Selbstbewusstsein und Selbstwertgefühl entwickeln, was ihnen wiederum ermöglicht, wertbewusst zu handeln und anderen Anteilnahme, Empathie und Anerkennung entgegenzubringen« (Hildebrandt, & Preissing, 2016, S. 94).

Der Bildungsbereich Wertebildung setzt verschiedene Schwerpunkte, die aber in einem Zusammenhang stehen. Der »Gemeinsame Rahmen der Länder für die frühe Bildung in Kindertageseinrichtungen« (KMK, 2022, S. 12) überschreibt den Bildungsbereich mit den Begriffen: »Personale und sozial-emotionale Entwicklung, Werteorientierung und Religiosität, kultursensitive Kompetenzen«. Schlüsselt man diese Bezeichnungen auf, lassen sich drei Unterbereiche identifizieren:

1. Personale und sozial-emotionale Entwicklung (Selbstentwicklung)
2. Wertorientierung und ethisches Handeln (Ethik)
3. Verstehen vielfältiger Familienkulturen (Religiosität und interkulturelles Lernen).

Diese drei Unterbereiche sollen nachfolgend genauer definiert werden:

1. *Selbstentwicklung* ist die Entfaltung und autonome Selbstwerdung eines Menschen. Kindheit und Jugend sind für die Selbstentwicklung von besonderer Bedeutung, sie verläuft aber über die ganze Lebensspanne. Schon in der Antike wird Freiheit als zentraler Wert für die Selbstentwicklung genannt, was gleichbedeutend mit einer Erziehung frei von Zwang und Gewalt ist (vgl. 7. Buch, Platon, 2017). Heute wird zusätzlich die Erfahrung liebevoller, anerkennender Beziehungen in einer moralisch Orientierung

gebenden sozialen Umwelt als Voraussetzung einer freien Selbstentfaltung betont (Prengel, 2019).
2. *Wertorientierung und ethisches Handeln* bezieht sich auf die Reflexion unseres Handelns anhand moralischer Grundsätze. Diese Grundsätze können aus der Vernunft abgeleitet sein oder durch religiöse Überlieferung begründet werden. Beispiel für eine religiöse Begründung wären die Zehn Gebote im zweiten Buch Mose (»Du sollst nicht stehlen«). Ein aus der Vernunft abgeleiteter Grundsatz ist der kategorische Imperativ, wie er von Immanuel Kant ausgearbeitet wurde. Dieser besagt, dass wir nur nach der Regel handeln sollen, von der wir zugleich wollen können, dass sie »ein allgemeines Gesetz werde« (Kant, 1785/1994, S. 46). Ethisches Handeln bedeutet, sich beim eigenen Tun an Werten (*Ehrlichkeit, Gerechtigkeit*, usw.) zu orientieren, aber zugleich auch diese kritisch zu reflektieren und Verantwortung für die Folgen des eigenen Handelns zu übernehmen.
3. *Religiosität und interkulturelles Lernen* hängen eng miteinander zusammen. Selbst wenn wir persönlich nicht-gläubig sind, werden unsere Moralvorstellungen unbewusst von religiösen Traditionen und der Familienkultur mitbestimmt. Moral ist das zentrale Begründungsmoment von Religion. Alle Religionen beruhen auf Wertvorstellungen und moralischen Grundsätzen, sie fordern ihre Gläubigen eindringlich auf, diese einzuhalten. Religion dient aber auch oft als Machtinstrument, um Andersgläubige auszuschließen, andere Kulturen herabzuwürdigen und Gewalt zu entfachen. Verständigung und gegenseitiger Respekt sind daher bedeutende moralische Werte. Beim interkulturellen Lernen geht sowohl darum, die eigene Familienkultur besser kennenzulernen und anzuerkennen, als auch darum, ein Verständnis für andere Kulturen und Identitäten zu entwickeln. Wichtige Bildungsziele sind Kultursensitivität (Borke & Keller, 2014; Weberling, 2015) und Toleranz, die gleichbedeutend ist mit »Respekt, Akzeptanz und Anerkennung der Kulturen unserer Welt, unserer Ausdrucksformen und Gestaltungsweisen unseres Menschseins in all ihrem Reichtum und ihrer Vielfalt.« (UNESCO, 1995, Art. 1.1)

1.2 Warum ist dieser Bildungsbereich bedeutend?

Wertebildung ist ein besonders hervorzuhebender Bildungsbereich. Die Orientierung an Werten verspricht einerseits individuelles Glück und Freiheit, aber auch ein weitgehend friedliches Zusammenleben aller. Die aktive Aneignung und die Vermittlung von Wertvorstellungen und moralischen Grundsätzen ist für die Frühpädagogik ein bedeutendes Motiv pädagogischen

Handelns. In allen Bildungsplänen der Bundesländer wird das übergeordnete Ziel angesprochen, »Kinder dabei zu unterstützen, sich zu verantwortungsvollen und wertorientiert handelnden Persönlichkeiten zu entwickeln, die sich und anderen Wertschätzung und Respekt entgegenbringen« (Hildebrandt & Preissing, S. 95). Im Achten Buch Sozialgesetzbuch (SGB) §1 Absatz 1 wird das Recht des jungen Menschen »auf Förderung seiner Entwicklung und auf Erziehung zu einer selbstbestimmten, eigenverantwortlichen und gemeinschaftsfähigen Persönlichkeit« formuliert.

Prinzipien wie Selbstbestimmung, Verantwortung und Gemeinschaftsfähigkeit sind aber keinesfalls nur pädagogisch bedeutsam, sondern für die freiheitlich-demokratische Gesellschaft als Ganzes. Letztlich ergibt sich der Auftrag zur Wertebildung direkt aus der Allgemeinen Menschenrechtserklärung der Vereinten Nationen (1948), die in Artikel 26 Absatz 2 diese Bildungsziele zum Ausdruck bringt:

> »Die Bildung muß auf die volle Entfaltung der menschlichen Persönlichkeit und auf die Stärkung der Achtung vor den Menschenrechten und Grundfreiheiten gerichtet sein. Sie muß zu Verständnis, Toleranz und Freundschaft zwischen allen Nationen und allen rassischen oder religiösen Gruppen beitragen und der Tätigkeit der Vereinten Nationen für die Wahrung des Friedens förderlich sein« (Vereinte Nationen, 1948, Art. 26, Abs. 2).

Dieser Anspruch wird auch in den Kinderrechten deutlich, die in der Kinderrechtskonvention der Vereinten Nationen (1989) festgeschrieben sind, wo neben dem Recht auf Bildung (Artikel 28) auch die Vorbereitung auf ein verantwortungsbewusstes Leben in einer freien Gesellschaft im Sinne von Frieden, Toleranz, Gleichberechtigung und Umweltbewusstsein (Artikel 29) als Bildungsziel formuliert wird.

1.3 Bezüge zur pädagogischen Psychologie

Die in der Wertebildung angesprochenen Bildungsziele sind so grundlegend, dass sie strenggenommen keinen separaten Bildungsbereich darstellen. Es handelt sich vielmehr um grundlegende Erziehungs- und Bildungsprinzipien, die übergeordnet in allen Bildungsbereichen gelten. Bildungsbereiche stehen für Domänen, mit denen wir theoriegeleitet die Welt begreifen. Auch wenn jeder Wissenschaftsbereich eigene Normen und Methoden hat, sind Wissensdomänen zuerst deskriptiv und erklärend. Der Bereich der sozial-emotionalen Entwicklung, der Wertebildung und Interkulturalität ist aber normativ. Das bedeutet, dass wir darin nicht einfach beschreiben, wie etwas *ist*, sondern wie etwas sein *soll*. Die Rahmenvorgaben der KMK (2022) nennen beispielsweise »orientierendes Wissen« (S. 12) als Lernziel. Mittelstraß (1996) definiert den Begriff »Orientierungswissen« als ein normatives, ethisches Wissen, d. h. als ein Wissen, wie wir handeln sollen. Es ist das Wissen über Werte und beinhaltet die Fähigkeit, unsere Normen zu begründen und kritisch zu beurteilen. Damit verbunden ist das »Verfügungswissen«, welches die Welt so beschreibt, dass wir ihre Gesetzmäßigkeiten für unsere Zwecke nutzen können, wie etwa die Naturwissenschaften. Aus ethischer Sicht hat das Orientierungswissen Priorität gegenüber dem Verfügungswissen, obwohl beide gegenseitig aufeinander angewiesen sind (Mittelstraß, 1996).

Obwohl moralische Wertvorstellungen in normativen Kategorien ausgedrückt werden und dadurch Vorrang vor deskriptiven Wissensdomänen haben, lässt sich mit Hilfe psychologischer Konzepte dennoch beschreiben, wie Wertvorstellungen entstehen und welche kognitiven und emotionalen Prozesse dabei eine Rolle spielen. Der »Gemeinsame Rahmen« (2022) formuliert für den Bereich »Personale und sozial-emotionale Entwicklung, Werteorientierung und Religiosität, kultursensitive Kompetenzen« Bildungs- und Entwicklungsziele, die aus einer entwicklungs- und sozialpsychologischen Sicht für die Wertebildung bedeutsam sind. Im folgenden Glossar werden die dazugehörigen Begriffe kurz erläutert.

Selbstkonzept: Der Begriff des Selbst lässt sich mit den Begriffen »Selbstkonzept, Selbstwertgefühl und Identität« (Siegler et al., 2021, S. 461) genauer beschreiben. Der Begriff des Selbstkonzepts stammt ursprünglich aus der humanistischen Psychologie (Rogers, 2018) und beschreibt ein System von Begriffen, das aus Gedanken, Gefühlen und Einstellungen über unser persönliches Selbst besteht (Siegler et al., 2021). Werte sind Teil des Selbstkonzepts, das mit dem Selbstwertgefühl verbunden ist (Campbell, 1990; Lohaus & Vierhaus, 2019). Selbstkonzept ist auch ein zentraler Begriff der Psychomotorik, da körperliche Bewegung die Entwicklung von Körperbewusstsein und Selbstvertrauen fördert (Zimmer, 2012, S. 52, siehe auch Beitrag zum Bildungsbereich Bewegung – Zimmer).

Sozial-emotionale Kompetenzen: »Soziale Kompetenz bezeichnet die Gesamtheit der persönlichen Fähigkeiten und Einstellungen, die dazu beitragen, das eigene Verhalten von einer individuellen auf eine gemeinschaftliche Handlungsorientierung hin auszurichten« (Bischoff et al., 2012, S. 5). Soziale Kompetenz zeichnet sich dadurch aus, dass wir einerseits beziehungs- und kooperationsfähig sind, andererseits aber auch bereit sind, uns in Konflikten durchzusetzen (Neyer & Asendorpf, 2018). Sozial kompetentes Handeln bedeutet also immer wieder eine Balance zu finden, um unsere eigenen Bedürfnisse zu erfüllen und gleichzeitig die Bedürfnisse anderer zu berücksichtigen. Dabei gibt es eine Wechselwirkung zwischen der Entwicklung sozialer Kompetenzen und der Entwicklung emotionaler Kompetenzen (Bischoff et al., 2012). Emotionale Kompetenzen sind Fähigkeiten und Fertigkeiten, eigene Gefühle und Gefühle anderer zu erkennen, zu benennen und zu steuern (Klinkhammer et al., 2022; Petermann & Wiedebusch, 2016). Emotionale Kompetenz lässt sich daher am besten mit den Begriffen Empathie und Selbstregulation beschreiben.

Empathie ist die menschliche Grundfähigkeit, sich in andere einzufühlen und mitzufühlen. Empathie bedeutet, Emotionen bei anderen nicht nur zu erkennen, sondern auch sie in sich wahrzunehmen und mitzuteilen. Empathisches Verhalten ist eine wichtige Voraussetzung in sozialen und pädagogischen Berufen, denn sie ermöglicht es uns, adäquat auf die Bedürfnisse und Gefühle von Kindern einzugehen und diese bei der emotionalen Selbstregulation zu unterstützen (etwa beim Trösten eines Kindes).

Selbstregulation: Sich selbst emotional zu regulieren, bedeutet, die eigenen emotionalen Reaktionen aktiv zu steuern (Gross & Ford, 2024). Bedingungen der emotionalen Selbstregulation sind das Erkennen und Verstehen der eigenen emotionalen Zustände und deren Anpassung an die jeweilige Situation. Dazu gehört etwa die Fähigkeit, zu entscheiden, wie und wann wir Emotionen in sozial akzeptierter Weise ausdrücken sowie die Fähigkeit, impulsives Verhalten zu vermeiden. Das Vermögen, Gefühle zu regulieren, entwickelt sich vom Säuglingsalter an und erweitert sich bis ins Erwachsenenalter (Gross & Ford, 2024; Hédervári-Heller, 2011).

Positive Bindungserfahrungen: Bindung ist ein zentraler Begriff der Kindheitspädagogik. Bindungen bei Kindern sind »enge und dauerhafte emotionale Beziehungen zu ihren Eltern oder anderen wichtigen Bezugspersonen« (Siegler et al., 2021, S. 448). Eine simple Übernahme theoretischer Konzepte aus der Bindungstheorie (Bowlby, 2021), wie die Lehre von *Bindungstypen*, wird heute kritisiert, da sie Bindung zu sehr als Persönlichkeitsmerkmal des Kindes interpretiert, obwohl es sich mehr um eine Beziehungsqualität handelt (Keller, 2019; Keller, 2020). Positive Bindungserfahrungen lassen sich daher besser mit *positiver Beziehungserfahrung* übersetzen.

Resilienz: Resilienz (von lateinisch *resilire:* »zurückspringen«) beschreibt die Fähigkeit eines Systems, nach einer Störung wieder in seinen ursprünglichen Zustand zurückzukehren (Krakovská et al., 2024). In der Psychologie wird

Resilienz als psychische Widerstandsfähigkeit verstanden, die sich darin äußert, dass Menschen, obwohl sie Entwicklungsrisiken wie Armut oder Trauma ausgesetzt waren, ihr Leben bewältigen und gestärkt aus Krisen hervorgehen konnten (Rönnau-Böse & Fröhlich-Gildhoff, 2023). Der zentrale Bedingungsfaktor von Resilienz ist das Erleben unterstützender und zugewandter Beziehungen. Zu beachten ist aber, dass der Resilienzbegriff nicht nur auf der Ebene des Individuums angewandt werden kann. Auch Gemeinschaften bzw. die gesamte Gesellschaft können mehr oder weniger resilient sein, und unsere individuelle Resilienz hängt stark davon ab, wie gut die sozialen Netzwerke in einer sozialen Umgebung funktionieren (Nevard et al., 2021).

Alle diese entwicklungs- und sozialpsychologischen Begriffe verweisen auf Theoriebestandteile, welche die Entwicklung des Selbst oder das Entstehen einer ethischen Orientierung psychologisch beschreiben. Wichtig zu beachten ist jedoch, dass allein aus der Beschreibung kognitiver und emotionaler Prozesse noch keine Begründung moralischer Wertvorstellungen folgt. Die Frage, warum wir bestimmte Werte akzeptieren und warum wir uns an ihnen orientieren sollten, muss letztlich immer neu in der ethischen Reflexion und im Diskurs beantwortet werden.

1.4 Was ist das Bild des Kindes, das in diesem Bildungsbereich vertreten wird?

Ein humanistisches Menschenbild und das damit verbundene *Bild des Kindes* sind für den Bildungsbereich Selbstentwicklung, Ethik und kulturelles Lernen besonders relevant. Das Kindbild, das ihm zugrunde liegt, ist das des mündigen und handlungsmächtigen Kindes. Mit *Mündigkeit* ist hier nicht der Rechtsbegriff gemeint, der zum Beispiel bestimmt, dass Menschen ab 14 Jahren strafmündig sind. Mündigkeit ist hier in einem philosophischen Sinn gemeint, und zwar in dem Sinne, dass ein Mensch für sich sprechen kann, dass er selbstbestimmt, eigenverantwortlich und gemeinschaftsfähig entscheiden und handeln kann. Kant beispielsweise beschreibt Aufklärung als den »Ausgang des Menschen aus seiner selbst verschuldeten Unmündigkeit« (Kant, 1784; Kant, 2017, S. 7).

Auf den ersten Blick mag es paradox erscheinen, dass wir einerseits den mündigen Menschen als Ziel von Erziehung definieren, andererseits aber schon von Geburt an ein Kindbild zugrunde legen, das Menschen bereits in der Kindheit ein bestimmtes Maß an Mündigkeit zugesteht. Gerade jüngere Kinder sind besonders schutzbedürftig und in vielen Situationen abhängig von Erwachsenen. Auch ist die Erfahrung evident, dass Kinder – wie auch Erwachsene – häufig nicht eigenverantwortlich handeln oder ihre Meinung nicht artikulieren können. Dennoch ist es für ein professionelles pädagogisches Handeln notwendig, dass wir Kindern Einsichtsfähigkeit, Rationalität und die Fähigkeit zur eigenständigen Meinungsbildung unterstellen. Denn würden wir das nicht tun, könnten wir immer willkürlich eine Grenze ziehen, wann Kinder eine eigene Meinung und einen eigenen Willen haben sollen und dadurch Menschen das Recht auf Selbstbestimmung generell absprechen. Entsprechend könnte eine Haltung, die Kinder als unfähig zur Einsicht und Meinungsbildung betrachtet, in ein autoritäres Erziehungsmodell umschlagen, das Selbstentfaltung und eigenständiges Denken unterdrückt. Eine »Erziehung zur Mündigkeit« (Adorno, 2017, S. 96) betrachtet Mündigkeit nicht als einen endgültig erreichbaren Zustand, sondern eher als eine reflexive Handlung, zu der man sich auch im Erwachsenenalter immer wieder entschließen muss. Pädagogisch müssen wir die Mündigkeit des Kindes von Anfang an in einem bestimmten Maß unterstellen, genauso wie für uns als Erwachsene, aber zugleich abwägen, wo ein Kind Hilfe, Orientierung, Unterstützung und Begleitung benötigt.

In der internationalen Forschung zur frühen Bildung (Early Childhood Education) verwendet man heute häufig den Begriff »Agency« (James, 2009, S. 34). Agency bedeutet so viel wie Handlungsmächtigkeit oder »Akteurschaft« (Irl, 2018, S. 3) und meint ein in der sozialen Praxis hergestelltes Vermögen, mitzugestalten, mitzubestimmen und seine Interessen zu vertreten. Kinder partizipieren durch ihre Agency etwa aktiv an Forschungs- und Qualitätsentwicklungsprozessen (Nentwig-Gesemann et al., 2021). Mündigkeit – in ihrem philosophischen Sinn – und der Begriff der Agency haben durchaus ein gemeinsames Bedeutungsfeld, da sich aus beiden das Kindbild für den Bereich Wertebildung ableiten lässt.

1.5 Von freier Entfaltung, Ethik und interkulturellem Lernen profitieren alle

Sowohl unsere sozial-emotionale als auch unsere kognitive Entwicklung wird durch die Interaktion mit unseren nächsten Bezugspersonen innerhalb sozialer Gruppen bestimmt. Wie Rogoff (1990) und Tomasello (2002, 2010) argumentieren, bildet das Kooperationsprinzip in menschlichen Interaktionen die Basis für das Entstehen moralischer Systeme, etwa durch die Bildung einer gemeinsamen Absicht. Erziehung ist daher auch Wertebildung, bei der durch das Aufwachsen in Gruppen moralische und ethische Werte entwickelt werden.

Dennoch garantieren universelle oder kulturell erworbene Werte nicht, dass eine Gesellschaft sowohl sich selbst als Ganzes als auch dem individuellen Menschen Wertschätzung und Eigenmächtigkeit zugesteht. Als Menschen müssen wir auch an Werte glauben, sie für wahr und erfüllbar halten. Ein solcher Glaube war eine wichtige Bedingung dafür, dass die Menschen- und Freiheitsrechte im Verlauf der Geschichte von demokratischen Bewegungen erkämpft und auch verteidigt werden konnten. Demokratische Gesellschaften zeichnen sich dadurch aus, dass sie dem Individuum grundlegende und unveräußerliche Rechte garantieren. In autoritären Gesellschaften hingegen, in denen Machthaber uneingeschränkt ihren Willen durchsetzen können, werden Grundrechte eingeschränkt oder gänzlich unterdrückt.

Eine demokratische Erziehung – im Gegensatz zu einer autoritären Erziehung – spiegelt die freiheitlich-demokratischen Werte wider, indem sie die grundlegenden Rechte von Kindern anerkennt. Dass Kinder Rechte haben, ist das zentrale Prinzip des Kinderrechtsansatzes (Maywald, 2016). In der Praxis bedeutet dies, dass Kindertageseinrichtungen ihre Konzepte und Alltagspraktiken an den Rechten der Kinder ausrichten und diese Rechte immer wieder reflektieren. Wenn man also fragt, wie Kinder durch die Förderung und Selbstentwicklung, Ethik und kulturelle Vielfalt profitieren, dann wird die Antwort unmittelbar daran evident, dass ihnen dadurch Vernunft und Gewissen unterstellt wird, ihre unveräußerliche Würde anerkannt und ihnen grundlegende Menschenrechte zukommen. Umgekehrt sind Bildungseinrichtungen aber auch immer von der Gesellschaft abhängig, in der sie bestehen. Wertebildung ist daher nicht etwas, das in erster Linie Kitas leisten müssen, sondern vor allem Erwachsene, insbesondere Bürger*innen in Führungs- und Verantwortungspositionen, und die Gesellschaft als Ganzes.

1.6 Was wird in diesem Bereich zukünftig wichtig sein?

Aktuell sind demokratische Prinzipien und Staatsformen gefährdet (Applebaum, 2021). Diese Gefahr zeigt sich in der medialen Verbreitung von menschenfeindlicher Propaganda und Desinformation sowie an den Wahlerfolgen autoritär-populistischer Parteien. Oelkers (2018) macht deutlich, dass diese Entwicklung auch Auswirkungen auf das Bildungssystem hat. Liberale Bildungssysteme zielen auf eine demokratische Gesellschaft, sie fördern die Meinungsfreiheit und orientieren sich an Wissenschaftlichkeit und Vernunft. Fundamentalistische, populistische und autoritäre Bewegungen hingegen wollen die öffentliche Bildung in ihrem Sinne kontrollieren. Sie wenden sich gegen Prinzipien wie Dialog und Wahrheitssuche. Sie verfolgen eine Strategie zur Rückkehr zu einer unhinterfragbaren Autorität in Schule und Elternhaus und verpflichten Erziehung auf Glauben, Volk oder Rasse (Oelkers, 2018). Die Erfolge autoritär-populistischer Parteien sind eine direkte Bedrohung nicht nur für die demokratische Gesellschaft als Ganzes, sondern für die Einrichtungen früher Bildung, die auf Prinzipien der Gleichheit und der universellen Menschenrechte gründen. In Zukunft wird es daher wichtig sein, pädagogische Errungenschaften wie Partizipation, Inklusion, Diversität, Toleranz und Teilhabe zu verteidigen und zu fördern.

2 Konkrete Umsetzung in der Praxis

2.1 Spezifische Kompetenzen und Fähigkeiten von pädagogischen Fachkräften

Da wir unsere sozial-emotionalen Fähigkeiten in der frühen Kindheit ausprägen und diese stark von Alltagserfahrungen und der sozialen Umwelt beeinflusst werden, spielt der Besuch einer Kita eine wichtige Rolle bei unserer Wertebildung. Erzieher*innen benötigen daher genau jene Fähigkeiten, die sie bei den Kindern fördern möchten (Hildebrandt & Preissing, 2016). Man kann davon ausgehen, dass Menschen, die sich für den Erziehungsberuf entscheiden, ein größeres Interesse für Empathie und Feinfühligkeit mitbringen und sich im sensitiven Umgang mit Menschen sicher fühlen. Feinfühligkeit und empathische Kommunikation lassen sich aber auch bis zu einem gewissen Grad erlernen und weiterentwickeln, weshalb eine qualitativ hochwertige Aus- und Weiterbildung unerlässlich ist. Dieses sozial-emotionale Weiterlernen sollte mit der Reflexion einer Professionsethik und der Vermittlung von Orientierungswissen einhergehen, das die Normen und Werten einer demokratisch-freiheitlichen Gesellschaft reflektiert. Daher sind in den Ausbildungs- und Studienplänen pädagogischer Fachkräfte im Elementarbereich Werte wie gesellschaltliche Zusammenhänge, Demokratie, Teilhabe, Freiheit, Gleichheit und Toleranz repräsentiert.

Ebenso sind kultursensitive Kompetenzen essenziell. Kultursensitive Kompetenzen sind die Fähigkeiten und Kenntnisse, um mit Menschen aus verschiedenen kulturellen Hintergründen zu interagieren (Borke & Keller, 2014; Weberling, 2015). Es handelt sich einerseits um die Fähigkeit zur Empathie und Perspektivübernahme, aber auch um die Fähigkeit, Vielfalt anzuerkennen und eigene kulturelle Voreingenommenheit kritisch zu reflektieren. Vielfalt sollte sich auch in Kita-Teams widerspiegeln. Vielfalt (engl. Diversity) bedeutet, dass dort vielfältige Hintergründe wie Geschlecht, soziale und kulturelle Herkunft, Alter, körperliche und geistige Unterschiedlichkeit, sexuelle Orientierung und unterschiedliche Familienformen sichtbar werden (lpb BW, 2024).

2.2 Partizipation

Anders (2020) hebt im Kontext der Entwicklung demokratischer Kompetenzen in der frühen Bildung die wichtige Rolle von Kindertageseinrichtungen als ersten außerfamiliären Erfahrungsraum hervor. Besonders betont wird dabei die Bedeutung der Partizipation: Kinder sollen altersgerecht an Entscheidungen, die sie betreffen, beteiligt werden, etwa beim Aushandeln und Einhalten von sozialen Regeln. Um den Partizipationsbegriff genauer zu spezifizieren, verweist Anders (2020, S. 77) auf Regner und Schubert-Suffrian (2018, S. 11), die drei Bereiche von Partizipation in einer Kindertageseinrichtung herausstellen:

- Individuelle Selbstbestimmungsrechte von Kindern (z. B. in Bezug auf Essen und Schlaf)
- Mitbestimmungsrechte (z. B. Entscheidungen über die Anschaffung Spielzeug)
- Das Finden von gemeinsamen Lösungen für Probleme in der Kindertageseinrichtung.

Eine Einrichtung der frühen Bildung und Erziehung, die das Recht der Kinder auf Mitbestimmung achtet und unterstützt, wird durch die Umsetzung von Partizipationskonzepten zu einer »Kinderstube der Demokratie« (Hansen et al., 2011, S. 353).

Ruppert (2016) zeigt, wie Kinder von Partizipationsprozessen profitieren. Können Kinder etwa den Tagesplan und Räume mitgestalten, bringen sie sich auch generell stärker ein und treiben Veränderungen voran.

> »Je früher Kindern Handlungsspielräume eingeräumt werden, desto eher suchen sie sie. Dafür ist es wichtig, sich in Entscheidungen und Mitbestimmung zu üben. Es ist wichtig, mit Entscheidungen anzuecken und Vorschläge entgegen der Meinung anderer zu äußern. Sich einzubringen heißt nicht, immer nur auf Gehör und Zuspruch zu stoßen. Es ist mindestens genauso wichtig, an Grenzen zu stoßen« (Ruppert, S. 13–14).

2.3 Philosophieren

Philosophieren und das Führen gemeinsamer Nachdenkgespräche in Kindertageseinrichtungen ist eine zentrale Methode, um mit Kindern den Bildungsbereich Wertebildung gemeinsam umzusetzen. Pädagogische Fachkräfte schaffen dabei Situationen, um auf Augenhöhe über Dinge zu sprechen, die für alle spannend oder interessant sind (Scheidt, 2011). Solche Nachdenkgespräche entstehen, wenn zwei oder mehr Personen im Gespräch gedanklich zusammenarbeiten, um Probleme zu lösen, Begriffe zu klären oder Geschichten weiterzuerzählen (Sylva et al., 2004). Diese Gespräche können sich mit allen möglichen Themen beschäftigen, vorausgesetzt, dass beide Parteien zum gemeinsamen Denken beitragen und ihr Verständnis weiterentwickeln können.

Häufig initiieren Kinder durch Fragen und spontan geäußerte Gedanken selbst philosophische Nachdenkprozesse. Pädagogische Fachkräfte sollten diese Fragen und Gedanken aufgreifen und selbst aktiv in Reflexionsprozessen partizipieren. Kinder sollten aber auch ermutigt werden, über bestimmte Fragen nachzudenken und ihre Meinung zu äußern. Sowohl spontane, alltagsintegrierte Gesprächsepisoden als auch regelmäßig stattfindende strukturierte Gesprächskreise mit der gesamten Kindergruppe ermöglichen gemeinsames Nachdenken. Wichtige Gelingensbedingungen dazu sind eine entspannte Atmosphäre und ein Dialog auf Augenhöhe, bei dem die Ideen der Kinder wertgeschätzt, aber auch nachdenklich hinterfragt werden können. Kitas können so eine Gesprächs- und Nachdenkkultur etablieren, die sich auch große Themen wie Religion, Tod oder Gerechtigkeit zutraut (Scheidt, 2011).

Philosophieren bedeutet, Positionen und Gegenpositionen zu durchdenken, Denkmöglichkeiten in Betracht zu ziehen und Argumente zu untersuchen. Gemeinsames Nachdenken ist Bildung im Sinne einer demokratischen Aufklärung. Kinder und Erwachsene entwickeln dabei ihr Vermögen, sich ihres »Verstandes ohne Leitung eines anderen zu bedienen« (Kant, 1784; Kant, 2017, S. 7).

Pädagog*innen reflektieren ihr Verhalten in Diskussion häufig im Sinne des Beutelsbacher Konsenses (Bundeszentrale für politische Bildung, 2011), nach dem Kinder nicht mit einer Meinung überwältigt oder indoktriniert werden dürfen und die Pluralität von Meinungen deutlich werden muss. Pädagog*innen müssen ihre eigene Meinung zwar nicht verstecken, sie sollten sie aber klar als solche kennzeichnen und begründen (»Ich denke, dass ..., weil ...«), umgekehrt sollten sie aber auch die Kinder zu Überlegungen einladen und ihre Sicht wertschätzen (»Mich würde interessieren, was du dazu denkst?«). Meinungspluralismus bedeutet jedoch nicht, autoritäre, menschenfeindliche Einstellungen wie Rassismus, Antisemitismus, Homophobie oder andere Diskriminierungen tolerieren zu müssen. Erzieher*innen sollten als Vorbilder dienen, in dem sie positive Beispiele nennen, den Wert von menschlicher Verschiedenheit betonen, Vertrauen in das Gute im Menschen fördern und Wertschätzung von Vielfalt zu Ausdruck bringen

2.4 Material und Raum

Auch für den Bildungsbereich Wertebildung gibt es in Bezug auf Material und Raumgestaltung Anregungen, die Dialog, Partizipation und kulturelle Vielfalt unterstützen. Gerade Spielzeug ist oft klischeehaft und kann Vorurteile und verzerrte Wahrnehmungen befördern. Stereotype Darstellungen von Geschlecht, Hautfarbe und physischen Fähigkeiten können dazu führen, dass Kinder die Erfahrung machen, bestimmte Identitätsmerkmale seien weniger wertvoll; genau das kann sich negativ auf ihr Selbstwertgefühl und ihre Identitätsentwicklung auswirken oder Vorurteile verstärken (Ali-Tani, 2017). Koné (2017) betont daher die Notwendigkeit, Spielmaterialien zu wählen, die verschiedene Hauttöne, Körpermerkmale, Behinderungen und kulturelle Hintergründe repräsentieren. Diese Vielfalt fördert ein Gefühl der Zugehörigkeit und Anerkennung bei den Kindern. Weitere Möglichkeiten sind das eigene Herstellen vorurteilsbewusster Spielzeuge oder das kritische Spielen, um stereotype Muster aufzubrechen. Generell gilt es, eine inklusive und unterstützende Lernumgebung zu schaffen, die die ethische und kulturelle Sensibilität der Kinder fördert und so die Selbstentwicklung aller Kinder positiv beeinflusst (Koné, 2017).

3 Hochschuldidaktischer Impuls

3.1 Wie kann dieser Bildungsbereich sinnvoller Gegenstand der kindheitspädagogischen Lehre sein?

Der Bildungsbereich Wertebildung enthält wichtige Orientierungen für kindheitspädagogische Studiengänge. Es ist wichtig, dass sich Lehrende und Studierende der Kindheitspädagogik ihrer Verantwortung im Hinblick auf Wertebildung bewusst sind. In den kindheitspädagogischen Studiengängen sind drei zentrale Kompetenzen, die in diesem Bildungsbereich grundlegend sind, entscheidender Teil der Ausbildung:

1. Selbstreflexion und Empathie
2. Verständnis und Wertschätzung kindlicher Einzigartigkeit
3. Kommunikations- und Interaktionsfähigkeit.

Neben diesen grundlegenden Kompetenzen, die praktisch etwa durch Rollenspiele, Beobachtung und gemeinsame Reflexion erarbeitet werden können, bedarf es aber auch einer inhaltlich-theoretischen Auseinandersetzung. Um Ethik, Demokratieverständnis und Kultursensitivität zu entwickeln, sollten Kindheitspädagog*innen Ethik als einen zentralen Bereich anerkennen (Berndt et al., 2022). Für ein fundiertes Demokratieverständnis ist die explizite Auseinandersetzung mit Menschen- und Freiheitsrechten, mit Strukturprinzipien des Grundgesetzes (Art. 20) und mit aktuellen politischen Debatten unumgänglich. Insbesondere politische Themen, die das Feld der Kindheitspädagogik betreffen, bieten hier Anknüpfungspunkte. Auch die Reflexion über totalitäre Herrschaftssysteme, die Erinnerung der Opfer der nationalsozialistischen Herrschaft und die daraus resultierende Verantwortung für die Gegenwart sollte Gegenstand kindheitspädagogischer Lehre sein. Auch hier gibt es wichtige Überschneidungspunkte mit der Geschichte der Pädagogik (Korczak, 2007; Mann, 1997).

3.2 Seminarmethoden zur Demokratiebildung und zur Stärkung von Argumentationskompetenz

Wertebildung ist auch im Kontext von Hochschulbildung von zentraler Bedeutung. Die ethische Reflexion und die Versicherung auf demokratische Werte steht in engem Zusammenhang mit anderen Werten wie Dialog und Wahrheitssuche. Die Entwicklung von Argumentationskompetenz ist daher auch ein Bestandteil der kindheitspädagogischen Ausbildung. Im Folgenden werden drei Seminarmethoden vorgestellt, welche die Entwicklung argumentativer Fähigkeiten unterstützen können.

Talkshow: Eine Talkshow ist eine Form der Podiumsdiskussion, bei der Studierende wie in einer TV-Talkshow verschiedene Rollen übernehmen, die aus dem öffentlichen Leben oder den Medien bekannt sind. Die Rollen auf dem Podium können jedoch auch fiktiv sein und bestimmte Funktionen erfüllen, wie etwa die der Moderation, Expert*innen, Elternvertretungen oder Betroffenen. Zur Vorbereitung wird ein kontroverses Thema gewählt und die Teilnehmenden werden bestimmt, die sich anschließend in Kooperation mit

Kleingruppen intensiv darauf vorbereiten. Je fundierter und gründlicher die Vorbereitung, desto gewinnbringender verläuft die Diskussion.

Während der Talkshow schlüpfen die Studierenden in ihre jeweiligen Rollen. Die Moderation leitet die Diskussion, sorgt für einen fairen Austausch und bezieht Fragen aus dem Publikum ein. Am Ende der Talkshow erfolgt eine Reflexionsphase, in der die Studierenden ihre Erfahrungen austauschen und die Rollen sowie die Diskussion analysieren. Im Gegensatz zu vielen realen TV-Talkshows sollten sich die Diskutanten im Seminar um einen fairen und konstruktiven Austausch bemühen. Das schließt auch starke Meinungsverschiedenheit nicht aus, aber unterstützt ein vertieftes Verständnis des Problems. Es geht also weniger um *Show* und mehr um *Talk*.

Disputatio Legitima ist eine formale Debatte, die aus der scholastischen Tradition Thomas von Aquins stammt. In diesem Diskussionsformat vertreten zwei Parteien, die sich auch räumlich gegenübersitzen, gegensätzliche Positionen zu einem kontroversen Thema und präsentieren ihre Argumente. Im Seminar muss die in der Debatte vertretene Position nicht mit der persönlichen übereinstimmen, dennoch sollte ernsthaft für die Position argumentiert werden.

Das Plenum legt sich auf ein Thema fest, das dann von einem Moderationsteam eingehender vorgestellt wird. Grundregel ist die Verpflichtung auf Prinzipien der Wahrheitstreue, Ethik und wissenschaftlichen Redlichkeit. Nachdem eine Partei ihr Argument vorgetragen hat, wiederholt die andere Partei die Argumentation der Gegenseite und versichert sich bei der Gegenpartei, dass sie richtig wiedergeben wurde. Danach kann sie Schwächen der gegnerischen Argumente identifizieren und dann mit ihrer eigenen Argumentation fortfahren. Dies geht so lange hin und her, bis alle Argumente ausgetauscht sind. Das Moderationsteam achtet während der Durchführung auf die Zeit und die Einhaltung der Regeln. Auch bei der Disputatio Legitima ist eine fundierte Vor- und Nachbereitung eine wichtige Gelingensbedingung.

Tribunal ist eine didaktische Methode, bei der eine Gerichtsverhandlung simuliert wird. Diese Methode lebt davon, dass die Teilnehmenden in die Rollen einer solchen Verhandlung schlüpfen wie Ankläger*in, Schöffen (Geschworene), Verteidiger*in, Richter*in, Gutachter*innen und auch Medienvertreter*innen sowie die kritische Öffentlichkeit. Auch hier erfordert jede Rolle eine gründliche Vorbereitung, die in Kleingruppen geleistet werden kann. Ein grundlegendes Verständnis einer Prozessordnung sollte ebenfalls erarbeitet werden. Das Verfahren verhandelt jedoch nicht einen Kriminal- oder Zivilfall, sondern hat ein kontroverses Thema zum Gegenstand. Am Ende erfolgt ein

Urteil und eine Begründung. Nach dem Urteilsspruch und dem Schluss des Verfahrens reflektieren die Studierenden ihre Erfahrungen und analysieren den Verlauf sowie den Ausgang des Verfahrens.

Literatur

Adorno, T. W. (2017). *Erziehung zur Mündigkeit: Vorträge und Gespräche mit Hellmut Becker 1959-1969.* Berlin: Suhrkamp.

Aebli, H. (1987). *Grundlagen des Lehrens. Eine allgemeine Didaktik auf psychologischer Grundlage.* Stuttgart: Klett-Cotta.

Ali-Tani, C. (2017). *Wie Kinder Vielfalt wahrnehmen: Vorurteile in der frühen Kindheit und die pädagogischen Konsequenzen.* Kita-Fachtexte. Online-Veröffentlichung. https://www.kita-fachtexte.de/de/fachtexte-finden/wie-kinder-vielfalt-wahrnehmen-vorurteile-in-der-fruehen-kindheit-und-die-paedagogischen-konsequenzen

Applebaum, A. (2021). *Die Verlockung des Autoritären: Warum antidemokratische Herrschaft so populär geworden ist* (J. Neubauer, Übers.; 4. Aufl.). München: Siedler.

Berndt, C., Häcker, T. & Walm, M. (Hrsg.). (2022). *Ethik in pädagogischen Beziehungen.* Klinkhardt.

Bischoff, A., Menke, R., Madeira Firmino, N., Sandhaus, M., Ruploh, B. & Zimmer, R. (2012). *Sozial-emotionale Kompetenzen. Fördermöglichkeiten durch Spiel und Bewegung.* Osnabrück: Niedersächsisches Institut für frühkindliche Bildung und Entwicklung (nifbe) e.V.

Borke, J. & Keller, H. (2014). *Kultursensitive Frühpädagogik* (1. Aufl.). Stuttgart: Kohlhammer.

Bowlby, J. (2021). *Bindung als sichere Basis: Grundlagen und Anwendung der Bindungstheorie* (H. Hanf & A. Hillig, Übers.; 5. Aufl.). München, Basel: Ernst Reinhardt Verlag.

Bundeszentrale für politische Bildung. (2011, April 7). *Beutelsbacher Konsens.* https://www.bpb.de/die-bpb/ueber-uns/auftrag/51310/beutelsbacher-konsens/

Campbell, J. D. (1990). Self-esteem and clarity of the self-concept. *Journal of Personality and Social Psychology, 59*(3), 538–549.

Gross, J. J. & Ford, B. Q. (2024). *Handbook of Emotion Regulation* (3. Aufl.). New York: Guilford Press.

Hédervári-Heller, É. (2011). *Emotionen und Bindung bei Kleinkindern: Entwicklung verstehen und Störungen behandeln* (1. Aufl.). Weinheim: Beltz.

Hildebrandt, F. & Preissing, C. (2016). Wertebildung in der Kita: Frühkindlicher Bildungsort mit vielen Zusatzaufgaben. In B. Stiftung (Hrsg.), *Werte lernen und leben: Theorie und Praxis der Wertebildung in Deutschland* (2. Aufl., S. 93–114). Gütersloh: Verlag Bertelsmann Stiftung.

Irl, M. (2018). *Die Akteurschaft von jungen Kindern erkennen. Möglichkeiten eines breiten Partizipationsverständnisses.* Kita-Fachtexte. Online-Veröffentlichung. https://www.kita-fachtexte.de/de/fachtexte-finden/die-akteurschaft-von-jungen-kindern-erkennen-moeglichkeiten-eines-breiten-partizipationsverstaendnisses

James, A. (2009). Agency. In J. Qvortrup, W. A. Corsaro & M.-S. Honig (Hrsg.), *The Palgrave Handbook of Childhood Studies* (S. 34–45). Basingtoke, Hamshire: Palgrave Macmillan. https://doi.org/10.1007/978-0-230-27468-6_3

Kant, I. (1994). *Grundlegung zur Metaphysik der Sitten* (K. Vorländer, Hrsg.; 7. Auflage). Hamburg: Felix Meiner.

Kant, I. (2017). *Denken wagen. Der Weg aus der selbstverschuldeten Unmündigkeit:* Stuttgart: Reclam.

Keller, H. (2019). *Mythos Bindungstheorie: Konzept – Methode – Bilanz* (aktualisierte Edition). Kiliansroda: verlag das netz.

Keller, H. (2020). *Die fundamentalen Irrtümer der Bindungstheorie.* Das Kita-Handbuch. Online-Veröffentlichung. https://www.kindergartenpaedagogik.de/fachartikel/psychologie/die-fundamentalen-irrtuemer-der-bindungstheorie/

Klinkhammer, J., Voltmer, K. & Salisch, M. von. (2022). *Emotionale Kompetenz bei Kindern und Jugendlichen: Entwicklung und Folgen* (2., erweiterte und überarbeitete Auflage). Stuttgart: Kohlhammer.

KMK (Hrsg.) (2022). *Gemeinsamer Rahmen der Länder für die frühe Bildung in Kindertageseinrichtungen* (Ständige Konferenz der Kultusminister der Länder in der Bundesrepublik Deutschland) https://www.bildungsserver.de/onlineressource.html?onlineressourcen_id=25908

Korczak, J. (2007). *Das Recht des Kindes auf Achtung/Fröhliche Pädagogik* (N. Koestler & E. Kinsky, Übers.; Originalausgabe Edition). Gütersloh: Gütersloher Verlagshaus.

Krakovská, H., Kuehn, C., & Longo, I. P. (2024). Resilience of dynamical systems. *European Journal of Applied Mathematics,* 35(1), 155–200. https://doi.org/10.1017/S0956792523000141

Koné, G. (2017). *Fair Play! Vielfalt in Spielmaterialien.* KiDs aktuell, 2. Online-Veröffentlichung. https://www.kompetenznetzwerk-deki.de/material/kids-aktuell-fair-play-vielfalt-in-spielmaterialien.html

Lohaus, A. & Vierhaus, M. (2019). *Entwicklungspsychologie des Kindes- und Jugendalters für Bachelor* (4. Auflage). Wiesbaden: Springer.

lpb BW Landeszentrale für politische Bildung Baden-Württemberg. (2024, Mai). *Diversity – Vielfalt in unserer Gesellschaft.* lpb. https://www.lpb-bw.de/diversity

Mann, E. (1997). *Zehn Millionen Kinder: Die Erziehung der Jugend im Dritten Reich* (9. Auflage). Leipzig: Rowohlt.

Maywald, P. J. (2016). *Kinderrechte in der Kita: Kinder schützen, fördern, beteiligen* (2. Auflage). Feiburg im Breisgau: Herder.

Mittelstraß, J. (1996). Die unheimlichen Geisteswissenschaften. Akademievorlesung am 9. Februar 1995. In *Berichte und Abhandlungen/Berlin-Brandenburgische Akademie der Wissenschaften* (Bd. 2, S. 215–235).Berlin, Brandenburg: Akademie der Wissenschaften.

Nentwig-Gesemann, I., Walther, B., Bakels, E., & Munk, L.-M. (2021). *Kinder als Akteure in Qualitätsentwicklung und Forschung. Eine rekonstruktive Studie zu KiTa-Qualität aus der Perspektive von Kindern.* Gütersloh: Bertelsmann Stiftung. https://doi.org/10.11586/2020078

Nevard, I., Green, C., Bell, V., Gellatly, J., Brooks, H. & Bee, P. (2021). Conceptualising the social networks of vulnerable children and young people: A systematic review and narrative synthesis. *Social Psychiatry and Psychiatric Epidemiology,* 56(2), 169–182. https://doi.org/10.1007/s00127-020-01968-9

Neyer, F. J. & Asendorpf, J. B. (2018). *Psychologie der Persönlichkeit* (6. Auflage). Wiesbaden: Springer.

Oelkers, J. (2018). Autoritarismus und liberale öffentliche Bildung. *Zeitschrift für Pädagogik, 64*(6), 728–748.

Petermann, F. & Wiedebusch, S. (2016). *Emotionale Kompetenz bei Kindern* (3., überarbeitete Auflage). Göttingen: Hogrefe Verlag.

Platon. (2017). *Der Staat* (G. Krapinger, Hrsg.). Stuttgart: Reclam.

Prengel, A. (2019). *Pädagogische Beziehungen zwischen Anerkennung, Verletzung und Ambivalenz* (überarbeitete und erweiterte Edition). Opladen: Verlag Barbara Budrich.

Rogers, C. R. (2018). *Entwicklung der Persönlichkeit. Psychotherapie aus der Sicht eines Therapeuten* (J. Giere, Übers.; 23. Auflage 2021 Edition). Stuttgart: Klett-Cotta.

Rogoff, B. (1990). *Apprenticeship in Thinking. Cognitive Development in Social Context.* London: Oxford University Press.

Rönnau-Böse, M. & Fröhlich-Gildhoff, K. (2023). *Resilienz und Resilienzförderung über die Lebensspanne.* Stuttgart: Kohlhammer. https://elibrary.kohlhammer.de/book/10.17433/978-3-17-042760-0

Scheidt, A. (2011). *Warum? Kinder erklären sich die Welt. Philosophische Nachdenkgespräche im Kindergarten.* Berlin: Bananenblau.

Siegler, R., Saffran, J. R., Gershoff, E. T. & Eisenberg, N. (2021). Bindung und die Entwicklung des Selbst. In R. Siegler, J. R. Saffran, E. T. Gershoff & N. Eisenberg (Hrsg.), *Entwicklungspsychologie im Kindes- und Jugendalter: Deutsche Auflage unter Mitarbeit von Sabina Pauen* (S. 447–488). Wiesbaden: Springer. https://doi.org/10.1007/978-3-662-62772-3_11

Sylva, K., Melhuish, E., Sammons, P., Siraj-Blatchford, I., Elliot, K. & Taggart, B. (2004). The effective provision of pre-school education project. Zu den Auswirkungen vorschulischer Einrichtungen in England. In G. Faust-Siehl, M. Götz, H. Hacker & H. G. Rossbach (Hrsg.), *Anschlussfähige Bildungsprozesse im Elementar- und Primarbereich.* Bad Heilbrunn: Klinkhardt.

Tomasello, M. (2002). *Die kulturelle Entwicklung des menschlichen Denkens.* Berlin: Suhrkamp.

Tomasello, M. (2010). *Warum wir kooperieren* (H. Zeidler, Übers.). Berlin: Suhrkamp.

UNESCO (1995). *Erklärung von Prinzipien der Toleranz. Generalkonferenz (Paris, 25. Oktober bis 16. November 1995) von den Mitgliedstaaten der UNESCO verabschiedet.* UNESCO. Online-Veröffentlichung. https://www.unesco.de/media/1702

UNICEF (1989). *UN-Kinderrechtskonvention.* UNICEF. Online-Veröffentlichung. https://www.unicef.de/informieren/ueber-uns/fuer-kinderrechte/un-kinderrechtskonvention

Vereinte Nationen (1948). *Allgemeine Erklärung der Menschenrechte (A/RES/217 A (III)| Universal Declaration of Human Rights - German (Deutsch).* OHCHR. https://www.ohchr.org/en/human-rights/universal-declaration/translations/german-deutsch

Weberling, B. (2015). *Kultursensitivität als Grundlage pädagogischen Handelns - vom Verstehen unterschiedlicher Kulturen.* Kita-Fachtexte. https://www.kita-fachtexte.de/de/fachtexte-finden/kultursensitivitaet-als-grundlage-paedagogischen-handelns-vom-verstehen-unterschiedlicher-kulturen

Zimmer, R. (with Tieste, K., Zimmer, H. & Vieker, N.) (2012). *Handbuch Psychomotorik: Theorie und Praxis der psychomotorischen Förderung von Kindern* (1. Auflage). Freiburg im Breisgau: Herder.

II Personale und sozial-emotionale Entwicklung, Werteorientierung und Religiosität

Websites mit Praxis-Ideen und Hintergrundinformationen

Soziale und emotionale Förderung von Kompetenzen (Programm entwickelt von der Deutschen Liga für das Kind): https://kindergartenplus.de/

Materialdatenbank Demokratiebildung im Kindesalter des DEKI mit Praxisideen und Informationen zu verschiedenen Bereichen (z. B. Demokratie, Vielfalt, Ableismus …): https://www.kompetenznetzwerk-deki.de/material.html

Zur Reflexion von Institutionen bietet die Landesarbeitsgemeinschaft Mädchenarbeit einen umfassenden Leitfadenkatalog: https://maedchenarbeit-nrw.de/wp-content/uploads/2022/02/Reflexionshandbuch-und-Arbeitstool_rakriM_A-LAGM_A_NRW_interaktiv_0.pdf

Für weitere Impulse zur kulturellen Bildung bietet das Portal MigrationLab-Akadmie für Bildung und Kultur in der Migrationsgesellschaft eine große Fülle an Methoden, Inspirationen und Reflexionen: https://www.migration-lab.net/

Der Ansatz Vorurteilsbewusste Bildung und Erziehung bietet umfassende Publikationen und Checklisten zu Büchern und Spielmaterialien: https://situationsansatz.de/fachstelle-kinderwelten/

Das Informations- und Dokumentationszentrum für Antirassismusarbeit e. V. (IDA) veröffentlicht zu aktuellen Debatten und Definitionen: https://www.idaev.de/

Anti-Bias Ansatz: https://kulturshaker.de/methoden/

Impulse für alle Religionen in der Kita-Praxis: https://kita.zentrumbildung-ekhn.de/fileadmin/content/kita/6Service/Broschueren/Arbeitshilfe_Religionen_in_der_Kita_2012.pdf

KIDS-Kinder vor Diskriminierung schützen ist eine wichtige Anlauf- und Informationsstelle: https://kids.kinderwelten.net/de/

Die erste schwarze Kinderbibliothek bietet unter: https://schwarze-kinderbibliothek.de/ weitere Informationen zu Kinderbüchern.

Podcast, Vorträge sind unter Power Me Berlin (https://www.powermeberlin.de/vortr%C3%A4ge) einzusehen und einzuhören.

Vielfalt in der Kita (Dokument zum Download des deutschen Kinderhilfswerks mit Methoden für die Umsetzung in der Kita-Praxis): https://shop.dkhw.de/de/kinderrechte-artikel/191-vielfalt-in-der-kita-methoden-fur-die-kita-praxis-6.html

Links zu Angeboten und Materialien für das Kennenlernen anderer Kulturen und Länder: https://www.bildungsserver.de/Andere-Kulturen-und-Laender-kennenlernen-3334-de.html

Geschichten zu Ethik-Praktiken in der Kita, (äußerliche) Vielfalt für Kinder verständlich darstellen: https://kitakram.de/vielfalt-unterschiede-und-gemeinsamkeiten/

III MINT – Mathematik, Informatik, Naturwissenschaft und Technik

Die Entdeckung der frühen Jahre als bildungsintensive Zeit hat auch dazu geführt, dass die Aufmerksamkeit im Feld der frühkindlichen Bildung für vermeintlich abstrakte Domänen wie Mathematik, Informatik, Naturwissenschaft und Technik gestiegen ist. Heute wird davon ausgegangen, dass Kompetenzen in diesen Bereichen bereits früh angebahnt und zugleich auch pädagogisch gefördert werden können. Als wesentlicher Motor hierfür erweist sich die natürliche Neugier der Kinder. Hier knüpfen auch die pädagogischen Ansätze für den Elementarbereich an, die den Forschergeist von Kindern aufgreifen, stimulieren und in ko-konstruktiven Prozessen bereichern sollen.

Die Zuordnung von MINT-Inhalten erfolgt in den Bundesländern unterschiedlich, wobei im Wesentlichen zwischen Bundesländern unterschieden werden kann, die alle Domänen in einem Bildungsbereich zusammenfassen, und solchen, die Mathematik als eigenständigen Bildungsbereich beschreiben. So wird die mathematische Bildung in elf Bundesländern (Bayern, Berlin, Brandenburg, Hamburg, Hessen, Niedersachsen, Nordrhein-Westfalen, Saarland, Sachsen, Sachsen-Anhalt und Thüringen) als eigener Bereich behandelt; in vier Ländern sind die Bereiche integriert (Bremen, Mecklenburg-Vorpommern, Rheinland-Pfalz und Schleswig-Holstein). Abweichungen sind sowohl im Bremer »Rahmenplan für Bildung und Erziehung im Elementarbereich« zu beobachten, in dem Mathematik gar nicht als Überschrift eines Bildungsbereichs vorkommt, aber im Bereich »Natur, Umwelt, Technik« mit genannt wird, als auch im »Orientierungsplan für Bildung und Erziehung in baden-württembergischen Kindergärten und weiteren Kindertageseinrichtungen«, in dem kindliche Entwicklungsfelder statt sachbezogener Inhaltsbereiche den Bildungsplan strukturieren. Anknüpfend an diese (teilweise)

Differenzierung findet sich im Folgenden ein Beitrag zur Mathematischen Bildung (von Miriam Lüken und Lena Sophie Jäger) und ein weiterer mit dem Schwerpunkt Naturwissenschaft und Technik (von Alexander Scheidt).

Mathematik, Informatik, Naturwissenschaft, Technik

Alexander Scheidt

> Der Bildungsbereich MINT (Mathematik, Informatik, Naturwissenschaften und Technik) hat im Elementarbereich eine wichtige Bedeutung. Kinder sind von Natur aus neugierig und bringen ein großes Interesse für MINT-Themen mit. Im Alltag bieten sich zahlreiche Gelegenheiten, die Themen und Interessen der Kinder aufzugreifen und gemeinsam mit ihnen zu spannenden Projekten weiterzuentwickeln. Die neuere entwicklungspsychologische Forschung zeigt, dass Kinder schon früh in der Lage sind, kausale Zusammenhänge zu erkennen und auch abstrakte Konzepte zu verstehen. Die Herausforderung besteht jedoch darin, auch pädagogische Fachkräfte für MINT zu begeistern, damit mathematische, technische und naturwissenschaftliche Bildung gelingt.

1 Theoretische Grundlagen des Bildungsbereichs

1.1 Was bedeutet MINT und warum ist es bedeutsam?

Der Ausdruck *MINT* setzt sich aus den Anfangsbuchstaben der Wörter *Mathematik*, *Informatik*, *Naturwissenschaften* und *Technik* zusammen. MINT ist in erster Linie ein bildungspolitischer Begriff, der die Wichtigkeit mathematischer, ingenieur- und naturwissenschaftlicher Bildung für Wirtschaft und Industrie hervorheben soll. Oft wird der Ausdruck MINT im Kontext des Themas Fachkräftemangel in technischen Berufen gebraucht. So fehlen in Deutschland rund 310.000 Fachkräfte in MINT-Berufen wie Energietechnik, Elektrotechnik, Maschinenbau oder Informatik (Bundesregierung, 2023). Bundes- und Landesregierungen, Wirtschaftsverbände, Stiftungen und Forschungseinrichtungen haben es sich zum Ziel gesetzt, das Interesse an MINT-Fächern schon bei Kindern und Jugendlichen zu fördern (Nationales MINT Forum, 2024). Initiativen wie die *Stiftung Kinder forschen* sollen Kinder in Kita und Grundschule eine alltägliche Begegnung mit Naturwissenschaften und Technik ermöglichen und zur langfristigen Nachwuchssicherung in den Natur- und Ingenieurwissenschaften beitragen (HdkF, 2020). Der Elementarbereich gilt als besonders relevant für die Entwicklung von MINT-Kompetenzen, da grundlegende Erfahrungen und Fertigkeiten, die bereits im Kita-Alter erworben werden, einen Einfluss auf spätere Leistungen im Primarbereich und in weiterführenden Schulen haben (Anders, 2013; Steffensky, 2017, 2022).

1.2 Frühe MINT-Bildung vom PISA-Schock bis heute

Die unterdurchschnittlichen Ergebnisse Deutschlands bei der ersten PISA-Studie 2001 führten zu einer Neubewertung der frühkindlichen Bildung. Kindertagesstätten, die bis dahin vorwiegend als Betreuungseinrichtungen galten, wurden nun vor allem als Bildungseinrichtungen verstanden (Roux, 2002). In den Bildungsplänen der Bundesländer für den Elementarbereich wurden mathematische, technische und naturwissenschaftliche Bildungsziele verankert. Generell waren die Jahre nach dem PISA-Schock von Aufbruchstimmung und Bildungsoptimismus geprägt, der sich besonders in einer verstärkten Aufmerksamkeit für die frühe MINT-Bildung niederschlug. Wichtige Publikationen zum Thema stammen aus dieser Zeit (Ansari, 2009; Fthenakis et al. 2008; Hellmich & Köster, 2008). Auch die Gründung der *Stiftung Haus der kleinen Forscher* (heute *Stiftung Kinder forschen*) fällt in das Jahr 2008.

In den letzten Jahren ist jedoch ein Rückgang oder zumindest eine Stagnation der MINT-Begeisterung zu beobachten. Der Anteil der Studierenden, die sich für ein MINT-Studium entscheiden, ist nach einem Anstieg in den Jahren von 2009 bis 2016 wieder rückläufig (Statistisches Bundesamt, 2023). Auch die Ergebnisse der jüngsten PISA-Studie sind ernüchternd. In allen drei dort untersuchten Kompetenzbereichen – Mathematik, Lesen und Naturwissenschaften – wurden die niedrigsten Werte erzielt, die jemals im Rahmen von PISA gemessen wurden (PISA, 2023). Dieser Befund deckt sich mit anderen Bildungsstudien, die zu ähnlichen Ergebnissen kommen (Stanat et al., 2021). Im frühkindlichen Bereich überlagern derzeit der akute Fachkräftemangel und die fehlenden Betreuungsplätze die Fokussierung auf die Qualität und damit auch auf die Verbesserung der MINT-Elementarbildung.

Die aktuellen bildungspolitischen Forderungen zur Behebung dieser Missstände im Bildungssystem ähneln denen, die bereits Anfang der 2000er-Jahre erhoben wurden: So weist das MINT Nachwuchsbarometer (acatech, 2023) darauf hin, dass die Bildungschancen von Kindern nach wie vor eng mit der Herkunftsgeschichte der Eltern verknüpft sind, was zur wachsenden Ungleichheit im Bildungssystem beiträgt. Die Ständige Wissenschaftliche Kommission der Kultusministerkonferenz (SWK, 2022) empfiehlt als Gegenmaßnahmen unter anderem, die Aus- und Fortbildung der pädagogischen Fachkräfte stärker auf die Förderung sprachlicher und mathematischer Kompetenzen auszurichten. Generell sollten die Zugänge zu frühkindlicher Bildung und Familienbildungsangeboten erleichtert werden (SWK, 2022).

1.3 MINT in den Bildungsplänen für den Elementarbereich

Der gemeinsame Rahmen der Länder für die frühe Bildung in Kindertageseinrichtungen der Kultusministerkonferenz (KMK, 2022) fasst MINT als eigenständigen Bildungsbereich. Dabei steht die Förderung der natürlichen kindlichen Neugier im Vordergrund. In den Kindertagesstätten sollen Forschungswerkstätten und Forschungsecken eingerichtet werden, in denen die Kinder unter Anleitung der pädagogischen Fachkräfte experimentieren und lernen können. Das natürliche Verständnis der Kinder für Zahlen, Mengen und geometrische Formen wird als Grundlage für die Entwicklung früher mathematischer Kompetenzen angesehen. Auch wird die Vermittlung von Wissen über die Funktionsweise technischer und informationstechnischer Geräte gefordert. Kinder sollen ein positives Bewusstsein für ihre technischen Fähigkeiten entwickeln und gleichzeitig eine kritische Haltung gegenüber technologischen Entwicklungen erlernen (KMK, 2022).

Die Bildungspläne der einzelnen Bundesländer arbeiten den länderübergreifenden Rahmen für die MINT-Bildung spezifischer aus. Dabei lassen sich sowohl Gemeinsamkeiten als auch Unterschiede feststellen. Gemeinsam ist die Betonung praktischer und experimenteller Lernerfahrungen, der Alltagsbezug von MINT-Themen und generell die Förderung von Neugier und Entdeckergeist. Unterschiedlich sind hingegen die Zuordnungen der jeweiligen MINT-Bildungsbereiche. Einige Bundesländer trennen den Bereich Mathematik von Technik bzw. Naturwissenschaften (Berlin, Hamburg, Sachsen) oder bilden für jede Teildisziplin eigenständige Bildungsbereiche (Bayern), andere fassen die MINT-Fächer zusammen (Hessen) oder erweitern den Bereich Technik und Naturwissenschaften um die Schwerpunkte Umweltbildung (Schleswig-Holstein) oder soziale Lebenswelt (Niedersachsen).

Die unterschiedliche Zuordnung der MINT-Inhalte verdeutlicht ein in der MINT-Bildungsforschung bekanntes Problem: MINT-Bildung ist kein klar abgrenzbarer Bereich (Li et al., 2020). Sie kann etwa aus einer spezialisierten Perspektive betrachtet werden: Naturwissenschaftliche (Physik, Chemie, Biologie und Astronomie), ingenieurwissenschaftliche und mathematische

Bildung werden dann fachspezifisch und tendenziell getrennt voneinander gesehen. Eine andere Perspektive ist interdisziplinär ausgerichtet und betont die Gemeinsamkeiten in der Methodik und der Denkweise dieser Disziplinen, etwa durch den Fokus auf Problemlösen und wissenschaftliches Denken. Eine weitere Perspektive betont hingegen die Übergänge der einzelnen MINT-Fächer zu anderen Bildungsbereichen, sodass Anwendungen in den Bereichen digitale Lebenswelt (vgl. Beitrag Knauf, H.), Körper und Gesundheit (vgl. Beitrag Altenhöner & Makowsky), Umwelt (vgl. Beitrag Knauf, M.) oder Soziales (vgl Beitrag Arapi & Gerland) in den Vordergrund rücken (Li et al., 2020).

1.4 Allgemeine Kompetenzen

Um MINT für den Elementarbereich inhaltlich genauer zu bestimmen, ist es sinnvoll, sich die allgemeinen Kompetenzen und Lernziele dieses Bildungsbereichs vor Augen zu halten. Die Lehrbuchdefinition des Kompetenzbegriffs geht davon aus, dass Wissen in unterschiedlichen Kontexten flexibel zur Lösung realer Probleme eingesetzt werden soll (Weinert, 2001). Dadurch besteht eine klare Übereinstimmung mit dem Vorgehen in den Naturwissenschaften, nämlich mit Methoden, durch die Theorien entwickelt, erweitert und verändert werden (Steffensky, 2017). Die klassische Auffassung des wissenschaftlichen Denkens stellt ebenfalls das Problemlösen in den Vordergrund (Descartes, 1637): Descartes' Methode des guten Vernunftgebrauchs bildet auch heute die Grundlage des wissenschaftlichen Denkens, wie es etwa in der Informatik, der Mathematik und den Naturwissenschaften umgesetzt wird. Descartes' Ansatz, komplexe Probleme in kleinere, handhabbare Teile zu zerlegen, spiegelt sich im Grundansatz dieser Disziplinen wider, aber eben auch in den Definitionen des Kompetenzbegriffs.

Allgemeiner lassen sich die Lernziele im MINT-Bereich mit dem Begriff der naturwissenschaftlichen Grundbildung aufschlüsseln, auch *Scientific Literacy* genannt (Steffensky, 2017). *Scientific Literacy* umfasst drei Hauptbereiche:

1. *Inhaltsbezogenes Wissen*, das sich auf grundlegende naturwissenschaftliche Konzepte und Fakten bezieht, wie das faktische Wissen der Biologie oder der Chemie.
2. *Prozessbezogenes Wissen*, welches das Verständnis naturwissenschaftlicher Methoden umfasst, wie das Experimentieren, die Hypothesenbildung, die Datenanalyse und das Schlussfolgern.

3. *Erkenntnistheoretisches Wissen*, bei dem es um die Wissenschaftstheorie und die Entwicklung der Wissenschaft generell geht, einschließlich der Bedingungen und Grenzen wissenschaftlicher Erkenntnis.

Ein neuer, erweiterter Zugang zum MINT-Feld wird durch den Bezug zu den sogenannten vier Kompetenzen des 21. Jahrhunderts hergestellt: Kommunikation, Zusammenarbeit, Kreativität und kritisches Denken (Tytler, 2020). Der Fokus liegt dann nicht nur darauf, Probleme in handhabbare Teile zu zerlegen und diese zu lösen, sondern auch den umgekehrten Weg zu gehen, nämlich disparate Teile zu synthetisieren (Schleicher, 2012). MINT erfordert dann nicht nur *Spezialist*innen*, sondern auch *Versatilist*innen*, die Wissen schaffen, indem sie neue Verknüpfungen zwischen bekannten Wissensfeldern entdecken. In der Praxis schlägt sich diese erweiterte Auffassung etwa in interdisziplinärer Projektarbeit nieder, bei der mehrere (MINT-)Disziplinen auf authentische Kontexte angewendet werden (Tytler, 2020). Ein neuer Ansatz, der die Bedeutung von Kreativität und innovativem Denken in den technischen und wissenschaftlichen Disziplinen betont, nennt sich STEAM, das für *Science, Technology, Engineering, Arts* und *Mathematics* steht. Der STEAM-Ansatz geht davon aus, dass das Einbeziehen von Kunst und Design (engl. *arts*) zu einem tieferen Verstehen naturwissenschaftlicher Konzepte beiträgt (Kastriti et al., 2022). Dieser Ansatz kommt dem Elementarbereich entgegen, da die Bildungsbereiche in der frühkindlichen Bildung nicht als voneinander isolierte Fächer zu verstehen sind, sondern transdisziplinär ineinandergreifen.

1.5 Spezifische Kompetenzen und Inhalte der MINT-Bereiche

Das MINT-Feld kann inhaltlich spezifischer mithilfe der Unterscheidung von Formalwissenschaft und Naturwissenschaft beschrieben werden (Carnap, 1935). Bei der formalen Herangehensweise geht es vor allem um logisches Denken, mathematische Modelle und abstrakte Begriffe. Sie ist typisch für Disziplinen wie Mathematik und Informatik. Die empirisch-experimentelle Herangehensweise der Naturwissenschaften (Biologie, Chemie und Physik) hingegen basiert auf Beobachtung und Experiment. Beide Herangehensweisen gehen Hand in Hand und ergänzen sich gegenseitig. Den MINT-Bereich kann man dadurch sinnvoll in mathematische, informatische und technisch-ingenieurwissenschaftliche Bildung einerseits und naturwissenschaftliche Bildung andererseits unterteilen. Diese Unterscheidung von Formalwissenschaft und Naturwissenschaft lässt sich dann auch auf den Elementarbereich übertragen. In der frühen MINT-Bildung liegt der formalwissenschaftliche Fokus entsprechend darauf, dass Kinder erste Erfahrungen mit Zahlen, Formen und logischen Regeln machen, aber auch mit dem Entdecken technischer Kreativität. Die naturwissenschaftliche Bildung im Kindergartenalter konzentriert sich hingegen darauf, dass Kinder sich der Gesetzmäßigkeiten der Natur bewusst werden. Es geht dabei darum, Beobachtungen natürlicher Phänomene zu machen, mit kausalen Zusammenhängen zu experimentieren und sich naturwissenschaftliche Theorien und Konzepte anzueignen. Vor diesem Hintergrund können für die frühe MINT-Bildung folgende Kompetenzfelder spezifiziert werden:

Tab. 2: Formale und technische Kompetenzfelder der frühen MINT-Bildung (eigene Darstellung nach Bergner et al., 2018; Fuchs, 2015; Hoenisch & Niggemeyer, 2019)

Mathematik	Informatik	Technik
Orientieren im Raum und Entdecken geometrischer Formen **Erfassen von Größen von Mengen** (aus Murmeln, Bällen, Hölzchen, etc.) Zuordnen von Zahlenwerten **Entdecken von Zahlen in der Umwelt** **Erfassen und Wahrnehmen von Längen, Gewichten und Zeitspannen** **Sammeln von Daten und Merkmalen** (z. B. Wie viele Kinder haben einen grünen Pulli an? Wie viele Treppenstufen hat die Kita?) **Einfaches Erfassen von Wahrscheinlichkeiten** **Erkennen und Fortsetzen von Mustern und Strukturen**	**Schritt-für-Schritt-Anweisungen geben** und erste Erfahrung im Programmieren (z. B. durch das Programmieren von Robotern wie »BeeBot«) **Vergleichen, Sortieren und Ordnen** von Alltagsgegenständen **Erstellen einfacher Muster und Sequenzen** **Anwendung logischen Denkens:** Lösen von Detektivgeschichten, Rätselraten mit Ja-Nein-Fragen **Kreativität und Gestaltung:** Projekte, bei denen Kinder eigene Geschichten oder Spiele mithilfe digitaler Technik kreieren	**Kreatives Konstruieren und Erfinden**, Konstruieren mit Bausteinen und anderem Konstruktionsspielzeug **Beobachten und Kennenlernen technischer Gegenstände des Alltags** **Phänomene des Elektromagnetismus** wie Verstehen des Prinzips Stromkreis durch einfaches Experimentieren mit Batterie, Leitungen und LED/Glühbirnchen **Gefahrenaufklärung Strom** **Erfahrungen mit Phänomenen des Magnetismus** kennenlernen (Spielmagnete, Kompass)

Physik	Chemie	Biologie
Erfahren von Schwerkraft, Statik und Bewegung durch Bauklotztürme und Wippe	**Experimentieren mit verschiedenen Stoffen im All-**	**Beobachten und Kennenlernen von Pflanzen und Tieren der Umgebung**

Physik	Chemie	Biologie
Erkunden des Phänomens Schall durch spielerisches Explorieren von Tonhöhe, Lautstärke und Resonanz **Erzeugen von Klängen und Bau einfacher Musikinstrumente** **Erfahren und Nachdenken über Phänomene des Lichts** (Lichtbrechung im Wasser, Regenbogenfarben) **Experimentieren mit Licht** (Schattenfiguren, Reflexion im Spiegel, Linsen und Lupen)	**tag** (z. B. Wasser, Salz, Sand, Zucker) **Kennenlernen verschiedener Aggregatzustände:** fest, flüssig und gasförmig **Erkunden von Eigenschaften** (Farbe, Geruch und Gewicht) und chemischer Reaktionen (Mischen von Backpulver mit Zitronensaft; Rotkohlsaft als Indikatorfarbstoff) **Erlernen von Sicherheitsregeln** im Umgang mit Feuer oder potenziell gefährlichen Stoffen im Haushalt	**Pflanzen und Gartenarbeit**, Beobachten verschiedener Stadien im Lebenszyklus (z. B. Schmetterlinge, Frösche) **Kennenlernen verschiedener Arten von Lebensmitteln** **Gemeinsames Zubereiten gesunder Lebensmittel**, einfache Experimente zum Geschmack, Geruch und anderen Sinneseindrücken

1.6 Bild des Kindes

Das Bild vom forschenden Kind ist heute weitverbreitet und spiegelt sich in entsprechenden Buchtiteln wie *Forschergeist in Windeln* (Gopnik et al., 2001) oder *Kleine Philosophen* (Gopnik, 2010) wider. Auch die Stiftung *Haus der kleinen Forscher* (heute *Stiftung Kinder forschen*) vermittelt mit ihrem Namen die Vorstellung, dass Kinder insbesondere in den ersten Lebensjahren beim Lernen wie Wissenschaftler*innen die Welt intensiv beforschen, Experimente durchführen und aus ihren Beobachtungen lernen. In der Entwicklungspsychologie wird heute von einer grundsätzlichen Übereinstimmung des frühkindlichen Denkens mit dem wissenschaftlichen Denken ausgegangen (Gopnik, 2012, Karmiloff-Smith, 1988). Die heutige Theorie der kognitiven Entwicklung versteht kindliches Lernen als einen kontinuierlichen Prozess der Theoriebildung, der mit wissenschaftlicher Theoriebildung vergleichbar ist (Gopnik & Meltzoff, 1998). Koerber (2006) zeigt in einem Übersichtsartikel, dass bereits Kindergartenkinder über grundlegende Fähigkeiten im wissenschaftlichen Denken verfügen. Speziell die Neugier und das Sich-über-die-Welt-Wundern sind Anhaltspunkte, dass auch jüngere Kinder zum wissenschaftlichen Denken befähigt sind (Keil, 2022).

Das Bild vom Kind als Wissenschaftler*in hat aber auch seine Grenzen (Drieschner, 2007). Allzu leicht erweckt dieses Bild den Eindruck, dass frühkindliches Lernen unabhängig von seinem soziokulturellen Umfeld stattfindet. Harris (2012) argumentiert beispielsweise, dass das Bild vom Kind als Wissenschaftler*in zwar auf die individuelle Erforschung unmittelbarer Phänomene zutrifft, aber nicht ausreicht, um die kognitive Entwicklung im Kindesalter hinreichend zu beschreiben. Kinder lernen Wissenschaft auch kulturell und sozial, indem sie z.B. Fragen an Bezugspersonen stellen, im Dialog mit ihnen nachdenken und Erklärungen erhalten. Ebenso relevant für das Verständnis kindlichen Lernens ist also, dass Menschen in einem »Prozess kooperativer Kommunikation« (Tomasello, 2009, S. 364) zu neuen Ideen und Theorien gelangen. Der für die Aneignung wissenschaftlicher Konzepte und Denkweisen notwendige Dialog wird als *shared scientific thinking* (Crowley et al., 2001) oder allgemeiner als *sustained shared thinking* (Siraj-Blatchford et al., 2002) beschrieben. *Sustained shared thinking* gilt in der frühkindlichen Bildungsforschung als essenziell für eine effektive frühkindliche Bildung (Sylva et al., 2004) und als Schlüssel erfolgreicher Bildungsprozesse (König, 2010). Für pädagogische Fachkräfte ist es daher notwendig, nicht nur auf die Neugier der Kinder zu vertrauen, sondern aktiv Anregungen und Wissen in dialogischen Situationen zu ermöglichen.

1.7 Interaktionsstile pädagogischer Fachkräfte

Pädagog*innen nehmen verschiedene Rollen und Interaktionsstile ein. Dabei lassen sich instruktive, konstruktive und ko-konstruktive Interaktionsstile unterscheiden (Fthenakis, 2009). Beim instruktiven Lernstil strukturiert die Pädagog*in das Wissen anhand von Lernzielen vor, stellt eindeutige Aufgaben und demonstriert Theorien mithilfe von Experimenten. Bei der konstruktiven Rolle schafft die Fachkraft eine anregende Lernumgebung, beobachtet die explorativen Handlungen der Kinder und greift nur bei Bedarf ein. Beim ko-konstruktiven Interaktionsstil fokussiert sie hingegen mehr auf die intellektuelle Zusammenarbeit mit den Kindern und zielt auf ein gemeinsames Verstehen. Die Pädagog*in stellt dabei selbst neugierige Fragen oder greift die spontanen Fragen der Kinder auf und führt sie im Dialog weiter. Welcher Interaktionsstil angemessen ist, ist jedoch nicht immer eindeutig zu beantworten. Bonawitz et al. (2011, S. 322) sprechen in diesem Zusammenhang vom zweischneidigen Schwert der Pädagogik (»double-edged sword of pedagogy«): Während sich durch direkte Instruktionen die gesetzten Lernziele effizienter erreichen lassen, schränken sie potenziell die eigenständige Exploration der Kinder ein. Bonawitz et al. (2011) plädieren daher für ein dynamisches Anpassen der Interaktionsstile. Eine Studie von Medina & Sobel (2020) bestätigt die Ambivalenz pädagogischer Interaktionsstile: Kinder, die bei kausalen

Lernaufgaben von Bezugspersonen mit instruktivem Interaktionsstil angeleitet wurden, erzielten bessere Ergebnisse bei der Lösung der Aufgaben, während Kinder, die weniger instruktiv angeleitet wurden, sich stärker im Spiel engagierten. Auch das sprachliche Handeln der Betreuungspersonen ist für die frühkindliche MINT-Bildung von entscheidender Bedeutung. Callanan et al. (2020) zeigen, dass Kinder systematischer forschen, wenn die Betreuungspersonen mehr kausale Sprache verwenden. Insbesondere Betreuungspersonen mit mehr MINT-Wissen und -Interesse gebrauchten z. B. mehr »wenn-dann«-Formulierungen und Aussagen über Ursache-Wirkungsbeziehungen, was die Kinder bei ihren Problemlösungen unterstützte (Callanan et al., 2020, S. 107). Generell lässt sich festhalten, dass pädagogische Fachkräfte für eine effektive MINT-Bildung im Elementarbereich ihren Interaktionsstil situativ anpassen sollten, wobei die neugierige und dialogisch orientierte Haltung der ko-konstruktiven Zusammenarbeit im gemeinsamen naturwissenschaftlichen Denken als Anker- und Ausgangspunkt am besten geeignet scheint, um Verstehensprozesse zu initiieren.

1.8 Das Potenzial von MINT für Kinder und ihre Entwicklung

Der Begriff MINT ist in erster Linie ein bildungspolitischer Begriff, der vor allem darauf zielt, langfristig das Interesse für Natur- und Ingenieurwissenschaften zu fördern. Wie wichtig die Integration von Naturwissenschaften, Mathematik und Technik in die frühkindliche Bildung ist, zeigt etwa die Studie von Kermani und Aldemir (2015): Qualitativ hochwertige und entwicklungsangemessene Bildungserfahrungen im MINT-Bereich können insbesondere bei sozioökonomisch benachteiligten Gruppen alle Entwicklungsaspekte deutlich verbessern. Mathematisches und naturwissenschaftliches Lernen sollte jedoch nicht allein zweckrational motiviert sein. Wissenschaftlich zu forschen und die Welt zu entdecken hat unabhängig vom ökonomischen Nutzen einen intrinsischen Wert. Wissenschaftliches Forschen erfüllt das tiefe menschliche Bedürfnis, die Welt zu verstehen und zu erklären. Diese wissenschaftliche Neugier ist bei Kindern besonders ausgeprägt. Kinder sind grundsätzlich an naturwissenschaftlichen Zusammenhängen interessiert und stellen anspruchsvolle und komplexe Warum-Fragen (Keil, 2022). Kinder profitieren daher von formal- und naturwissenschaftlicher Bildung nicht nur im Hinblick auf spätere schulische und berufliche Erfolge, sondern vor allem ganz unmittelbar durch die Freude am Tun und durch die Erfahrung der eigenen Erkenntniskraft.

2 Konkrete Umsetzung in der Praxis

2.1 Einstellungen, Kompetenzen und Qualifikationsziele pädagogischer Fachkräfte im MINT-Bereich

Die professionelle Haltung des forschenden Habitus (Nentwig-Gesemann, 2007) ist auch und gerade für pädagogische Fachkräfte im MINT-Bereich von Bedeutung. Um den Bildungsbereich MINT in der Kita qualitativ angemessen zu gestalten, sollten pädagogische Fachkräfte vor allem Offenheit, Interesse und Neugier für Naturwissenschaften und Technik mitbringen. Enthusiasmus und eigener Forschungsdrang übertragen sich auf die Kinder (Baumert und Kunter, 2006). Eventuell gehen Fachkräfte davon aus, dass ein umfassendes Fachwissen im MINT-Bereich die Voraussetzung sei, um Kinder bei der Entwicklung formal- und naturwissenschaftlicher Kompetenzen zu unterstützen. Tatsächlich ist naturwissenschaftliches Wissen wichtig, um MINT-Themen im Elementarbereich effektiv zu bearbeiten. Wichtiger als fundiertes Fachwissen sind jedoch die Bereitschaft und Offenheit, sich auf MINT-Themen einzulassen. Diese bringen pädagogische Fachkräfte in der Regel mit. Problematisch sind jedoch negative Selbsteinschätzungen in Bezug auf MINT-Themen (Schomaker et al., 2015). Viele haben aufgrund einer mangelhaften Didaktik in der Schule ein negatives Bild von Mathematik und Naturwissenschaften entwickelt. Negative Selbstbilder in Bezug auf MINT sind jedoch fatal, denn gerade Kindergartenkinder können kaum eigene positive Erfahrungen mit MINT-Themen machen, wenn die Fachkräfte in der Kita selbst ein ambivalentes Verhältnis dazu haben. So konnte gezeigt werden, dass eigene negativ geprägte Erfahrungen im MINT-Bereich dazu führen, dass Fachkräfte die fachliche und fachdidaktische Auseinandersetzung mit Naturphänomenen im frühpädagogischen Alltag meiden (Schomaker et al., 2015; Zimmermann, 2012).

Besonders problematisch sind geschlechterstereotype Zuschreibungen. Entgegen der Tatsache, dass in der Geschichte Wissenschaftlerinnen wie Marie Curie, Emmy Noether oder Maryam Mirzakhani bahnbrechende Entdeckungen in den Naturwissenschaften und der Mathematik geleistet haben, ist das Vorurteil immer noch weitverbreitet, Jungen und Männer seien in diesen Feldern natürlicherweise kompetenter. Solche falschen Zuschreibungen können dazu führen, dass Mädchen und Frauen sich trotz Talent und Interesse in MINT-Disziplinen weniger engagieren. Wie Jeanrenaud (2020) in einer Expertise zur Unterrepräsentation von Frauen im MINT-Bereich darstellt, verfestigen sich Stereotype zu einem negativen Fähigkeitsselbstkonzept, was Auswirkungen auf die spätere Berufswahl haben kann (siehe auch Cimpian et al., 2020). Pädagogische Fachkräfte in der Kita sollten Vorurteilen aktiv entgegenwirken und ein diverseres und damit realistischeres Bild von Mathematik und Naturwissenschaften in der Praxis repräsentieren. Inspirierend – auch und gerade für die angemessene Kommunikation mit Kindern bei der Vermittlung von Technik und Naturwissenschaft – sind etwa medial präsente Vorbilder wie die Techniktüftlerin Laura Kampf (u. a. *Sendung mit der Maus*) und die Chemikerin und Wissenschaftsjournalistin Mai Thi Nguyen-Kim (2021). Die Reflexion von Gender im Kontext von MINT stellt ein wichtiges Qualifikationsziel für pädagogische Fachkräfte dar.

Eine Übersicht zu weiteren Qualifikationszielen für pädagogische Fachkräfte in der naturwissenschaftlichen Bildung wurden im Rahmen des Projekts PIK II – Profis in Kitas (Robert-Bosch-Stiftung, 2008; Rohen-Bullerdiek, 2012; Schomaker et al., 2015) erarbeitet: Diese lassen sich folgendermaßen wiedergeben und ergänzen. Elementarpädagog*innen

- eignen sich selbstständig MINT-Wissen an und kennen die Abschnitte zu MINT im jeweiligen Bildungsplan,
- setzen sich mit verschiedenen didaktischen Konzeptionen (insbesondere der Bedeutung der Interaktionsstile) auseinander,
- stellen Fragen der Kinder zu naturwissenschaftlichen Phänomenen in den Mittelpunkt ihrer Arbeit,
- erkennen die Neugier und den Forschungsdrang der Kinder an,
- nutzen die (Alltags-)Vorstellungen der Kinder als Ausgangspunkt für weiterführendes Forschen,
- stellen Materialien und Werkzeuge für naturwissenschaftliche Projekte bereit,
- ermöglichen es den Kindern, sich im Spiel intensiv mit Phänomenen der belebten und unbelebten Natur auseinanderzusetzen,
- planen interne Forschungsmöglichkeiten, wie Mini-Labors und Tüftelecken,
- verfügen über diagnostische Fähigkeiten, um naturwissenschaftliche Lernprozesse zu beobachten (Rohen-Bullerdiek, 2012, S. 14–15, z.n. Schomaker u. a. 2015, S. 41).

Ein wichtiger Punkt ist auch das Sicherheitsbewusstsein. Man sollte deshalb als weiteres Qualifikationsziel ergänzen:

III MINT – Mathematik, Informatik, Naturwissenschaft und Technik

- Elementarpädagog*innen arbeiten Sicherheitskonzepte aus und kommunizieren, wie Kinder sich vor Gefahren schützen können (z. B. Strom, Hitze, Feuer).

2.2 Alltagsintegrierte MINT-Bildung

Alltagsintegrierte Bildungsgelegenheiten spielen im Bildungsbereich MINT eine zentrale Rolle. Der Alltag einer Kita ist voll von Mathematik, Informatik, Naturwissenschaft und Technik. Meist schauen die Kinder selbst genauer hin, entdecken Zusammenhänge und stellen Fragen. Für das Gelingen von Bildungsprozessen im Bereich MINT ist es von zentraler Bedeutung, dass pädagogische Fachkräfte diese alltäglichen Bildungsgelegenheiten erkennen und entsprechend erweitern. Die folgenden Beispiele geben einen Eindruck, welche Lerngelegenheiten im MINT-Bereich der Kita-Alltag ermöglicht:

Küche und Essen: Kochen, Backen und gemeinsames Essen sind Gelegenheiten, um Mathematik zu verstehen. Kinder können z. B. den Tisch decken und jedem Kind einen Teller, Löffel etc. zuteilen, bei Geburtstagsfeiern (gesunde) Süßigkeiten aufteilen, vor dem gemeinsamen Kochen einkaufen gehen, mit (Spiel-)Geld bezahlen und wechseln, beim Kochen und Backen Zutaten genau abmessen und wiegen. Rund um das Thema Essen gibt es auch viel über Chemie zu lernen: Beim Backen mit Hefe verstehen die Kinder die Rolle der Hefepilze. In einem einfachen Experiment werden Zucker, Wasser und Hefe in einem Fläschchen vermischt. Ein Luftballon wird über die Flasche gestülpt. Nach einiger Zeit kann man beobachten, wie das von der Hefe produzierte Kohlendioxid (CO_2) den Luftballon füllt. Auch mit Backpulver und Zitronensaft lässt sich gut experimentieren, z. B., indem man mit den Kindern Brausepulver herstellt. Chemische Reaktionen lassen sich auch mit Rotkohlsaft demonstrieren: Je nachdem, ob man ihn mit sauren (Zitronensaft) oder basischen Stoffen (Backpulver, Seife) mischt, färbt sich der Saft unterschiedlich.

Wasser: Das Spielen mit Wasser in der Kita bietet Anlässe für alltagsintegrierte MINT-Bildung: In einer großen Schüssel mit Wasser oder einem gefüllten Waschbecken lassen sich physikalische Phänomene erforschen: Warum sieht ein ins Wasser getauchter Stab aus, als sei er geknickt, obwohl er gar keinen Knick hat? Warum schwimmen manche Gegenstände und andere nicht? Wie schaffen wir es, dass schwimmende Gegenstände untergehen und sinkende an der Wasseroberfläche bleiben? Auch im Bad- und Hygienebereich der Kita gibt es Bildungsanlässe für Mathematik, z. B. wenn Kinder beim Zähneputzen die

Zeit der Sanduhr beobachten oder mit verschiedenen Gefäßen die Wassermenge abmessen.

Natur: Naturwissenschaften mit Kindern kann man am besten in der Natur erleben. Wie und wo leben Insekten und warum sind sie wichtig für unser Ökosystem? Auch Pflanzen beim Wachsen zu beobachten ermöglicht grundlegendes biologisches Lernen: Kinder pflanzen z. B. Kresse auf der Fensterbank der Kita an und beobachten, dass Pflanzen Wasser und Sonnenlicht zum Wachsen brauchen. In einem Experiment lassen sich die Bedingungen variieren, etwa indem einer Pflanze wenig und einer anderen viel Sonnenlicht bzw. Wasser gegeben wird (Was macht der Pflanze mehr zu schaffen? Wenig Licht oder wenig Wasser?).

Die Einrichtung eines Labors sowie eines kleinen Naturkunde- und Technikmuseums ermöglicht es, dass Kinder frei ihrer Neugier nachgehen zu können. Durch die Präsentation spannender Gegenstände wie Fernrohre, Wasserwaagen oder Mikroskope (siehe Elschenbroich, 2010, »Weltwissensvitrine«) können Fachkräfte die Interessen der Kinder aufgreifen. Eine Auswahl an Materialien wie Bauklötzen, Werkbänken und ungefährlichen Laborutensilien bereichert den Bildungsbereich und fördert kreatives und selbstständiges Lernen. Beispiele, wie sich Technikprojekte im Elementarbereich umsetzen lassen, finden sich bei Burtscher und Krug (2020).

Die alltagsintegrierte Bildung zu MINT-Themen beginnt damit, auf die Beobachtungen und Fragen der Kinder einzugehen, gemeinsam mit ihnen zu forschen und Nachdenkgespräche zu führen, Zusammenhänge zu erklären und Geschichten erzählen. Angeregt wird das wissenschaftliche Denken etwa schon durch das Ermöglichen von explorierendem Spiel, das Präsentieren von Anomalien und verwunderlichen Phänomenen sowie das Fragen nach Erklärungen (Gopnik, 2012, S. 1627). Eine gute Ausstattung mit Bilder- und Sachbüchern zu Themen wie Dinosaurier und Urzeit, Erde und Weltraum, Tiere und wissenschaftliches Experimentieren sollte in jeder Kita vorhanden sein. Alltagsintegrierte Bildungsarbeit schließt aber eine gute Vorbereitung von Projekten nicht aus: Kürzere Angebote und Experimente mit einer klaren Struktur sind für die Kinder spannend und unterstützen den Aufbau von Theorien.

3 Hochschuldidaktischer Impuls

3.1 MINT als Gegenstand kindheitspädagogischer Lehre

Die vertiefte Auseinandersetzung mit MINT-Themen in kindheitspädagogischen Studiengängen trägt maßgeblich zu einer hohen Qualität der MINT-Bildung im Elementarbereich bei. Ein Einstieg für Studierende kann das Sammeln von naturwissenschaftlichen Fragen sein oder die Diskussion über naturwissenschaftliche Themen, die Studierende schon immer spannend fanden. Der Einsatz von Youtube-Videos und Wissenschaftssendungen (z.B. Sendung mit der Maus, MyLab) erleichtert den (Wieder-)Einstieg in das naturwissenschaftliche Denken. Die Auseinandersetzung mit authentischen Warum-Fragen von Kindern regt dazu an, sich eigener Erklärungslücken bewusst zu werden und sich naturwissenschaftliches Denken wieder zuzutrauen (Keil, 2022).

Studierende der Kindheitspädagogik profitieren davon, eigene MINT-Projekte und Experimente zu planen und durchzuführen. Am besten geschieht dies beim freien Experimentieren in einer Lernwerkstatt. Für die Einrichtung eines Lernraumes oder einer Lernwerkstatt mit Experimentiermaterialien gibt es Vorbilder wie die *Forscherwelt Blossin* (Fachhochschule Potsdam), die *Lernwerkstatt Natur* (Mülheim an der Ruhr), das *Helleum* in Berlin (Wedekind, 2016) oder die *Bildungswerkstatt* der Hochschule Bielefeld. Solche innovativen Lernräume ermöglichen nicht nur die unmittelbare Erfahrung mit Mathematik und Naturwissenschaft, sondern auch innovative Theorie-Praxis-Transfers, etwa wenn Teams aus der pädagogischen Praxis zur Weiterbildung an die Hochschule kommen oder Studierende gemeinsam mit Kindern experimentieren. An vielen Hochschulen für angewandte Wissenschaften bieten sich auch interdisziplinäre Lehrveranstaltungen mit Studierenden und Lehrenden aus MINT-Fächern an. Ein weiterer möglicher Zugang ist die Entwicklungspsychologie. Hilfreich ist es zum Beispiel, klassische Experimente der Lernpsychologie mit Studierenden praktisch nachzustellen (z.B. die Pendelversuche von Piaget & Inhelder, 1977). Ziel sollte es sein, eigene Hemmungen und Vorurteile zu thematisieren und zu reflektieren, um negative Selbstzuschreibungen im MINT-Bereich zu transformieren und wissenschaftliche Neugier zu reaktivieren. Ziel ist auch, eigene Fehlkonzepte aufzudecken und konzeptuelle Veränderungen bei sich selbst wahrzunehmen.

Farris und Purper (2021) beschreiben im Zusammenhang mit MINT in der frühkindlichen Bildung einen »cycle of inquiry« (S. 17), nach welchem die Fachkräfte zunächst Fragen sammeln und sich an den Interessen und dem

Vorwissen der Kinder orientieren. Fachkräfte und Kinder entwickeln beim Experimentieren und Forschen dann gemeinsam neue Ideen und tauschen Gedanken aus. Anschließend reflektieren Fachkräfte und Kinder gemeinsam ihre Erkenntnisse, verknüpfen sie mit vorhandenem Wissen und denken über zukünftige Lernwege nach. Der Forschungskreislaufs nach Steffensky (2017) umfasst hingegen die Schritte

- Fragen stellen, Vermutungen oder Hypothesen entwickeln,
- Planung, Durchführung und Dokumentation eines Experiments oder einer Messung,
- Analyse der Beobachtungen, z. B. durch Ordnen, Vergleichen, Suchen nach Mustern,
- Schlussfolgern.

Der Forschungskreis der *Stiftung Kinder forschen* (2024) enthält ähnliche Schrittfolgen und legt ebenfalls einen Fokus auf die Dokumentation der Beobachtungen. Der Forscherkreis des *Helleum* (Wedekind, 2016) überträgt das Prinzip des wissenschaftlichen Erkenntniszyklus auf vorbereitete Lernumgebungen. Trotz unterschiedlicher Varianten haben diese Modelle denselben Kern, nämlich den rationalen Erkenntnisprozess. Auch Darstellungen des *Design Thinking* oder des Qualitätsmanagements (Deming-Circle) folgen dieser Struktur. Da dieses Vorgehen grundlegend ist für erfolgreiche Projektumsetzungen – sei es ein Forschungsprojekt im Kindergarten, das Schreiben einer Bachelorarbeit oder die Qualitätsverbesserung in einer Kita –, hat das Modell eine zentrale Bedeutung auch in kindheitspädagogischen Studiengängen. Anknüpfungspunkt für eine aktive Forschungshaltung bietet auch die Kindheitspädagogik selbst, die ihrerseits ein Forschungsfeld ist (Cloos, 2020).

Literatur

acatech (Hrsg.) (2023). *MINT Nachwuchsbarometer 2023*. Online-Veröffentlichung. https://www.acatech.de/projekt/mint-nachwuchsbarometer/

Anders, Y. (2013). Stichwort: Auswirkungen frühkindlicher institutioneller Betreuung und Bildung. *Zeitschrift für Erziehungswissenschaft*, 16(2), 237–275. https://doi.org/10.1007/s11618-013-0357-5

Ansari, S. (2009). *Schule des Staunens: Lernen und Forschen mit Kindern*. Wiesbaden: Spektrum Akademischer Verlag.

Baumert, J. & Kunter, M. (2006). Stichwort: Professionelle Kompetenz von Lehrkräften. *Zeitschrift für Erziehungswissenschaft*, 9(4), 469–520. https://doi.org/10.1007/s11618-006-0165-2

Bergner, N., Köster, H., Magenheim, J., Müller, K., Romeike, R., Schroeder, U. & Schulte, C. (2018). *Frühe informatische Bildung – Ziele und Gelingensbedingungen für den Elementar- und Primarbereich.* Opladen: Verlag Barbara Budrich.

Bonawitz, E., Shafto, P., Gweon, H., Goodman, N. D., Spelke, E. & Schulz, L. (2011). The double-edged sword of pedagogy: Instruction limits spontaneous exploration and discovery. *Cognition, 120*(3), 322–330. https://doi.org/10.1016/j.cognition.2010.10.001

Bundesregierung. (2023, Juni 14). *MINT-Fachkräfte dringend gesucht. 11. Nationaler MINT-Gipfel. Die Bundesregierung informiert | Startseite.* https://www.bundesregierung.de/breg-de/themen/forschung/scholz-wirbt-fuer-mint-nachwuchs-2196126

Burtscher, K., M. /Burtscher, I. & Krug. (2020). *Technikprojekte im Alltag von Kindern. Das Kita-Handbuch.* Online-Veröffentlichung. https://www.kindergartenpaedagogik.de/fachartikel/bildungsbereiche-erziehungsfelder/medienerziehung-informationstechnische-bildung/technikprojekte-im-alltag-von-kindern-technikprojekte-im-alltag-von-kindern/.

Callanan, M. A., Legare, C. H., Sobel, D. M., Jaeger, G. J., Letourneau, S., McHugh, S. R., Willard, A., Brinkman, A., Finiasz, Z., Rubio, E., Barnett, A., Gose, R., Martin, J. L., Meisner, R. & Watson, J. (2020). Exploration, Explanation, and Parent–Child Interaction in Museums. *Monographs of the Society for Research in Child Development, 85*(1), 7–137. https://doi.org/10.1111/mono.12412

Carnap, R. (1935). Formalwissenschaft und Realwissenschaft. *Erkenntnis, 5,* 30–37.

Cimpian, J. R., Kim, T. H. & McDermott, Z. T. (2020). Understanding persistent gender gaps in STEM. *Science (New York, N.Y.), 368*(6497), 1317–1319. https://doi.org/10.1126/science.aba7777

Cloos, P. (2020). Kindheitspädagogik als Projekt. In P. Cloos, B. Lochner & H. Schoneville (Hrsg.), *Soziale Arbeit als Projekt: Konturierungen von Disziplin und Profession* (S. 159–170). Wiesbaden: Springer Fachmedien. https://doi.org/10.1007/978-3-658-27606-5_14

Crowley, K., Callanan, M. A., Jipson, J. L., Galco, J., Topping, K., & Shrager, J. (2001). Shared scientific thinking in everyday parent-child activity. *Science Education, 85*(6), 712–732. https://doi.org/10.1002/sce.1035

Descartes, R. (1637). *Abhandlung über die Methode des richtigen Vernunftgebrauchs und der wissenschaftlichen Wahrheitsforschung* (K. Fischer, Übers.). textlog.de. Online-Veröffentlichung. https://www.textlog.de/35532.html

Drieschner, E. (2007). Die Metapher vom Kind als Wissenschaftler. Zum Forschergeist und zur Kompetenz von Säuglingen und Kleinkindern. In D. Hoffmann, D. Gaus & R. Uhle (Hrsg.), *Mythen und Metaphern, Slogans und Signets: Erziehungswissenschaft zwischen literarischem und journalistischem Jargon* (1., Edition, S. 71–90). Hamburg: Dr. Kovac Verlag.

Elschenbroich, D. (2010). *Die Dinge: Expeditionen zu den Gegenständen des täglichen Lebens* (2. Auflage). München: Verlag Antje Kunstmann.

Farris, S., & Purper, C. (2021). STEM in Early Childhood: Establishing a Culture of Inquiry with Young Children. *Dimensions of Early Childhood, 49*(2), 15–20.

Fthenakis, W. E. (2009). *Ko-Konstruktion: Lernen durch Zusammenarbeit.* aba Fachverband. Online-Veröffentlichung. https://aba-fachverband.info/ko-konstruktion-lernen-durch-zusammenarbeit/

Fthenakis, W. E., Wendell, A., Schmitt, A., Eitel, A., & Daut, M. (2008). *Handbücher für die frühkindliche Bildung/Frühe naturwissenschaftliche Bildung: Natur-Wissen schaffen.* Braunschweig: Westermann Lernwelten GmbH.

Fuchs, M. (2015). *Alle Kinder sind Matheforscher. Numeracy im Kindergarten.* Niedersächsisches Institut für frühkindliche Bildung und Entwicklung (nifbe). Online-Veröffentlichung. https://www.nifbe.de/component/themensammlung?view=item&id=559:alle-kinder-sind-matheforscher

Gopnik, A. (2010). *Kleine Philosophen: Was wir von unseren Kindern über Liebe, Wahrheit und den Sinn des Lebens lernen können* (H. Kober, Übers.; 3. Auflage). Berlin: Ullstein Taschenbuch.

Gopnik, A. (2012). Scientific Thinking in Young Children: Theoretical Advances, Empirical Research, and Policy Implications. *Science, 337*(6102), 1623–1627. https://doi.org/10.1126/science.1223416

Gopnik, A., Kuhl, P. & Meltzoff, A. (2001). *Forschergeist in Windeln: Wie Ihr Kind die Welt begreift.* München: Hugendubel.

Gopnik, A. & Meltzoff, A. N. (1998). *Words, Thoughts and Theories.* Cambridge: MIT Press.

Harris, P. L. (2012). The child as anthropologist. *Infancia y Aprendizaje, 35*(3), 259–277. https://doi.org/10.1174/021037012802238920

HdkF. (Hrsg.) (2020, November 18). *Satzung der Stiftung Haus der kleinen Forscher.* Online-Veröffentlichung. https://www.stiftung-kinder-forschen.de/fileadmin/Redaktion/4_Ueber_Uns/Stiftung/HDKF_Satzung_2020.pdf

Hellmich, F. & Köster, H. (Hrsg.). (2008). *Vorschulische Bildungsprozesse in Mathematik und Naturwissenschaften.* Bad Heilbrunn: Julius Klinkhardt.

Hoenisch, N. & Niggemeyer, E. (2019). *Mathe-Kings: Junge Kinder fassen Mathematik an mit pädogischen Fachmagazins, Verlagsprogramm und Werbefaltblättern* (3. Auflage). Berlin: Was mit Kindern.

Stanat, P., Schipolowski, S., Schneider, R., Sachse, K.A., Weirich, S. & Henschel, S. (Hrsg.) (2022). *IQB-Bildungstrend 2021. Kompetenzen in den Fächern Deutsch und Mathematik am Ende der 4. Jahrgangsstufe im dritten Ländervergleich.* Münster: Waxmann.

Jeanrenaud, Y. (2020). *MINT. Warum nicht? Zur Unterrepräsentation von Frauen in MINT, speziell IKT, deren Ursachen, Wirksamkeit bestehender Maßnahmen und Handlungsempfehlungen. Expertise für den Dritten Gleichstellungsbericht der Bundesregierung.* Frankfurt am Main: Institut für Sozialarbeit und Sozialpädagogik e.V. https://doi.org/10.25595/2384

Karmiloff-Smith, A. (1988). The child is a theoretician, not an inductivist. *Mind & Language, 3*(3), 183–196.

Kastriti, E., Kalogiannakis, M., Psycharis, S. & Vavougios, D. (2022). The teaching of Natural Sciences in kindergarten based on the principles of STEM and STEAM approach. *Advances in Mobile Learning Educational Research, 2*(1), Article 1. https://doi.org/10.25082/AMLER.2022.01.011

Keil, F. C. (2022). *Wonder. Childhood and the Lifelong Love of Science.* Cambridge: MIT Press. http://widgets.ebscohost.com/prod/customerspecific/s7170641/vpn.php?url=https://search.ebscohost.com/login.aspx?direct=true&db=nlebk&AN=2941375&lang=de&site=eds-live

Kermani, H. & Aldemir, J. (2015). Preparing children for success: Integrating science, math, and technology in early childhood classroom. *Early Child Development and Care, 185*(9), 1504–1527. https://doi.org/10.1080/03004430.2015.1007371

Koerber, S. (2006). Entwicklung des wissenschaftlichen Denkens bei Vier- bis Achtjährigen. *BzL - Beiträge zur Lehrerinnen- und Lehrerbildung, 24*(2), Article 2. https://doi.org/10.36950/bzl.24.2.2006.9961

König, A. (2010). *Interaktion als didaktisches Prinzip: Bildungsprozesse bewusst begleiten und gestalten Fachbuch.* Braunschweig: Bildungsverlag EINS.

Li, Y., Wang, K., Xiao, Y. & Froyd, J. E. (2020). Research and trends in STEM education: A systematic review of journal publications. *International Journal of STEM Education, 7*(1), 11. https://doi.org/10.1186/s40594-020-00207-6

Lück, P. G. (2022). *Handbuch naturwissenschaftliche Bildung: Theorie und Praxis für die Arbeit in Kindertageseinrichtungen* (1. Auflage). Freiburg im Breisgau: Herder.

Medina, C. & Sobel, D. M. (2020). Caregiver–child interaction influences causal learning and engagement during structured play. *Journal of Experimental Child Psychology, 189*, 104678. https://doi.org/10.1016/j.jecp.2019.104678

Nahin, P. J. (2012). *The Logician and the Engineer: How George Boole and Claude Shannon Created the Information Age.* Princeton: Princeton University Press.

Nationales MINT Forum (Hrsg.) (2024). *Wir stehen für die MINT-Bildung in Deutschland.* https://www.nationalesmintforum.de/

Nentwig-Gesemann, I. (2007). Forschende Haltung. *Sozial Extra, 31*(5), 20–22. https://doi.org/10.1007/s12054-007-0054-9

Nguyen-Kim, D. M. T. (with Schulze, I.). (2021). *Die kleinste gemeinsame Wirklichkeit: Wahr, falsch, plausibel - die größten Streitfragen wissenschaftlich geprüft* (8. Auflage). München: Droemer HC.

Piaget, J. & Inhelder, B. (1980). *Von der Logik des Kindes zur Logik des Heranwachsenden: Essay über die Ausformung der formalen operativen Strukturen* (L. Bernard, Übers.). Stuttgart: Klett-Cotta.

PISA. (2023). *PISA 2022. Ländernotiz für Deutschland (auf Deutsch).* OECD. Online-Veröffentlichung. https://www.oecd.org/media/oecdorg/satellitesites/berlincentre/pressethemen/GERMANY_Country-Note-PISA-2022_DEU.pdf

Robert-Bosch-Stiftung (Hrsg.) (2008). *Frühpädagogik Studieren - ein Orientierungsrahmen für Hochschulen.* https://docplayer.org/6366840-Fruehpaedagogik-studieren-ein-orientierungsrahmen-fuer-hochschulen.html

Rohen-Bullerdiek, C. (2012). *Naturwissenschaftliche Grundbildung im Elementarbereich.* Bremen: Universität Bremen. https://doi.org/10.26092/elib/1904

Roux, S. (2002). *PISA und die Folgen: Der Kindergarten zwischen Bildungskatastrophe und Bildungseuphorie.* Das Kita-Handbuch. Online-Veröffentlichung. https://www.kindergartenpaedagogik.de/fachartikel/bildung-erziehung-betreuung/967/

Schleicher, A. (2012, Juni 14). *The case for 21st-century learning.* https://web-archive.oecd.org/. https://web-archive.oecd.org/2012-06-14/61660-thecasefor21stcenturylearning.htm

Schomaker, C., Engelhardt, H., Homann, C. & Kleuker, M. (2015). *MINT in der Ausbildung.* Osnabrück: Niedersächsisches Institut für frühkindliche Bildung und Entwicklung (nifbe). https://www.nifbe.de/images/nifbe/Infoservice/Downloads/Professionalisierung/MINTiA.pdf

Siraj-Blatchford, I., Kathy, S., Muttock, S., Gilden, R. & Bell, D. (2002). *Researching effective pedagogy in the early years.* United Kingdom: Department for Education and Skills. http://www.327matters.org/docs/rr356.pdf

Statistisches Bundesamt. (2023). *6,5% weniger Studienanfängerinnen und -anfänger in MINT-Fächern im Studienjahr 2021. Pressemitteilung Nr. N004.* DESTATIS. Online-Veröffentlichung. https://www.destatis.de/DE/Presse/Pressemitteilungen/2023/01/PD23_N004_213.html

Steffensky, M. (2017). *Naturwissenschaftliche Bildung in Kindertageseinrichtungen* (Weiterbildungsinitiative Frühpädagogische Fachkräfte [WiFF], Bd. 48). München: Deutsches Jugendinstitut. https://www.weiterbildungsinitiative.de/publikationen/detail/naturwissenschaftliche-bildung-in-kindertageseinrichtungen

Steffensky, M. (2022). Frühe mathematische und naturwissenschaftliche Bildung. In H. Reinders, D. Bergs-Winkels, A. Prochnow, & I. Post (Hrsg.), *Empirische Bildungsforschung: Eine elementare Einführung* (S. 495–511). Wiesbaden: Springer Fachmedien. https://doi.org/10.1007/978-3-658-27277-7_28

Ständige Wissenschaftliche Kommission der Kultusministerkonferenz (SWK) (2022). *Basale Kompetenzen vermitteln - Bildungschancen sichern. Perspektiven für die Grundschule. Gutachten der Ständigen Wissenschaftlichen Kommission der Kultusministerkonferenz (SWK).* Bonn: SWK. http://dx.doi.org/10.25656/01:25542

Sylva, K., Melhuish, E., Sammons, P., Siraj-Blatchford, I., Elliot, K. & Taggart, B. (2004). The effective provision of pre-school education project. Zu den Auswirkungen vorschulischer Einrichtungen in England. In G. Faust-Siehl, M. Götz, H. Hacker & H. G. Rossbach (Hrsg.), *Anschlussfähige Bildungsprozesse im Elementar- und Primarbereich.* Bad Heilbrunn: Klinkhardt.

Tomasello, M. (2009). *Die Ursprünge der menschlichen Kommunikation* (J. Schröder, Übers.). Berlin: Suhrkamp.

Tytler, R. (2020). STEM Education for the Twenty-First Century. In J. Anderson & Y. Li (Hrsg.), *Integrated Approaches to STEM Education: An International Perspective* (S. 21–43). Wiesbaden: Springer International Publishing. https://doi.org/10.1007/978-3-030-52229-2_3

Wedekind, H. (2016). Das Kinderforscherzentrum HELLEUM. In S. Schude, D. Bosse, & J. Klusmeyer (Hrsg.), *Studienwerkstätten in der Lehrerbildung: Theoriebasierte Praxislernorte an der Hochschule* (S. 205–217). Wiesbaden: Springer Fachmedien. https://doi.org/10.1007/978-3-658-11697-2_14

Weinert, F. E. (2001). Vergleichende Leistungsmessung in Schulen. Eine umstrittene Selbstverständlichkeit. In Weinert, Franz E. (Hrsg.), *Leistungsmessungen in Schulen* (2. Aufl., S. 17–31). Weinheim, Basel: Beltz.

Zimmermann, M. (2012). Professionalisierung von Erzieherinnen im Bereich früher naturwissenschaftlicher Bildung. Ergebnisse einer mehrperspektivischen Längsschnittstudie. In K. Fröhlich-Gildhoff, I. Nentwig-Gesemann, & H. Wedekind (Hrsg.), *Forschung in der Frühpädagogik. 5. Schwerpunkt: Naturwissenschaftliche Bildung – Begegnungen mit Dingen und Phänomenen.* (S. 101–134). Freiburg: FEL.

Mathematik lernen im Elementarbereich – Wie Kinder spielerisch und alltagsnah mathematische Konzepte entdecken

Miriam M. Lüken & Lena S. Jaeger

Frida – ein wenig gehetzt in der Kita angekommen – hängt ihre Jacke an die Garderobe. Sie schaut sich um und sieht, dass neben ihr die Haken noch frei, andere aber besetzt sind. »Ich bin Nummer 7«, ruft sie ihrem Vater zu. Der runzelt die Stirn. »Woher weiß du das?«, fragt er. Frida guckt ihn an. »Schau« – sie zählt mit den Fingern ab: 1, 2, 3, 4, 5, 6 – »es sind doch schon 6 Jacken da, also bin ich die Nummer 7.« – »Und wenn ein Kind ohne Jacke gekommen ist?«, lacht Fridas Vater. Frida denkt nach. »Stimmt«, sagt sie. »Dann bin ich eben die Nummer 7 mit Jacke« (Bönig et al., 2017, S. 8).

Junge Kinder lernen Mathematik in der Auseinandersetzung mit ihrer Umwelt. Sie tun dies in der Regel mit großer Freude und zeigen ihre Kompetenzen voller Stolz. Um den mathematischen Kompetenzerwerb von Kindern beobachten und begleiten zu können, stellt dieser Beitrag den Verlauf der frühen mathematischen Entwicklung von der Geburt bis zum Eintritt in die Grundschule in den verschiedenen mathematischen Leitideen dar. In Kapitel 1 geht es zunächst um grundlegende Erfahrungen im Umgang mit Mengen und in Kapitel 2 darum, welche mathematischen Kompetenzen sich zu den einzelnen Leitideen der Mathematik in der frühen Kindheit entwickeln, bevor wir in Kapitel 3 betrachten, wie Mathematik in der Kindertagesstätte gelernt wird. Hier nehmen wir insbesondere das Lernen in Alltagssituationen, mit Bilderbüchern und Regelspielen in den Fokus. Wir schließen den Beitrag mit einigen hochschuldidaktischen Impulsen in Kapitel 4.

1 Grundlagen des Bildungsbereichs Mathematik

Wir beginnen unseren Beitrag mit der Frage nach der Bedeutung von mathematischer Bildung im Elementarbereich: Warum sollten wir Kita-Kinder beim Mathematiklernen begleiten und aktiv unterstützen? Es gibt hierzu viele Antworten. Eine wesentliche ist sicherlich, dass sich eine frühe mathematische Förderung in der Kita positiv und nachhaltig auf die mathematischen Kompetenzen von Kindern auswirkt (Krajewski, 2008) und das Wissen über Mengen und Zahlen, das ein Kind mit in die Schule bringt, sogar einen deutlicheren Einfluss auf seine spätere Mathematikleistungen hat als z.B. seine Intelligenz (Stern, 1998; Weinert & Helmke, 1997). Vor allem aber ist Mathematik ein integraler Bestandteil unseres täglichen Lebens und damit ein Teil der kindlichen Lebenswelt. Schon in den ersten Lebensjahren machen Kinder vielfältige mathematische Erfahrungen. Sie bewegen und orientieren sich im Raum, erfassen unterschiedliche geometrische Formen und Größen, sammeln beim Spielen erste Erfahrungen mit dem Zufall, lernen den Umgang mit Mengen und entdecken dabei handelnd und spielerisch die Bedeutung von Zahlen in ihrer Lebenswelt (Royar & Streit, 2010). Kinder bringen ihre mathematischen Kompetenzen mit. Mathematik ist damit sowieso schon in der Kita. Kinder in ihrer Entwicklung zu begleiten und zu fördern heißt damit auch, sie in ihrer mathematischen Entwicklung zu begleiten und zu fördern. Doch wann beginnt die mathematische Entwicklung und welche mathematischen Kompetenzen sind grundlegend für weiteres mathematisches Lernen?

1.1 Mathematik von Anfang an

Sind mathematische Kompetenzen angeboren? Studien mit Säuglingen, wie die von Antell und Keating (1983), zeigen, dass bereits wenige Wochen alte Säuglinge zwischen den Anzahlen von zwei und drei Elementen unterscheiden können, unabhängig von deren Lage, Dichte und Ausdehnung. Mit ihren Blickbewegungen reagieren sie auf die Anzahl der Elemente und nicht nur auf deren Objekteigenschaften wie Farbe oder Form (Starkey et al., 1985). Sieben Monate alte Kinder sind zudem sensibel für Mengenveränderungen (Wynn, 1992). Diese und weitere Ergebnisse zeigen, dass sich die Fähigkeit zur Mengenwahrnehmung früh entwickelt und sie ist grundlegend für das mathematische Lernen (siehe Kapitel 2.1.3). Trotzdem bedeuten die Ergebnisse nicht, dass bereits Säuglinge verstanden haben, was *zwei* oder *drei* bedeutet.

»Es handelt sich lediglich um die kognitive Basis, auf der anschließendes Lernen aufbaut« (Lorenz, 2012, S. 19).

1.2 Erste mathematische Erfahrungen im Umgang mit Mengen – Logische Grundoperationen nach Piaget

Mit zunehmendem Alter fangen junge Kinder an, aktiv mit den Objekten einer oder mehrerer Mengen zu handeln. Dabei sammeln sie grundlegende pränumerische Erfahrungen im Umgang mit Mengen, die der Entwicklungspsychologe Jean Piaget als logische Grundoperationen bezeichnet (Piaget & Szeminska, 1965). Die folgenden logischen Grundsituationen werden unterschieden:

- *Klassifikation:* Objekte werden konkret oder mental nach einem oder mehreren Merkmalen zu Klassen zusammengefasst (Rathgeb-Schnierer, 2015; Abb. 3).

Abb. 3: Klassifikation nach Farbe und Form (eigene Abbildung)

Abb. 4: Seriation von klein nach groß (eigene Abbildung)

Mathematik lernen im Elementarbereich

- *Seriation:* Objekte werden konkret oder mental nach bestimmten Kriterien in Rangordnungen gebracht, z. B. von klein nach groß. Jedem Objekt wird ein Platz in der Reihenfolge zugewiesen und weitere Objekte können an einer bestimmten Stelle eingereiht werden (Benz et al., 2015; Rathgeb-Schnierer, 2015; Abb. 4).
- *Eins-zu-Eins-Zuordnung:* Die Eins-zu-Eins-Zuordnung ermöglicht einen Mengenvergleich ohne Abzählen. Jedem Element der einen Menge wird genau ein Element der anderen Menge zugeordnet. Ist diese paarweise Zuordnung für alle Elemente der beiden Mengen möglich, sind die beiden Mengen *gleichmächtig* – enthalten also die gleiche Anzahl von Elementen. Geht die paarweise Zuordnung nicht auf, enthält eine Menge *mehr* und die andere Menge analog *weniger* Elemente (Benz et al., 2015; Lorenz, 2012; Abb. 5).

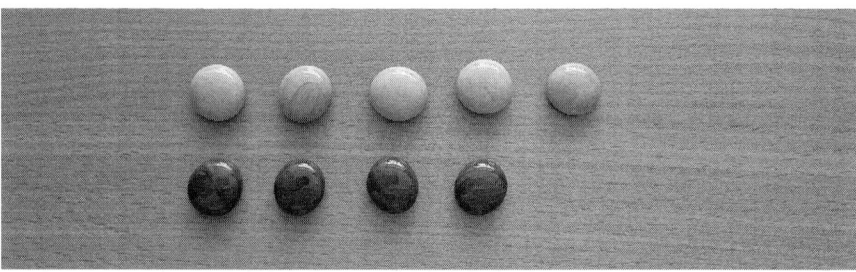

Abb. 5: Eins-zu-Eins-Zuordnung (eigene Abbildung)

- *(Mengen-)Invarianz:* Die Anzahl der Elemente in einer Menge bleibt gleich, auch wenn sich die räumliche Anordnung der Elemente verändert (Benz et al., 2015).
- *Klasseninklusion:* Die Elemente einer Menge stehen in Ober- und Unterklassen bzw. in Gesamt- und Teilmengen zueinander in Beziehung. Die Oberklasse (z. B. Blumen) schließt dabei Unterklassen (wie z. B. Tulpen, Nelken, Rosen) ein. Die Unterklassen können wiederum zu einer Oberklasse zusammengefasst werden. Dies gilt auch für die Zahlen im Zählprozess. Jede Zahl beinhaltet die vorhergehende Zahl bzw. die vorhergehenden Zahlen (Benz et al., 2015; Abb. 6)

III MINT – Mathematik, Informatik, Naturwissenschaft und Technik

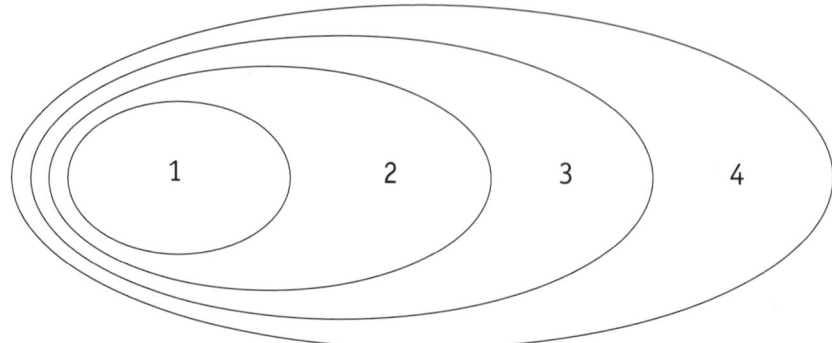

Abb. 6: Klasseninklusion (in Anlehnung an Sarama & Clements, 2009, S. 30)

Die logischen Grundoperationen nach Piaget stellen übergeordnete Kompetenzen dar, die in verschiedenen mathematischen Leitideen grundlegend sind. »So sind Aktivitäten des Ordnens sowohl im Bereich der Zahlen, der Formen oder des Messens denkbar« (Rathgeb-Schnierer, 2015, S. 12). Doch welche mathematischen Leitideen gibt es überhaupt und wie entwickeln sich mathematische Kompetenzen im Elementarbereich spezifisch in diesen verschiedenen Leitideen der Mathematik?

2 Kindliche Kompetenzen zu den mathematischen Leitideen

Die Inhalte der Mathematik lassen sich fünf Leitideen zuordnen (KMK, 2022), zu denen Kinder im Elementarbereich Erfahrungen sammeln und Kompetenzen entwickeln: *Zahl und Operation, Größen und Messen, Raum und Form, Daten und Zufall* sowie *Muster und Strukturen* (KMK, 2022). Diese mathematischen Leidideen repräsentieren verschiedene Teilbereiche der Mathematik, spielen aber auch ineinander. So benötigt man beispielsweise im Umgang mit Größen (wie z.B. Längen, Gewichten, etc.) durchaus tragfähige Vorstellungen zu Zahlen und Operationen. Der Umfang des kindlichen Kompetenzerwerbs unterscheidet sich zwischen den einzelnen Leitideen.

Mathematik ist aber nicht nur eine Ansammlung von Wissen, sondern etwas, das man aktiv tut. Neben dem inhaltlichen Aspekt der mathematischen Leitideen gehört zum Mathematiklernen auch immer der Blick auf die Tätigkeiten, die Prozesse, die Kinder beim Erwerb mathematischer Kompetenzen ausführen – sogenannte prozessbezogene Kompetenzen. Für den Elementarbereich sind dies vor allem das mathematische Kommunizieren und Argumentieren sowie das Problemlösen (KMK, 2022; Schuler & Wittmann, 2020). Mit Kommunizieren und Argumentieren ist gemeint, dass Kinder eigene Ideen und Lösungsansätze beschreiben, erläutern und begründen sowie die Ideen anderer Kinder nachvollziehen und verstehen. Auch das Dokumentieren von Produkten (beispielsweise das Abzeichnen von Mustern) als Grundlage, um darüber zu sprechen, gehört dazu (Schuler & Wittmann, 2020). Da junge Kinder eher selten Routinelösungen für mathematische Aufgaben parat haben, ist ihre Auseinandersetzung mit der Mathematik in ihrer Lebenswelt eigentlich immer mathematisches Problemlösen. Dabei entwickeln sie für sie neue Lösungsideen und erproben neue Lösungswege. Somit werden prozessbezogene Kompetenzen in der Auseinandersetzung mit den Inhalten der mathematischen Leitideen oft indirekt mitgefördert. Daher skizzieren wir im Folgenden die Entwicklung der mathematischen Kompetenzen im Elementarbereich für jede Leitidee und verweisen dabei an passenden Stellen auf die Prozesse beim Mathelernen.

2.1 Zahl und Operation

Zahlen nehmen in unserer Lebenswelt und in der Mathematik einen essentiellen Stellenwert ein. Sie begegnen uns in zahlreichen Kontexten, erfüllen verschiedene Funktionen und haben verschiedene Bedeutungen (Böhringer, 2021). Der Zahlbegriffserwerb spielt für Kinder im Kindergartenalter eine ganz besondere Rolle. Fast parallel zum Spracherwerb lernen junge Kinder Zahlen und Zahlworte kennen und sprechen die Zahlwortreihe in Reimen und Zählspielen nach. Doch es dauert einige Zeit, bis sie sicher zählen können und verstanden haben, was die Zahlwörter bedeuten.

2.1.1 Zahlaspekte – Unterschiedliche Arten von Zahlen

Eine grundlegende Einsicht in der Zahlbegriffsentwicklung ist, dass uns Zahlen in verschiedenen Funktionen begegnen und in verschiedenen Kontexten unterschiedliche Bedeutungen haben können. Diese verschiedenen Facetten von Zahlen werden auch Zahlaspekte genannt. Für Kinder im Kindergartenalter sind besonders der Kardinalzahlaspekt (Zahlen geben die Anzahl der Elemente einer Menge an) und der Ordinalzahlaspekt (Zahlen geben Positionen in festen Rang- und Reihenfolgen an) relevant (Böhringer, 2021). Diese sind auch in unserem Anfangsbeispiel erkennbar. In Fridas Äußerung »Ich bin Nummer 7« und dem Aufsagen der Zahlwortreihe beim Abzählen der Jacken »1, 2, 3, 4, 5, 6« zeigt sich der Ordinalzahlaspekt. Der Kardinalzahlaspekt zeigt sich beim Bestimmen der Anzahl der Jacken »Es sind doch schon 6 Jacken da.« Neben diesen beiden Zahlaspekten werden folgende Zahlaspekte unterschieden: Maßzahlaspekt (Zahlen treten in Verbindung mit Größen auf), Operatoraspekt (Zahlen beschreiben Wiederholungen von Vorgängen und Handlungen) und Codierungsaspekt (Zahlen kennzeichnen Objekte; z.B. Hausnummern).

2.1.2 Wie Kinder zählen lernen

Beim Zählen wird zwischen dem rein verbalen Zählen (Aufsagen der Zahlwortreihe) und dem Abzählen (von Objekten einer Menge) unterschieden. Um eine Menge abzählen zu können, müssen nach Gelman und Gallistel (1986) verschiedene Zählprinzipien berücksichtigt werden. Diese Zählprinzipien müssen von jungen Kindern ebenso gelernt werden, wie die Zahlwortreihe selbst. Gelman und Gallistel (1986) gehen sogar davon aus, dass einige Prinzipien bereits vor dem Erlernen der Zahlwortreihe bei den Kindern vorhanden sind (Lorenz, 2012). Die ersten drei dieser Prinzipien spezifizieren, *wie* gezählt werden muss, während sich die letzten beiden Prinzipien auf die zu zählenden Gegenstände – also darauf *was* gezählt werden kann – beziehen:

1. *Eindeutigkeitsprinzip:* Jedem Objekt wird exakt ein Zahlwort zugeordnet.
2. *Prinzip der stabilen Ordnung:* Jedes Zahlwort hat seinen festen Platz in der Zahlwortreihe.
3. *Kardinalprinzip:* Das letzte genannte Zahlwort gibt beim Abzählen die Anzahl aller gezählten Objekte an.
4. *Abstraktionsprinzip:* Die in 1. bis 3. genannten Prinzipien sind auf jede zählbare Menge – unabhängig von den spezifischen Eigenschaften der Objekte – anwendbar.
5. *Prinzip der Irrelevanz der Anordnung:* Die Anordnung der Objekte und die Reihenfolge in der die Objekte gezählt werden, ist für das Zählergebnis irrelevant.

Lernen die Kinder die Zahlwortreihe, so tun sie dies nach Fuson (1992) in fünf verschiedenen Niveaustufen:

Niveau I – Zahlwortreihe als Ganzheit: Die Zahlwortreihe wird auf diesem Level unstrukturiert wahrgenommen und als Ganzes aufgesagt: *einszweidreivierfünf*

... Einzelne Zahlwörter können dabei durchaus als eigene Einheit wahrgenommen werden, jedoch gibt es Abschnitte, die als feststehendes Ganzes verstanden werden, wie z. B. beim Alphabet: L, M, N, O, P vs. *elemenohpe*. Auf dieser Niveaustufe können Objekte noch nicht gezählt werden, da das Eindeutigkeitsprinzip (s. o.) nicht umgesetzt werden kann.

Niveau II – Unflexible Zahlwortreihe: Die einzelnen Zahlwörter werden nun voneinander getrennt, sodass Anzahlen ausgezählt werden können: eins, zwei, drei, vier, fünf, ... Bricht der Zählvorgang dabei ab, muss das Kind wieder bei »eins« beginnen – ein Weiterzählen ist auf diesem Level noch nicht möglich. Dieses Niveau lässt sich auch beim Reproduzieren des Alphabetes bei Erwachsenen beobachten. Es gelingt kaum, die Sequenz von jedem beliebigen Buchstaben weiterzuführen, und entweder muss wieder von A gestartet oder im Sinne eines *running starts* »angezählt« werden (Welcher Buchstabe kommt nach N? L, M, N, O.).

Niveau III – Teilweise flexible Zahlwortreihe: Auf dieser Niveaustufe kann von jedem beliebigen Zahlwort direkt weitergezählt werden und das vorausgegangene und nachfolgende Zahlwort kann genannt werden, sodass auch Aussagen über Zahlen zwischen zwei gegebenen Zahlen gemacht werden können. Auf dieser Grundlage gelingt nun auch das Rückwärtszählen.

Niveau IV – Flexible Zahlwortreihe: Jedes Zahlwort in der Reihe wird als Einheit begriffen. Nun werden nicht mehr nur Objekte, sondern auch die Zahlwörter selbst zählbar. Diese Einheiten können nun für Rechenoperationen verwendet werden, indem von einem gegebenen Zahlwort um eine bestimmte Anzahl weitergezählt wird.

Niveau V – Vollständig reversible Zahlwortreihe: Auf diesem Level können Kinder schnell von jeder bekannten Zahl vorwärts und rückwärts (auch in Schritten) zählen und die Zählrichtung flexibel ändern. Dadurch erkennen sie Zusammenhänge zwischen Addition und Subtraktion: Zählt man von 4 zwei Schritte weiter, erreicht man 6 – zählt man von 6 zwei Schritte zurück, erreicht man 4.

Die beschriebenen Entwicklungsschritte gelten zunächst für die Zahlwortreihe bis 10 bzw. maximal bis 12. Wie in jedem Entwicklungsmodell gibt es Kinder, die die einzelnen Phasen früher und andere Kinder, die dieselben Phasen später durchlaufen. Im Durchschnitt sind Vierjährige in ihrer Zählentwicklung auf Niveau III. Niveau V wird meist erst in der Grundschule erreicht.

2.1.3 (Quasi-)Simultanerfassung und Teile-Ganzes-Konzept

In Kapitel 1.1 haben wir gesehen, dass bereits wenige Wochen alte Säuglinge in der Lage sind, Anzahlen von zwei oder drei Elementen wahrzunehmen und voneinander zu unterscheiden. Es scheint also nahezuliegen, dass sich die Fähigkeit der Simultanerfassung (die Fähigkeit, kleine Mengen bis zu vier Elementen auf einen Blick zu sehen) bereits entwickelt, lange bevor Kinder zählen können. Folglich kann es sich beim simultanen Erfassen einer Menge – im Sinne eines unmittelbaren Sehens und Wissens – nicht um ein schnelles Abzählen der Elemente handeln (Benz et al., 2015). Erst im Zuge der Zahlbegriffsentwicklung sind Kinder in der Lage, die Menge mit dem passenden Zahlwort zu verknüpfen und die Anzahl der Elemente unmittelbar zu benennen. In diesem Fall fallen zwei Prozesse zusammen: der Prozess der Mengenwahrnehmung und der Prozess der Anzahlbestimmung (Benz et al., 2015).

Obwohl die Simultanerfassung auf wenige (ca. 3 bis 5) Elemente begrenzt ist, können wir dennoch größere Mengen erfassen und bestimmen, ohne die Elemente einzeln zählen zu müssen (Benz et al., 2015). Dazu wird die Gesamtmenge blitzschnell in kleinere Teilmengen zerlegt, die wiederum simultan erfasst werden können. Anschließend wird die Gesamtmenge aus diesen kleineren Teilmengen wieder additiv zusammengesetzt. Diesen Prozess nennt man Quasi-Simultanerfassung. Um eine Menge quasi-simultan zu erfassen, müssen Strukturen in diese Menge bzw. in ihre räumliche Anordnung hineingedeutet werden. Daher spricht man auch von einer strukturierten Anzahlwahrnehmung (Benz et al., 2015). Dabei »zerlegen Kinder eine Menge in verschiedene Teilmengen. Auf visueller Ebene wird etwas Ganzes in Teile zerlegt« (Benz et al., 2015, S. 135). Dieses Teile-Ganzes-Konzept spielt bei der Zahlbegriffsentwicklung eine wesentliche Rolle, denn es verdeutlicht, dass jede Gesamtmenge (das *Ganze*) flexibel und reversibel aus Teilmengen (den *Teilen*) zusammengesetzt werden kann (Resnick, 1983). Die Entwicklung des Teile-Ganzes-Konzepts beginnt bereits im Kindergartenalter – zunächst protoquantitativ (also numerisch unpräzise und eher im Sinne einer mehr-weniger Relation). In Verbindung mit Zählkompetenzen und der Fähigkeit zur Quasi-Simultanerfassung auch numerisch. Dann erkennen Kinder, »dass Zahlen aus anderen Zahlen zusammengesetzt und Zahlen in andere Zahlen zerlegt werden können, wobei jeweils verschiedene Zerlegungen möglich sind« (Lenz & Wittmann, 2023, S. 444). Das Teile-Ganzes-Konzept ist die Grundlage zum Aufbau mentaler Zahlvorstellungen und Grundvorstellungen zur Addition (Hinzufügen) und Subtraktion (Wegnehmen) sowie zur Einsicht in grundlegende mathematische Zusammenhänge (Lenz & Wittmann, 2023).

2.2 Größen und Messen

Im Alltag begegnen Kindern Zahlen nicht als abstrakte Gebilde, sondern häufig in Verbindung mit Größen. In diesem Kontext werden Zahlen zu Maßzahlen (siehe Maßzahlaspekt, Kapitel 2.1.1) und dienen der Beschreibung von Sachverhalten, z.B. als Längen-, Zeit- oder Gewichtsangaben (Benz et al., 2015). Die Leitidee *Größen und Messen* verknüpft somit viele mathematische Erfahrungen aus der Leitidee *Zahl und Operation* und rückt sie in einen Sachkontext. Junge Kinder begegnen Maßzahlen bereits früh in ihrer Lebenswelt, z.B. beim gemeinsamen Einkaufen, Kochen, Backen, beim Blick auf die Uhr, die Waage, die Messlatte an der Kinderzimmertür. Dabei gehen junge Kinder ganz besonders gerne einer Kernerfahrung des Messens nach: dem Vergleichen.

2.2.1 (In)direktes Vergleichen

Wer oder was ist größer/älter/schwerer/schneller/...? Beim Vergleichen werden mathematische Erfahrungen mit Mengen, besonders das Seriieren, aufgegriffen (siehe Kapitel 1.2). Objekte werden in Rangordnungen gebracht, was einen direkten Vergleich ermöglicht. Ein solcher Vergleich funktioniert nur, wenn die Objekte zur selben Zeit am selben Ort sind (Franke & Ruwisch, 2010). So können bereits sehr junge Kinder die Länge von Stiften oder die Höhe von Bauwerken direkt vergleichen, indem sie diese nebeneinander positionieren. Das direkte Vergleichen stößt jedoch auch – und vor allem in den Größenbereichen Zeit und Geld – an seine Grenzen. Zeit lässt sich nicht sehen, hören oder anfassen, und obwohl auch schon sehr junge Kinder den Umgang mit Geld einüben, bauen sie in der Regel noch keine Größenvorstellungen dazu auf (Benz et al., 2015).

Wenn ein direkter Vergleich nicht möglich ist, weil sich die Objekte an verschiedenen Orten oder Zeiten befinden oder nicht genau genug verglichen werden können, erfolgt der Vergleich indirekt. Dabei wird ein drittes Objekt (Vergleichsrepräsentant) genutzt (Franke & Ruwisch, 2010). Junge Kinder nutzen dazu oft ihre Körpermaße (Fußlänge, Armspanne, Handbreite) oder Gegenstände wie Stifte und Bauklötze. Bei selbstgewählten Einheiten muss darauf geachtet werden, dass die Ergebnisse nur vergleichbar sind, wenn mit demselben Gegenstand gemessen wird. Der Fuß eines erwachsenden Menschen ist schließlich größer als der eines Kindes im Kindergartenalter. Soll ein Objekt hingegen genau gemessen werden, können Messgeräte mit standardisierten Maßeinheiten wie z.B. Lineale, Maßbänder, Messbecher, Waagen etc. verwendet werden. Der Umgang mit standardisierten Maßeinheiten wird im Unterricht der Grundschule vertieft. Für die mathematische Bildung im Elementarbereich steht primär das Sammeln von Erfahrungen zu Größen in Sachsituationen, das direkte Vergleichen von Objekten und das spielerisch-experimentelle Kennenlernen von Messinstrumenten im Vordergrund (Kaufmann, 2010).

2.2.2 Stützpunktvorstellungen aufbauen

Dabei können junge Kinder bereits erste Stützpunktvorstellungen aufbauen. Stützpunktvorstellungen bilden eine wesentliche Grundlage für den flexiblen Umgang mit Größen im täglichen Leben (Ruwisch, 2021). Sie sind typische Repräsentanten für bestimmte Größen, z.B. eine Milchpackung für 1 Liter Fassungsvermögen, eine Packung Mehl für 1 kg oder eine Daumenbreite für 1 cm. Für junge Kinder ist der eigene Körper besonders gut geeignet, um individuelle Stützpunkte aufzubauen, da wir ihn ständig bei uns haben. Auch wenn Kinder nicht genau wissen, wie groß sie sind (im Sinne einer Meter- und/oder Zentimeterangabe), können sie beispielsweise überlegen, ob sie zweimal übereinander in den Türrahmen passen würden, um so annäherungsweise die Höhe der Tür zu bestimmen.

2.3 Raum und Form

Ausgehend von ihrem eigenen Körper machen junge Kinder erste Raumerfahrungen und erschließen sich zunehmend den sie umgebenden Raum sowie die sich darin befindenden Gegenstände und deren Eigenschaften. In Spielsituationen bauen sie mit Materialien und handeln mit geometrischen Formen. Dabei entwickeln sich dafür notwendige Fähigkeiten im Bereich der Raumvorstellung und der visuellen Wahrnehmung, die im Elementarbereich zusätzlich durch gezielte Anregungen besonders gefördert werden sollten (Schuler & Wittmann, 2020).

2.3.1 Raumvorstellung

In der gesamten Kindheit ist die Entwicklung von Raumvorstellung ein wesentliches Ziel des mathematischen Lernens. Mit Raumvorstellung bzw. dem räumlichen Vorstellungsvermögen ist die Fähigkeit gemeint, sich den Raum und die Objekte darin gedanklich vorzustellen und in der Vorstellung aktiv mit den Objekten umzugehen (Benz et al., 2015; Franke & Reinhold, 2016). Es lassen sich dabei drei wesentliche Fähigkeitskomplexe unterscheiden (Benz et al., 2015):

- *Mentale Rotation:* Fähigkeit, Objekte in der Vorstellung zu drehen und sich in einer anderen Lage vorstellen zu können. Beispiel: Ein Puzzleteil gedanklich drehen und in einer anderen Lage vorstellen zu können, ohne dies konkret tun zu müssen.
- *Räumliche Visualisierung:* Fähigkeit, komplexe Figuren gedanklich bewegen und dabei verändern zu können. Beispiel: Papier gedanklich zusammenfalten und sich vorstellen, welche Figur entsteht.
- *Räumliche Orientierung:* Fähigkeit, sich im Raum zu orientieren und sich eine Situation aus einer veränderten Perspektive vorzustellen. Dazu sind Prozesse der Perspektivübernahme zentral. Beispiel: Beim Versteckspiel prüfen, ob man aus der Perspektive des suchenden Kindes in seinem Versteck sichtbar ist.

2.3.2 Visuelle Wahrnehmung

Die visuelle Wahrnehmung gilt als Grundlage für die Entwicklung der Raumvorstellung, und die Entwicklung visueller Fähigkeiten im Kindergartenalter wird darüber hinaus als wichtige Voraussetzung für verschiedene Bereiche des schulischen Lernens diskutiert. Daher ist es als frühpädagogische Fachkraft wichtig, die visuellen Fähigkeiten *Figur-Grund-Unterscheidung, Auge-Hand-Koordination, Wahrnehmungskonstanz, Wahrnehmung der Lage im Raum sowie Wahrnehmung räumlicher Beziehungen* im Elementarbereich im Blick zu haben und zu fördern (zur Erklärung der Begriffe siehe Benz et al., 2015 oder Rottmann & Träger, 2020).

Grundlage für die (Weiter-)Entwicklung der visuellen Wahrnehmung und des räumlichen Vorstellungsvermögens bilden konkrete Erfahrungen beim Bauen, Legen und Basteln in der realen Welt. Diese Tätigkeiten ermöglichen es Kindern, sich die Handlungen schließlich auch im Kopf vorzustellen. Kindergartenkinder sollten daher ausreichend Gelegenheit erhalten, vielseitige Bewegungserfahrungen im Raum zu machen sowie Objekte im Raum und ihre Beziehungen zueinander zu beobachten, wobei die Aktivitäten der Kinder von der frühpädagogischen Fachkraft sprachlich begleitet und reflektiert werden sollten (Benz et al., 2015).

2.3.3 Formen

Im Elementarbereich machen Kinder auch erste Erfahrungen zu geometrischen Formen und ihren Eigenschaften. Zu den geometrischen Formen gehören die dreidimensionalen geometrischen Körper (z.B. Kugel, Würfel, Quader, Zylinder) und die ebenen Figuren (z.B. Kreis, Dreieck, Quadrat,

Rechteck) (Bönig et al., 2017). Kinder im Kindergartenalter kennen häufig schon einige Formen und deren Bezeichnungen wie Kreis, Dreieck, Viereck, Kugel oder Würfel. Dabei sind diese Begriffe meist noch an die im Alltag genutzten Objekte wie z. B. den Spielwürfel gebunden und noch nicht mit den geometrischen Eigenschaften verknüpft (Kaufmann, 2010). Geometrische Begriffe (das Verständnis, was eine bestimmte Form ausmacht und wie sie heißt) werden im Elementarbereich ohne Definition, sondern mit Hilfe konkreter Objekte und insbesondere typischer Repräsentanten (sog. »Prototypen«) gebildet (Benz et al., 2015). Ein typischer Repräsentant beispielsweise für den Begriff des Dreiecks ist das gleichseitige Dreieck. Hier ist es bedeutsam, dass Kinder über dieses spezielle Dreieck hinaus verschiedene weitere Beispiele als Dreiecke kennen lernen (z. B. rechtwinklige, spitzwinklige, stumpfwinklige Dreiecke) und von Gegenbeispielen (z. B. Vierecken) abgrenzen.

Neben dem Kennenlernen von Formen und ihren Eigenschaften geht es auch um Bewegungen mit den Objekten: Formen lassen sich zerlegen oder zusammensetzen, verschieben oder auch spiegeln. Dabei stehen die geometrischen Formen in räumlicher Beziehung zueinander und es ist von besonderer Bedeutung, diese Raum-Lage-Beziehungen (s. o.) ausdrücklich zu erfassen und zu beschreiben (Benz et al., 2015; Bönig et al., 2017). Häufig entstehen beim Bauen und Legen Muster mit unterschiedlichen Symmetrien (Lüken, 2023a). Hier kann mit den Kindern die Grundfigur (siehe Kapitel 2.5) identifiziert und die Bewegung der Wiederholung (Ist die Grundfigur verschoben, geklappt oder gedreht?) gemeinsam betrachtet werden.

2.4 Daten und Zufall

Auch in der Leitidee *Daten und Zufall* sammeln Kinder in ihrem (Kita-)Alltag zahlreiche mathematische Erfahrungen. Historisch betrachtet wurden Inhalte dieser mathematischen Leitidee lange nicht als Bestandteil der Elementarbildung angesehen, gerieten aber gerade in den letzten Jahren immer mehr in den Fokus der Forschung zur mathematischen Entwicklung (Nikiforidou & Jones, 2023). Ein Grund dafür ist die hohe Relevanz dieser Inhalte in unserem Alltagsleben. Viele Entscheidungsprozesse im täglichen Leben basieren auf Daten und unserer Einschätzung, wie wahrscheinlich ein Ereignis eintreten wird oder nicht. Davon sind auch junge Kinder nicht ausgeschlossen. Mit Blick auf die mathematische Bildung im Elementarbereich bietet es sich daher an, diese Lernchance aufzugreifen.

2.4.1 Daten

Daten begegnen Kindern in vielfältigen Formen: als Zahlen, in grafischen Darstellungen oder als kalendarische Zeitangaben (z.B. Geburtsdaten). Obwohl Daten überall um uns herum sind, können wir sie oft nicht direkt sehen – vielmehr müssen wir nach ihnen fragen. Erst durch Befragungen, Messungen und andere Datenerhebungen werden Daten für uns sichtbar. Für die Entwicklung und Förderung von Kompetenzen im Umgang mit Daten bietet es sich an, Datenerhebungen zu Themen aus der unmittelbaren Lebenswelt der Kinder auch schon im Kontext der Elementarbildung durchzuführen. Oft werden passende Fragen dafür im Alltag der Kindertagesstätte (z.B. im Morgenkreis) gestellt: Wer ist heute da? Wer möchte draußen und wer drinnen spielen? Diese und weitere Fragen (z.B. zu Geschwistern, Lieblingsfarbe, Lieblingstier) können in der Kita mit der Methode der lebendigen Statistik beantwortet werden. Hierbei verteilen sich die Kinder entsprechend ihrer Antwort im Raum, z.B. in verschiedene Ecken mit passenden Bildern.

Abb. 7: Dreidimensionales Säulendiagramm

Dabei erfahren die Kinder: Daten sind flüchtig. Sobald sie sich wieder setzen, sind die Daten »verloren«. Deshalb ist es sinnvoll, Daten grafisch darzustellen. Dafür kann Material (wie Perlen, Bauklötze oder gleichartige Bilder) zur Erstellung eines ersten dreidimensionalen Säulendiagramms genutzt werden (Neubert, 2012; Abb. 7). Nach der Datenerhebung kann man durch Eins-zu-

Eins-Zuordnung einen ersten Vergleich anstellen: Welches Lieblingstier wurde am häufigsten genannt?

2.4.2 Zufall

Junge Kinder machen bereits früh erste Erfahrungen mit zufälligen Ereignissen. Viele dieser Erfahrungen passieren unbewusst in ganz alltäglichen Entscheidungen. Soll ich heute meine Regenjacke anziehen, wenn ich draußen spielen möchte, oder nicht? Hinter einer solchen, doch recht komplexen, Entscheidung steht u. a. die Einschätzung einer Wahrscheinlichkeit – in diesem Falle der Regenwahrscheinlichkeit. Andere Erfahrungen mit zufälligen Ereignissen geschehen bewusster, wie beispielsweise in (Würfel-)Spielsituationen, in denen Kinder oft individuelle Überzeugungen zum Wirken des Zufalls zeigen (Jaeger, 2023). Die oft emotionalen Erlebnisse von Gewinn und Verlust prägen kindliche Wahrscheinlichkeitsvorstellungen (Benz et al., 2015). In der Kita können solche Spielsituationen genutzt werden, um mit Kindern über ihre Vorstellungen zu sprechen und darüber zu reflektieren (Jaeger, 2023). Zusätzlich bietet es sich an, auch andere Zufallssituationen mit Kindern zu thematisieren, die von dem Würfel losgelöst sind, denn die Gleichwahrscheinlichkeit aller sechs Seiten des Würfels zu verstehen und mathematisch – aber trotzdem kindgerecht – zu begründen, ist doch recht komplex und daher erst Behandlungsgegenstand in der Grundschule. Alternativ kann man Kinder zwei Ereignisse miteinander vergleichen und sie einschätzen lassen, welches Ereignis wahrscheinlicher ist. Ein Beispiel: Bei einem Kartenspiel mit verschiedenen Farben gibt es zwei gelbe und vier blaue Karten. Wenn ich die Karten mische und dann eine Karte verdeckt ziehe, werde ich dann wahrscheinlicher eine blaue oder eine gelbe Karte ziehen? Welche Farbe ist wahrscheinlicher, warum? Bei Zufallsexperimenten in diesem oder einem ähnlichen Kontext können Kinder Hypothesen – also Vermutungen – zum Ausgang des Zufallsexperiments aufstellen und ihre Wahrscheinlichkeitseinschätzungen in Rückbezug auf die Zusammensetzung der Menge aller Spielkarten begründen. Das Aufstellen von begründeten Hypothesen zu Wahrscheinlichkeiten bildet eine wichtige Grundlage für den Aufbau weiterer Kompetenzen in dieser Leitidee.

2.5 Muster und Strukturen

In der Leitidee *Muster und Strukturen* geht es im Elementarbereich um die Suche nach Regelmäßigkeiten sowie um das Entdecken und Herstellen von

Regelmäßigkeit und Ordnung. Kinder schaffen Ordnung, wenn sie Objekte (beispielsweise geometrische Formen) nach Kriterien sortieren (z. B. nach Farbe: Klassifizieren) oder in eine Reihenfolge bringen (z. B. nach Größe: Seriation) (siehe Kapitel 1.2). Darüber hinaus legen und bauen Kinder mit allen möglichen Materialien und ordnen sie dabei räumlich an – sie schaffen also eine räumliche Ordnung (Lüken, 2023b). Bedeutsam ist der Entwicklungsschritt, einzelne Objekte zu Einheiten zusammenzusetzen, beispielsweise verschiedenfarbige Würfel zu einem Grundbaustein. Wenn solche Einheiten wiederholt gelegt werden entstehen Muster. Geometrische Muster besitzen also immer eine Grundfigur, die unverändert mehrfach wiederholt gelegt wird. Beim Wiederholen der Grundfigur kann diese verschoben, geklappt oder gedreht werden, so dass unterschiedliche Arten sich wiederholender Muster entstehen (siehe Abb. 8). Auch für Anzahlen, die geordnet dargestellt sind, werden geometrische Muster genutzt. So ist im Würfelbild der 6 die Reihe mit den drei Punkten als Grundeinheit zweimal vorhanden. Alternativ kann das Würfelbild in drei Spalten mit je zwei Punkten strukturiert werden. Die Fähigkeit, Einheiten bzw. Teilmengen zu bilden und in eine Anordnung hinein sehen zu können, ist bedeutsam für die strukturierte (quasi-simultane) Anzahlerfassung (siehe Kapitel 2.1.3).

Aktuelle Forschung zu kindlichen Musterkompetenzen zeigt, dass sich junge Kinder stark in ihren Kompetenzen unterscheiden, mit Mustern umzugehen und sogar auch in ihrer *Neigung* Muster in ihrer Umwelt zu suchen und selbst zu bilden. Einige Kinder betrachten die Welt scheinbar durch eine Musterbrille – sie nehmen von sich aus Muster in ihrer Lebenswelt wahr und beschäftigen sich mit ihnen. Andere Kinder benötigen gezielte Angebote zum Musterbilden und Betrachten des Aufbaus von Mustern sowie Begleitung dabei zu erlernen, mathematische Objekte und Zusammenhänge durch eine Musterbrille zu betrachten (Lüken, 2024). Ideen für Aktivitäten zu Mustern für den Elementarbereich finden sich in den Konzeptionen »MATHElino« (Royar & Streit, 2010) und »Minis entdecken Mathematik« (Benz, 2010).

Es wird diskutiert, dass die unterschiedliche Wahrnehmung der Lebenswelt mit oder ohne Musterbrille für die Unterschiede in sowohl den kindlichen Musterfähigkeiten als auch in der frühen Zahlbegriffsentwicklung verantwortlich sein könnten. Muster und Strukturen gibt es in allen Leitideen, und die Erkundung von Regelmäßigkeiten und den ihnen zugrundeliegenden Gesetzmäßigkeiten ist bedeutsam für jegliches mathematische Lernen. Kompetenzen im Bereich *Muster und Strukturen* haben damit eine übergeordnete Bedeutung.

III MINT – Mathematik, Informatik, Naturwissenschaft und Technik

Abb. 8a-c: Verschiedene geometrische Muster mit derselben Grundfigur (ein heller und ein dunkler Würfel)
oben: Verschiebungsmuster, Mitte: Spiegelungsmuster, unten: Drehungsmuster
(eigene Abbildung)

3 Mathematiklernen in der Kindertagesstätte: Konkrete Umsetzungsmöglichkeiten in der Praxis

Wie kann eine Begleitung und Förderung der kindlichen mathematischen Kompetenzen im Elementarbereich nun aber konkret aussehen? Grob lässt sie sich in zwei methodische Umsetzungen (Organisationsformen) unterscheiden (Schuler, 2013):

- *Lehrgänge und Frühförderprogramme:* Programme zur frühen mathematischen Bildung sind meist lehrgangsartig in Form von kleinen Lerneinheiten aufgebaut und auf eine Kleingruppenförderung ausgerichtet. Da sie detaillierte Hinweise zur Durchführung beinhalten, stellen sie einen einfachen Zugang zur mathematischen Förderung dar. Sie sind auf einen gelingenden Schulstart ausgerichtet und fördern daher schwerpunkmäßig zahl- und mengenbezogene Fähigkeiten (Schuler, 2013).
- *Alltagsintegrierte Förderung:* Mathematiklernen wird in den gewöhnlichen Tagesablauf der Kita im Sinne einer Alltagsintegration eingebettet und durch bewusst arrangierte Lernsituationen angereichert. Dies kann beispielsweise:
  - in wiederkehrenden alltäglichen Situationen und Ritualen wie der Bring- und Abholsituation, dem Morgenkreis oder bei der Einnahme von Mahlzeiten geschehen;
  - beim Vorlesen mit mathematischem Fokus oder
  - durch den Einsatz mathematikförderlicher Materialien und (Regel-) Spiele angeregt werden (Hildenbrand, 2016).

Vergleichende Studien zeigen, dass sich beide Organisationformen (Förderprogramme und alltagsintegrierte Förderung) gleich gut eignen, um frühe mathematische Kompetenzen zu fördern (Donie et al., 2013; Hauser et al., 2014). Vertiefende Analysen des Verhaltens von Kindern in einer alltagsintegrierten Förderung mit Spielen zeigen jedoch, dass diese Kinder länger mathematisch aktiv sind und auch länger über mathematische Inhalte sprechen als Kinder, die mit einem Förderprogramm gefördert wurden (Hauser et al., 2015). In diesem Beitrag fokussieren wir uns daher auf eine alltagsintegrierte mathematische Förderung und zeigen konkrete Beispiele dafür auf, denn Mathematiklernen im Alltag erfordert Begleitung und Unterstützung von Spiel- und Lernprozessen durch die frühpädagogische Fachkraft (Schuler,

2013). Diese muss den gehaltvollen mathematischen Moment erkennen und nutzen können (Gasteiger & Benz, 2016).

3.1 Alltagssituationen aufgreifen

Kinder lernen handelnd in Auseinandersetzung mit den sie umgebenden Dingen, Tätigkeiten und Menschen. Die Mathematik in Alltagssituationen ist jedoch oftmals nicht direkt sichtbar. Objekten, Situationen und Handlungen wohnt nicht allein eine mathematikspezifische Bedeutung inne, sondern die Mathematik ist eingewoben in vielen anderen Aspekten. »Im Mittelpunkt steht der Alltag mit seinen Anforderungen: So wird zum Frühstück der Tisch gedeckt, damit man gleich essen kann – nicht um sich mit der Anzahl von Tassen und Tellern zu beschäftigen« (Bönig et al., 2017, S. 84). Im Vordergrund steht stets die Aktivität mit ihrem eigenen Anliegen. Trotzdem sind viele der Alltagssituationen mathematisch so gehaltvoll, dass zahlreiche mathematische Handlungen zum Tragen kommen: zum Beispiel das Abzählen von Tassen und Tellern beim Tischdecken, die Eins-zu-Eins-Zuordnung oder das Vergleichen von Anzahlen. Die Kinder greifen in den Situationen die Mathematik auf, nutzen sie und schulen sich im Umgang mit der Mathematik, um konkrete Probleme zu lösen. Sie erwerben somit unbewusst mathematische Fähigkeiten (Bönig et al., 2017).

Mathematisch gehaltvolle Erkundungen brauchen allerdings Zeit zum Verweilen, Nachdenken und Vertiefen. Sie wollen durch gezielte Nachfrage der pädagogischen Fachkraft ins Bewusstsein gebracht sein und weitergeführt werden. Alltagssituationen sind aber immer flüchtig! Daher lohnt es sich, mathematisch gehaltvolle und zugleich für Kinder bedeutsame Situationen durch Erzählbilder »einzufangen«. Befreit vom eigentlichen Anliegen der Situation wird es dann möglich, mathematische Zusammenhänge oder einen mathematisch bedeutsamen Moment näher in den Blick zu nehmen. Das bedeutet, dass wir nicht direkt in der konkreten Situation über Mathematik sprechen, sondern zu einem späteren Zeitpunkt darauf zurückkommen. Erzählbilder können entweder echte Fotos von Situationen sein, die sich tatsächlich so ereignet haben, oder speziell erstellte Fotos von möglichen Situationen, die als Gesprächsanlässe dienen (Bönig et al., 2017).

3.2 Bilderbücher vorlesen

Bilderbücher vorzulesen ist eine typische Aktivität in der Kita, und es lässt sich leicht eine mathematische Förderung anbinden. Die Bilder eines Bilderbuches weisen nicht nur einen illustrativen Charakter auf. Sie fungieren als selbstständiger Träger von Bedeutung und können dadurch mathematische Ideen visualisieren (Bräuning et al., 2024). Kinder können diese mathematischen Aspekte in den Bildern entdecken und wahrnehmen sowie mathematische Strukturen deuten. Praktisch in jedem Buch könnte man Mengen aufgreifen und abgebildete Objekte zählen – allerdings sollte man dann aufpassen, dass es nicht künstlich aufgesetzt wirkt. Es scheint nicht sinnvoll, das Bilderbuch als literarisches Werk zu frisieren, um lediglich dem Zweck einer mathematischen Auseinandersetzung zu dienen (Price & Lennon, 2009). Kinder begeistern sich für Literatur, wenn die Geschichten spannend sind und wenn es um ihren Alltag und ihre Themen geht. Bilderbücher können für Kinder also einen bedeutungsvollen Kontext zum Mathematiklernen bereitstellen (Bönig & Thöne, 2011). Mit Bilderbüchern kann auch ein Alltagsbezug zur Mathematik hergestellt werden, wodurch Kinder Mathematik als etwas erleben können, das in ihrem Leben eine Rolle spielt (Zöllner & Benz, 2011). Es bietet sich daher an, Bilderbücher mit mathematischem Gehalt bewusst auszusuchen. Bei diesen Büchern ist die Geschichte nicht nur ein Vorwand, um mit den Kindern im Kindergarten mathematisch zu arbeiten, aber die Mathematik ist auch nicht einfach ein Anhängsel der Geschichte. Vielmehr gehört in diesen Bilderbüchern das Mathematische zum Kern der Geschichte (Bönig et al., 2017). Vorschläge für solche Bücher zu den verschiedenen mathematischen Leitideen, zum Teil auch mit konkreten Umsetzungsideen, finden sich beispielsweise in Benz et al. (2015), Bönig et al. (2017) und Bräuning et al. (2024). Bräuning et al. (2024, S. 16) nennen darüber hinaus Auswahlkriterien, um Bilderbücher mit mathematischem Gehalt identifizieren zu können.

3.3 Regelspiele spielen

Regelspiele sind Spiele, bei denen Regeln einzuhalten sind, die zu Beginn des Spiels feststehen (Bönig et al., 2017), beispielsweise Brettspiele wie »Mensch ärgere dich nicht« oder »Der Wurm ist drin« oder Kartenspiele wie »11er raus« oder »Pig 10«. Viele Regelspiele – insbesondere, wenn mit einem Zahlenwürfel im Vergleich zu einem Farbenwürfel gespielt wird (Gasteiger & Moeller, 2021) – haben ein besonderes Potential, bei Kindern mathematische Lernprozesse anzuregen (Hauser, 2015). Eine Sammlung an Spielen zur spielintegrierten Förderung mathematischer Kompetenzen ab dem vierten Lebensjahr, die teilweise adaptiert und teilweise im Rahmen eines Forschungsprojektes neu entwickelt und erprobt wurden, findet sich bei Hauser et al. (2015). Ob sich das mathematische Potential eines Spiels in der konkreten Spielsituation entfaltet, hängt von vielen Faktoren ab, insbesondere von der Spielbegleitung, die entsprechende Impulse gibt (Schuler, 2013). Die frühpädagogische Fachkraft kann mathematikbezogene Lernprozesse zunächst unterstützen, indem sie bewusst und laut denkend mitspielt: »Oh, ich habe eine Sechs gewürfelt – das sind zwei Dreiersprünge! Ich brauche eine Vier, dann kann ich dich fangen!« Mit Blick auf altersheterogen zusammengesetzte Gruppen können zusätzlich Impulse der Fachkraft gezielt die unterschiedlichen Kompetenzen des jeweiligen Kindes in den Blick nehmen und zum genauen Hinschauen und (strategischem) Nachdenken anregen: »Wie kannst du die Zahl auf dem Würfel erkennen, ohne jeden Punkt einzeln zu zählen? Kannst du deine Spielfigur alle drei Schritte in einem Satz weiter stellen? Was musst du würfeln, um ins Haus zu kommen?« Hierbei bedarf es eines gewissen Fingerspitzengefühls der frühpädagogischen Fachkraft, um den Spielfluss mit Fragen nicht zu stark zu stören und die Lust am Spiel zu nehmen. Wullschleger und Stebler (2015) beschreiben das Vorgehen einer individuellen Lernunterstützung bei Regelspielen, die einen Kompetenzaufbau beim Kind mit Hilfe von sechs Techniken des Scaffoldings in Spielsituationen in den Blick nimmt.

4 Frühes Mathematiklernen im Studium der Kindheitspädagogik

Frühe mathematische Bildungsprozesse sind vielfach individuell und häufig nicht konkret planbar. Sie entstehen spontan im Alltag und im Spiel der Kinder und verlangen dann spontanes Einlassen, gemeinsames Reflektieren und Besprechen. Diese Spontanität und Flüchtigkeit vieler Situationen können eine frühe mathematische Förderung durchaus herausfordernd gestalten. Wie können wir Studierende der Kindheitspädagogik hierauf vorbereiten?

Es bedarf auf Seiten der frühpädagogischen Fachkraft an diagnostischer wie fachlicher Kompetenz (Gasteiger & Benz, 2016). Die Vermittlung von Wissen über die Entwicklung mathematischer Kompetenzen muss daher Bestandteil des Studiums sein. Sind die wesentlichen fachlichen Grundlagen gelegt, bietet sich eine praktische Anwendung und Vertiefung des mathematikdidaktischen Wissens entlang der im vorherigen Kapitel beschriebenen Formate einer alltagsintegrierten Förderung an. Die Studierenden können dabei Alltagssituationen, passende Bilderbücher und Spiele auswählen, sie auf die darin enthaltenen mathematischen Lerngelegenheiten analysieren und exemplarisch Impulse formulieren, um die Mathematik in einem Gespräch mit Kindern zu fokussieren.

4.1 Alltagssituationen aufgreifen mit Erzählbildern

Da die Mathematik in Alltagssituationen oftmals nicht direkt sichtbar ist, bietet es sich an, die Studierenden dafür zu sensibilisieren, indem sie aufgefordert werden, mathematisch reichhaltige Alltagssituationen in einem Foto festzuhalten, das als Erzählbild genutzt werden kann. Nachfolgend wird dargestellt, wie eine Analyse der mathematischen Grunderfahrungen aussehen könnte, die mithilfe dieses Erzählbilds angesprochen werden können und welche Impulsfragen die frühpädagogische Fachkraft stellen könnte, um ein Gespräch in die entsprechende Richtung zu lenken (siehe auch Bönig et al., 2017, S. 86 ff.).

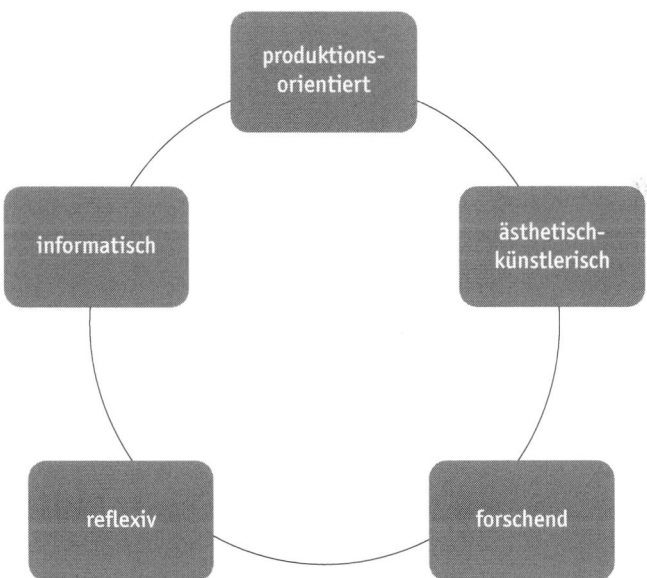

Abb. 9: Zugänge zum Bildungsbereich Medien (Knauf, 2023)

- *Figur-Grund-Unterscheidung & Formen:* Was hat das Kind hier wohl gelegt? Welche Formen hat es benutzt?
- *Raum-Lage-Beziehungen:* Das Kind hat Rauten zwischen die Trapeze gelegt. Welche Form würde neben die Trapeze passen? Probiere es mal aus!
- *Muster entdecken & Visualisierung:* Können wir das Bauwerk in Gedanken so zusammenklappen, dass zwei gleiche Hälften entstehen? Vielleicht stellen wir einen Spiegel in die Mitte und prüfen, ob wir zwei gleiche Hälften haben. Es klappt nicht ganz! Welche Form fehlt? Wo fehlt sie? Was ist an den Hälften gleich, was ist anders? Wie liegen die Formen?

4.2 Bilderbücher analysieren

Für eine Auseinandersetzung mit Bilderbüchern kann eine Auswahl von Bilderbüchern mit mathematischem Gehalt bereitgestellt werden oder die Studierenden wählen passende Bilderbücher selbst aus. Neben der mathematischen Analyse und der Formulierung von Impulsfragen sollte hier auch die Einstimmung ins Buch und das dialogische Lesen vorbereitet (Hering, 2016) und mit der Seminargruppe durchgeführt werden. Im Folgenden zeigen wir dies am Beispiel des Bilderbuchs »Gute Reise, bunter Hahn« (Carle, 1972). In diesem Bilderbuch geht es um einen Hahn, der die weite Welt sehen möchte und unterwegs zwei Katzen, drei Frösche, vier Schildkröten und fünf Fische trifft, die ihn nacheinander begleiten. Das Bilderbuch greift einen für Kinder bedeutsamen Kontext des Verreisens auf, und dass es abends oft gar nicht so einfach ist, an einem fremden Ort zu übernachten. Aus dem Blickwinkel der Mathematik beschäftigt sich »Gute Reise, bunter Hahn« mit den Anzahlen von eins bis fünf, dem Zusammensetzen einer Anzahl aus Teilen, erstem Rechnen und dem Muster, dass die Zahlen in der Reihe der natürlichen Zahlen immer genau um eins größer werden.

Vor der Betrachtung des Buches werden die Kinder auf das Thema Reise eingestimmt, z.B. durch Impulsfragen wie: »Bist du schon einmal verreist? Wer war alles dabei? Wo hast du übernachtet?« Das Vorlesen des Buches erfolgt in dialogischer Form, wobei Fragen und Impulse der Kinder direkt aufgegriffen sowie Einfälle und Spekulationen unterstützt werden. Es kann zwischendurch auch zurückgeblättert werden, um bereits Gelesenes noch einmal zu betrachten. Fokussieren die Kinder nicht von selbst mathematische Aspekte, kann die frühpädagogische Fachkraft durch geeignete Impulsfragen der Mathematik bewusst begegnen:

- *Muster entdecken:* Zuerst sind zwei Katzen und jetzt drei Frösche hinzugekommen. Wie viele Tiere kommen wohl als nächstes dazu? Warum vermutest du das?
- *(Strukturiert) Anzahlen erfassen:* Wie hast du herausgefunden, dass es vier Schildkröten sind? Kann man es auch wissen ohne jede Schildkröte einzeln zu zählen?
- *Erstes Rechnen:* Ein Hahn und zwei Katzen – wie viele Tiere sind jetzt gemeinsam unterwegs? Die vier Schildkröten gehen wieder nach Hause. Wie viele Tiere sind noch gemeinsam unterwegs?
- *Daten:* Welches Tier aus der Geschichte magst du am liebsten? Magst du lieber Frösche oder Schildkröten? Was denkst du: welches Tier mögen deine Freunde lieber? (Kurze Befragung anschließen – oder wenn das Buch mit mehreren Kindern gemeinsam gelesen wird, die Gruppe fragen.) Anschlussfragen z. B.: Mögen mehr Kinder Frösche oder Schildkröten? Was ist euer Lieblingstier?

4.3 Regelspiele analysieren

Ähnlich dem Vorgehen zur Analyse von Bilderbüchern lassen sich Spiele mit Potential zur mathematischen Förderung leicht vor dem Einsatz in der Kita analysieren. Entweder wird eine Auswahl an Spielen zur Analyse bereitgestellt oder die Studierenden bringen eigene geeignete Spiele mit. Bei Spielen bietet es sich vor allem an, über Variationen des Spiels nachzudenken, um weitere mathematische Kompetenzen fördern zu können. Am Beispiel des Spiels »Halli Galli« (Amigo) werden im Folgenden die Entwicklung solcher Variationen betrachtet. In der originalen Spielfassung werden Karten, auf denen verschiedene Anzahlen unterschiedlicher Früchte zu sehen sind, gleichmäßig an die Mitspielenden verteilt, die sie als Stapel verdeckt vor sich legen. Nacheinander decken alle Kinder die oberste Karte auf. Sobald auf allen Stapeln genau fünfmal die gleiche Frucht zu sehen ist, muss so schnell wie möglich auf eine Glocke geschlagen werden. Wer als erstes reagiert, bekommt alle aufgedeckten Karten als Gewinn. Mathematische Kompetenzen, die im Original im Fokus stehen, sind die schnelle Wahrnehmung der Anzahlen auf den einzelnen Karten sowie das Zusammensetzen der Zahl Fünf aus zwei oder mehreren Teilen (Teile-Ganzes-Konzept). Soll das Spiel mit jüngeren Kindern gespielt werden, kann eine Variante darin bestehen, dass geklingelt wird, wenn auf einer Karte eine bestimmte Anzahl an Früchten abgebildet ist. So könnte die simultane (= nicht-zählende) Wahrnehmung von zunächst drei Früchten gesichert und in weiteren Spielrunden auf das Simultanerfassen von vier

Früchten auf einer Karte ausgeweitet werden. Eine weitere Variante des Spiels könnte darin bestehen, die Anzahl der Früchte auf den zwei aufgedeckten Karten unter der Frage »Wer hat mehr?« zu vergleichen. Das Kind mit den meisten Früchten bekommt den Stich.

5 Fazit

Mathematisches Lernen im Elementarbereich umfasst eine Vielzahl von Aspekten und Kompetenzen, die zu verschiedenen mathematischen Leitideen gehören, aber gleichzeitig ineinandergreifen und so ein facettenreiches Bild von Mathematik kreieren. Die mathematischen Kompetenzen, die junge Kinder in ihren ersten Lebensjahren erwerben, sind von entscheidender Bedeutung, denn sie haben großen Einfluss auf ihr späteres schulisches mathematisches Lernen. Dafür bedarf es vielfältiger Erfahrungen, Handlungsmöglichkeiten und Lernanlässen, nach denen man aber gar nicht allzu lange suchen muss. Viele mathematisch wertvolle Gelegenheiten ergeben sich im Alltag der Kindertageseinrichtung oft von selbst und können spielerisch integriert werden. Diese Gelegenheiten können von der frühpädagogischen Fachkraft aufgegriffen, vertieft und begleitet werden, um erste mathematische Kompetenzen weiterzuentwickeln, die mathematische Neugier der Kinder zu wecken und ihre – von Anfang an – positive Einstellung zur Mathematik zu fördern.

Literatur

Antell, E. & Keating, D. P. (1983). Perception of numerical invariance in neonates. *Child Development, 54*, 695–701.

Benz, C. (2010). *Minis entdecken Mathematik.* Braunschweig: Westermann.

Benz, C., Peter-Koop, A. & Grüßing, M. (2015). *Frühe mathematische Bildung.* Wiesbaden: Springer Spektrum. https://doi.org/10.1007/978-3-8274-2633-8

Böhringer, J. (2021). *Argumentieren in mathematischen Spielsituationen im Kindergarten.* Wiesbaden: Springer Fachmedien. https://doi.org/10.1007/978-3-658-35234-9

Bönig, D., Hering, J., London, M., Nührenbörger, M. & Thöne, B. (2017). *Erzähl mal Mathe! Mathematiklernen im Kindergartenalltag und am Schulanfang.* Hannover: Klett-Kallmeyer.

Bönig, D. & Thöne, B. (2011). Längenvorstellungen entwickeln: Arbeit mit dem Bilderbuch »Der 99-Zentimeter-Peter«. *Mathematik differenziert, 4*, 12–17.

Bräuning, K., Feskorn, C. & Poser-Kempe, K. (2024). *Mathematik unterrichten mit Bilderbüchern. Lernumgebungen für die Grundschule.* Berlin: Cornelsen.
Carle, E. (1972). *Gute Reise, bunter Hahn.* Hildesheim: Gerstenberg.
Donie, C., Kammermeyer, G. & Roux, S. (2013). Förderung schriftsprachlicher und mathematischer Kompetenzen im Vorschulalter. *Empirische Pädagogik, 27*(3), 304–325.
Franke, M. & Reinhold, S. (2016). *Didaktik der Geometrie.* Wiesbaden: Springer Spektrum.
Franke, M. & Ruwisch, S. (2010). *Didaktik des Sachrechnens in der Grundschule.* Wiesbaden: Springer Spektrum.
Fuson, K. C. (1992). Research on whole number addition and subtraction. In D. A. Grouws (Hrsg.), *Handbook of research on mathematics teaching and learning* (S. 243–275). Basingstoke: MacMillan.
Gasteiger, H. & Benz, C. (2016). Mathematikdidaktische Kompetenz von Fachkräften im Elementarbereich – ein theoriebasiertes Kompetenzmodell. *Journal für Mathematik-Didaktik, 37*(2), 263–287. https://doi.org/10.1007/s13138-015-0083-z
Gasteiger, H. & Moeller, K. (2021). Fostering early numerical competencies by playing conventional board games. *Journal of Experimental Child Psychology, 204*, 105060. https://doi.org/10.1016/j.jecp.2020.105060
Gelman, R. & Gallistel, C. R. (1986). *The child's understanding of number* (2. Auflage). Cambridge: Harvard University Press.
Hauser, B. (2015). Spielen in der frühen Kindheit und frühes mathematisches Lernen. In B. Hauser, E. Rathgeb-Schnierer, R. Stebler & F. Vogt (Hrsg.), *Mehr ist mehr. Mathematische Frühförderung mit Regelspielen* (S. 30–37). Hannover: Klett-Kallmeyer.
Hauser, B., Rathgeb-Schnierer, E., Stebler, R. & Vogt, F. (Hrsg.) (2015). *Mehr ist mehr. Mathematische Frühförderung mit Regelspielen.* Hannover: Klett-Kallmeyer.
Hauser, B., Vogt, F., Stebler, R. & Rechsteiner, K. (2014). Förderung früher mathematischer Kompetenzen. Spielintegriert oder trainingsbasiert. *Frühe Bildung, 3*(3), 139–145. https://doi.org/10.1026/2191-9186/a000144
Hering, J. (2016). *Kinder brauchen Bilderbücher. Erzählförderung in Kita und Grundschule.* Hannover: Klett-Kallmeyer.
Hildenbrand, C. (2016). *Förderung früher mathematischer Kompetenzen. Eine Interventionsstudie zu den Effekten unterschiedlicher Förderkonzepte.* Münster: Waxmann.
Jaeger, L. S. (2023). »Mein Würfel würfelt besser als deiner«. Subjektive Vorstellungen auf dem Weg zum Wahrscheinlichkeitsbegriff. *Mathematik differenziert, 4*, 16–20.
Kaufmann, S. (2010). *Handbuch für die frühe mathematische Bildung.* Hannover: Schroedel.
Krajewski, K. (2008). Vorschulische Förderung mathematischer Kompetenzen. In F. Petermann & W. Schneider (Hrsg.), *Angewandte Entwicklungspsychologie* (S. 275–304). Göttingen: Hogrefe.
Kultusministerkonferenz (i.d.F. 2022). *Bildungsstandards für das Fach Mathematik Primarbereich.* Online-Veröffentlichung. https://www.kmk.org/fileadmin/Dateien/veroeffentlichungen_beschluesse/2022/2022_06_23-Bista-Primarbereich-Mathe.pdf
Lenz, K. & Wittmann, G. (2023). Zur Erarbeitung des Teile-Ganzes-Konzepts im mathematischen Anfangsunterricht: Welche Lerngelegenheiten bieten Schulbücher für die erste Klasse? *Journal für Mathematik-Didaktik, 44*, 441–469. https://doi.org/10.1007/s13138-023-00218-0

Lorenz, J.-H. (2012). *Kinder begreifen Mathematik. Frühe mathematische Bildung und Förderung.* Stuttgart: Kohlhammer.

Lüken, M. M. (2023a). Young children's self-initiated pattern-making during free play. *Mathematical Thinking and Learning,* 1–21. https://doi.org/10.1080/10986065.2023.2276798

Lüken, M. M. (2023b). Ordnen und Anordnen. Ordnung schaffen beim Legen mit ebenen Figuren. *Grundschule Mathematik, 4,* 8–11.

Lüken, M. M. (2024). Von Mustern zu mathematischen Strukturen. Muster- und Strukturkompetenzen bei Kindern entwickeln. *Die Grundschulzeitschrift, 344,* 10–15.

Neubert, B. (2012). *Leitidee: Daten, Häufigkeit und Wahrscheinlichkeit. Aufgabenbeispiele und Impulse für die Grundschule.* Offenburg: Mildenberger.

Nikiforidou, Z. & Jones, J. (2023). Preschoolers' intuitive probabilistic thinking during outdoor play. *Statistics Education Research Journal, 22*(2). https://doi.org/10.52041/serj.v22i2.444

Piaget, J. & Szeminska, A. (1965). *Die Entwicklung des Zahlbegriffs beim Kinde.* Hannover: Klett.

Price, R. R., & Lennon, C. (2009). *Using children's literature to teach mathematics.* Durham: Quantile.

Rathgeb-Schnierer, E. (2015). Mathematische Bildung im Kindergarten. In B. Hauser, E. Rathgeb-Schnierer, R. Stebler & F. Vogt (Hrsg.), *Mehr ist mehr. Mathematische Frühförderung mit Regelspielen.* Hannover: Klett-Kallmeyer.

Resnick, L. B. (1983). A developmental theory of number understanding. In H. P. Ginsburg (Hrsg.), *The development of mathematical thinking* (S. 110–151). London u. a.: Academic Press.

Rottmann, T., & Träger, G. (Hrsg.). (2020). *Welt der Zahl. Handbuch zur Eingangsdiagnostik.* Hannover: Schroedel.

Royar, T., & Streit, C. (2010). *MATHElino: Kinder begleiten auf mathematischen Entdeckungsreisen.* Hannover: Klett.

Ruwisch, S. (2021). Stützpunkte kennen, vorstellen und nutzen. Von der Kenntnis der Größe einzelner Objekte zum Nutzen eines Netzes von Stützpunktvorstellungen. *Grundschule Mathematik, 69,* 2–3.

Sarama, J., & Clements, D. H. (2009). *Early childhood mathematics education research. Learning trajectories for young children.* London: Taylor & Francis.

Schuler, S. (2013). *Mathematische Bildung im Kindergarten in formal offenen Situationen. Eine Untersuchung am Beispiel von Spielen zum Erwerb des Zahlbegriffs.* Münster: Waxmann.

Schuler, S. & Wittmann, G. (2020). Analyse von Konzeptionen früher mathematischer Bildung. Auf dem Weg zu einem anschlussfähigen Kompetenzmodell. *Zeitschrift für Mathematikdidaktik in Forschung und Praxis, 1,* 1–34.

Starkey, P., Gelman, R. & Spelke, E. S. (1985). Response to Davis, Albert & Baron's detection of number or numerousness by human infants. *Science, 228,* 1222–1223.

Stern, E. (1998). *Die Entwicklung des mathematischen Verständnisses im Kindesalter.* Lengerich: Pabst.

Weinert, F. E. & Helmke, A. (Hrsg.). (1997). *Entwicklung im Grundschulalter.* Weinheim, Basel: Beltz.

Wullschleger, A. & Stebler, R. (2015). Individuelle Lernunterstützung bei Regelspielen. In B. Hauser, E. Rathgeb-Schnierer, R. Stebler & F. Vogt (Hrsg.), *Mehr ist mehr. Mathematische Frühförderung mit Regelspielen* (S. 38–45). Hannover: Klett-Kallmeyer.

Wynn, K. (1992). Addition and subtraction by human infants. *Nature, 358*, 749–750.

Zöllner, J. & Benz, C. (2011). Das kleine Krokodil und die ganz große Liebe: Lernanlässe zum Messen und Vergleichen. *Mathematik differenziert, 4*, 18–25.

Websites mit Praxis-Ideen und Hintergrundinformationen

Forscherstation. Mit Kindern die Welt entdecken. https://www.forscherstation.info/ , Angebote für Kita, Krippe, Grundschule und Fachkräfte/Forschungsprojekte, Forscherkisten und Kindergarten-Wettbewerb

Naturwissenschaftliche und technisch orientierte Beiträge für Kinder : https://www.kids-and-science.de/ , mit Experimenten und Beantwortung von Kinderfragen zu diesem Bildungsbereich, werden kindgerecht Inhalte vermittelt.

MINT Bildung mit Verlinkung zu Programmen, Initiativen, etc. ab Grundschulalter: https://www.bildung-forschung.digital/digitalezukunft/de/bildung/mint-allianz/alle-mint-angebote-eltern-und-lehrer-aufgepasst/alle-mint-angebote-eltern-und-lehrer-aufgepasst_node.html

Weitere Projekte zu Naturwissenschaften und Technik ab der Kita: https://www.bildungsserver.de/Projekte-Netzwerke-Naturwissenschaften-und-Technik-2641-de.html

Ideenbörse »Mathematische Bildung«, Praxisspiele für den Betreuungs- und Familienalltag: https://www.kindergartenpaedagogik.de/fachartikel/bildungsbereiche-erziehungsfelder/mathematische-bildung/1769/

Frühe Bildung mit Kinderaugen: https://www.ifvl.de/

Spielideen und Zusammenfassung von Grundlagen mathematischer Bildung für Kleinkinder: https://www.prokita-portal.de/bildungsbereiche-entwicklungsziele-kita/mathematisches-grundverstaendnis-kinder/

Stiftung Kinder forschen Campus. https://campus.stiftung-kinder-forschen.de/course/search.php , praxisorientierte Materialien zum Download, um Kindern Elemente der Mathematik näher zu bringen

Klexikon: https://klexikon.zum.de/wiki/Naturwissenschaft – **Naturwissenschaft in einem Lexikon für Kinder erklärt**

III MINT – Mathematik, Informatik, Naturwissenschaft und Technik

Stiftung Kinder forschen Campus. https://campus.stiftung-kinder-forschen.de/course/search.php praxisorientierte Materialien zum Download, um Kindern MINT und verschiedene Themen und Ideen dazu näher zu bringen

Medien rund ums experimentieren (4+ Jahre), Schwerpunkt Energie: https://medienportal.siemens-stiftung.org/de/experimento-matrix?id=experimento_matrix

IV Medien und digitale Bildung

Anknüpfend an die seit den 1990er Jahren verstärkt auch für junge Kinder vorliegenden Konzepte der Medienpädagogik haben die Themen Medien und Digitalität Einzug in fast alle Bildungspläne gefunden. In inzwischen zwölf Bundesländern werden Medien im Titel eines Bildungsbereichs genannt; entweder als eigenständiger Bildungsbereich (sieben Bundesländer) oder als Teil eines Bildungsbereichs. Im Mittelpunkt steht dabei die Idee, dass Kinder (digitale) Medien nutzen, um ihre Umwelt differenzierter wahrzunehmen, sich zu informieren oder sich auszudrücken. Zentrales Prinzip ist hier: Produzieren statt konsumieren. Damit soll auch den Veränderungen der Lebenswelten von Kindern entsprochen werden, die zunehmend durch digitale Medien geprägt sind. Diese Zielsetzung steht auch im Mittelpunkt des Beitrags von Helen Knauf.

Produzieren statt konsumieren – der Bildungsbereich Medien und Digitalität

Helen Knauf

> In nahezu allen Lebensbereichen erleben wir derzeit die wachsende Bedeutung digitaler Medien. Diese Entwicklung betrifft auch den Alltag von Kindern; Digitalität ist Teil ihrer Lebenswelt. Ziel des Bildungsbereichs Medien und Digitalität ist es, Kinder bei der Entdeckung digitaler Medien und dem Umgang mit ihnen zu begleiten und zu unterstützen. Zudem geht es darum, ihnen den Zugang zu Aspekten von Digitalität zu ermöglichen (z.B. Produktivität, Kreativität, Erforschung der Umwelt, Funktionsweisen von digitalen Geräten), denen sie in ihrem sonstigen Alltag nicht begegnen. Eine kritische Auseinandersetzung mit den problematischen Folgen der Digitalisierung ist ebenfalls Thema dieses Bildungsbereichs.

1 Theoretische Grundlagen des Bildungsbereichs (Theorien, Diskurse, Ziele, Umgang mit Heterogenität)

In diesem Abschnitt wird die Bedeutung von Medien und Digitalität für die kindheitspädagogische Arbeit thematisiert. Zunächst erfolgt ein Überblick über die Rolle und die Durchdringung von Medien im Alltag von Kindern. Anschließend werden grundlegende Konzepte und Begriffe rund um Mediatisierung und Digitalität eingeführt. Außerdem werden pädagogische Perspektiven eingenommen, die die Chancen und Herausforderungen der Mediennutzung beleuchten. Abschließend werden die Ziele des Bildungsbereichs Medien und Digitalität skizziert, die darauf abzielen, Kindern sowohl Medienkompetenz als auch einen kritischen und mündigen Umgang mit digitalen Technologien im Sinne von Medienbildung zu vermitteln.

1.1 Medien und Digitalität

Medien sind heute ein selbstverständlicher Bestandteil der Lebenswelt von Kindern. Hierzu zählen neben traditionellen analogen Medien wie Büchern, Fernsehen und Radio auch digitale Medien: Kinder erleben in ihrem Alltag, dass insbesondere Handys und darauf befindliche Apps häufig genutzt werden und nutzen diese bereits in einem frühen Alter auch selbst (MPFS, 2021).

Die zunehmende Durchdringung des Alltags mit Medien wird in der Kommunikationswissenschaft als Mediatisierung bezeichnet (Hepp, 2018). Dieser Prozess beginnt keineswegs erst mit der Erfindung des Fernsehens oder des Computers. Vielmehr hat die Menschheit in der Vergangenheit bereits viele Schritte auf diesem Weg durchlaufen, wie etwa die Erfindung der Schrift oder des Buchdrucks. Digitale Medien sind zwar ein technisches Produkt, jedoch umfassen die mit ihrer Nutzung einhergehenden Veränderungen alle gesellschaftlichen Bereiche, wie etwa Kultur, Kommunikation und Politik. Mediatisierung wird deshalb als tiefgreifender Transformationsprozess verstanden (Hepp, 2018). Die Verbreitung digitaler Technologien ist dabei zwar nur ein weiterer Schritt im Prozess der Mediatisierung, digitale Medien beschleunigen diesen Wandel jedoch und verändern die Gesellschaft besonders schnell und tiefgreifend. Da digitale Technologie allgegenwärtig und allverfügbar ist, wird sie auch als ubiquitär bezeichnet (Kerres, 2018). Diese Allgegenwart gilt auch für Kinder. Digitale Technik ist zudem dadurch gekennzeichnet, dass wir oft gar nicht mehr wahrnehmen, dass eine digitale Technik am Werk ist. Digitalisierung ist deshalb oftmals für uns auch unsichtbar und wirkt auch ohne menschliche Wahrnehmung oder menschliches Zutun; sie ist also subtil (Kerres, 2018). Zugleich durchdringt die digitale Technik alle Lebensbereiche: sie ist eben nicht nur auf ein Hochtechnologie-Segment der Industrie begrenzt, sondern spielt in der Landwirtschaft ebenso eine Rolle wie in der Verwaltung, in der Gastronomie ebenso wie in der Bildung. Dieser Einfluss auf alle Lebensbereiche macht Digitalisierung zu einem alles durchdringenden, also pervasiven Prozess (Kerres, 2018). Diese Gegenwartsdiagnose wird heute auch als »Kultur der Digitalität« (Stalder, 2016) beschrieben.

In Zusammenhang mit dem ambivalenten Blick gerade auf digitale Medien gewinnt in den vergangenen Jahren die Perspektive der Postdigitalität an Bedeutung. Diese Sichtweise betont, dass unser Leben heute zwar stets physisch, materialgebunden und sozial eingebettet ist, jedoch immer auch Aspekte von Digitalität umfasst (Fawns, 2019). In den Wissens- und Industriegesellschaften der Gegenwart treffen wir meist nicht mehr die bewusste Entscheidung, etwas digital zu tun, sondern wir sind dauerhaft digital eingebunden: »In the postdigital, people and society have moved beyond discrete engagements with technologies, such as deliberately dialling up to go online, into the enduring operation of the digital as an ›ongoing continuum‹ of activity« (Edwards, 2022, S. 7). Neben der Einsicht in die Verwobenheit der physischen mit der digitalen Welt umfasst die Sichtweise der Postdigitalität jedoch auch einen kritischen Blick auf das Digitale und die mit der Digitalität verbundenen Probleme und Risiken.

Die Ausführungen machen deutlich: Wenn wir heute über Medien sprechen, dann stehen digitale Medien und Technologien im Vordergrund. Der Wandel hin zu digitaler Technik wird als Digitalisierung, das Vorhandensein digitaler Technik der alltäglichen Lebenswelt als Digitalität bezeichnet.

1.2 Pädagogische Perspektiven auf Medien und Digitalität

Medien bieten Kindern sowohl Chancen als auch Risiken. Besondere Chancen liegen darin, dass Kinder sich bereits in ihren ersten Lebensjahren ein umfangreiches Wissen aneignen können, etwa indem sie sich in Büchern oder im Fernsehen auf kindgerechte Weise informieren oder mit Hilfe von Apps bestimmte Kenntnisse auf den unterschiedlichsten Gebieten erwerben. Informationen, aber auch Unterhaltungsangebote sind durch Medien für Kinder leicht zugänglich, oftmals ist die Handhabung intuitiv möglich und es bedarf keiner Lese- und Schreibkenntnisse, um von den Angeboten zu profitieren. Auch die kreativen Ausdrucksmöglichkeiten werden gerade durch digitale Medien für Kinder erweitert. Kinder sind oftmals auch nicht auf Erwachsene angewiesen, um Medien zu nutzen, und erfahren dadurch Selbstständigkeit und Selbstwirksamkeit. Durch die frühe Mediennutzung eignen sich Kinder frühzeitig Fähigkeiten im Umgang mit Medien an, die sie im weiteren Lebensverlauf benötigen. Eine kompetente pädagogische Begleitung kann zudem auch den Aufbau von Wissen über Medien und Digitalität unterstützen und Kinder darin bestärken, bewusste, kritische und mündige Mediennutzer*innen oder sogar Mediengestalter*innen zu sein. Medien können so einen Beitrag zur Umsetzung von Kinderrechten leisten, vor allem wenn es um das Recht auf Förderung und Bildung sowie auf Beteiligung geht.

Die Verbreitung von Medien und Digitalität hat jedoch auch Schattenseiten. Die Attraktivität digitaler Medien kann zu langen Nutzungszeiten führen, die die Entwicklung von Kindern beeinträchtigen. Konkret wird befürchtet, dass die Beschäftigung mit Medien dazu führt, dass Kinder weniger soziale Kontakte haben, sich weniger bewegen und ihnen die anregende Auseinandersetzung mit anderen Lebensbereichen (insbesondere der Natur) fehlt. Zudem besteht die Sorge, dass sich ein ausufernder Medienkonsum zu einer Gewohnheit verfestigt, die sich in der späteren Kindheit und im Jugendalter fortsetzt (Fröhlich-Gildhoff & Fröhlich Gildhoff, 2017; Knauf, 2018). Auch können sich Inhalte, die dem Alter der Kinder nicht angemessen sind oder als wenig bildungsförderlich wahrgenommen werden, negativ auswirken. Gerade durch digitale Medien und die mit ihnen verbundene Vernetzung über das Internet und Soziale Medien gehen zudem Gefahren für die Verletzung von Kinderrechten einher, insbesondere mit Blick auf Schutzrechte (Persönlichkeitsrechte, Datenschutz).

Anders als andere Bildungsbereiche ist der Bereich Medien und Digitalisierung vor diesem Hintergrund der mit ihnen verbundenen Chancen und Risiken im allgemeinen Diskurs nach wie vor umstritten. Auch wenn ein gesellschaftlicher Konsens über die Notwendigkeit herrscht, Kindern einen angemessenen Umgang mit (digitalen) Medien nahezubringen, empfinden viele Erwachsene ein Unbehagen, wenn Kinder insbesondere mit digitalen Medien hantieren. Das Spannungsfeld aus Notwendigkeit und Sorge prägt den Bildungsbereich Medien in besonderem Maße.

1.3 Ziele des Bildungsbereichs

Diese Ambivalenz gegenüber (digitalen) Medien stellt das pädagogische Handeln in diesem Bildungsbereich vor besondere Herausforderungen. Eine wichtige Ressource besteht deshalb darin, dass Fachkräfte auf umfangreiche konzeptionelle und theoretische Arbeiten aus der seit Jahrzehnten betriebenen Medienpädagogik zurückgreifen können. Einen Grundstein hat hier Baacke mit seinen vier Dimensionen der Medienkompetenz gelegt, bei dem er zwischen Mediennutzung, -gestaltung, -kunde und -kritik unterscheidet (Baacke, 1996). In der Folge ist die Bezeichnung als Medien*kompetenz* vielfach kritisiert worden, weil damit eine starke Funktionalisierung assoziiert wurde: Es gehe vor allem darum, bestimmte Fähigkeiten zu trainieren, ohne diese kritisch zu reflektieren (zusammenfassend: Thormann, 2015). In der Folge hat sich der Begriff der Medienbildung verbreitet, durch den Lernende stärker als aktiv handelnde Subjekte in den Vordergrund gestellt werden sollten. Heute wird davon ausgegangen, dass Medienkompetenz und Medienbildung einander ergänzende Konzepte sind. Dabei fokussiert Medienkompetenz die konkreten Fähigkeiten und Fertigkeiten der Handhabung von Medien, während Medienbildung die kritische Auseinandersetzung mit Medien (Intentionen, Wirkungen, ökonomische Interessen usw.) in den Mittelpunkt stellt.

Aktuell wurde die Frage nach Medienbildung und -kompetenz durch eine Diskussion darüber abgelöst, was Kinder in einer durch digitale Technik geprägten Welt benötigen. Im englischsprachigen Diskurs wird dies unter den Stichworten »Digital Literacy« und »Digital Competences« diskutiert, in Deutschland als »Digitale Kompetenz« (Knauf, 2024). Im Kern geht es dabei um die Felder:

- Zugang zu Informationen, z. B. Bedienung eines Tablets
- Organisation von Daten, z. B. Speichern von Dateien
- Kommunikation, z. B. eine E-Mail schreiben
- Kritische Prüfung und Bewertung, z. B. eigene Erfahrungen mit Medien reflektieren
- Schutz und Sicherheit, z. B. Regeln für die sichere Nutzung einer App kennen
- Erstellung von Inhalten, z. B. Fotografieren und Bilder in eine Präsentation einbauen
- Lösung von Problemen, z. B. digitales Mikroskop zur Beantwortung einer Frage nutzen

Medien bzw. digitale Medien sind im »Gemeinsamen Rahmen der Länder für die frühe Bildung in Kindertageseinrichtungen« von KMK und JMFK (2022) als eigener Bildungsbereich »Medien und digitale Bildung« genannt. Eine Analyse der Bildungspläne zur Verankerung des Themas Medien kommt zu dem Ergebnis, dass Medien in lediglich zwei Bundesländern nicht als Bildungsinhalt genannt werden (Friedrichs-Liesenkötter, 2019), wobei heute durch die Überarbeitung eines Bildungsplanes nur noch ein Bundesland das Thema unberücksichtigt lässt. Einzelne Bundesländer haben inzwischen sogar eigene Konzeptionen zum Thema formuliert (z. B. Kultusministerium des Landes Niedersachsen 2022).

2 Konkrete Umsetzung in der Praxis

Medienbildung soll Kinder auf die aktive und reflektierte Nutzung von Medien vorbereiten. Vor dem Hintergrund dieses Ziels werden im Folgenden pädagogische Prinzipien formuliert, die die pädagogische Arbeit leiten können und dabei helfen, geeignete medienbezogene Aktivitäten auszuwählen und den Kindern eine positive und bewusste Medienerfahrung zu ermöglichen. Zur weiteren Konkretisierung für die Praxis werden verschiedene Zugänge zur

Medienbildung vorgestellt, die sowohl alltags- als auch projektorientiert umgesetzt werden können.

2.1 Prinzipien der Medienbildung in kindheitspädagogischen Institutionen

Der Bildungsbereich Medien ist inhaltlich ausgesprochen vielfältig. Er umfasst die gesamte Medienpalette (vom Bilderbuch bis zum Roboter) und beinhaltet sowohl praktisch-kreative als auch kritisch-reflexive Inhalte. Für den Bildungsbereich Medien können verschiedene Prinzipien formuliert werden, die eine angemessene Bearbeitung in kindheitspädagogischen Zusammenhängen ermöglichen und sicherstellen sollen (siehe auch: IFP – Staatsinstitut für Frühpädagogik, 2021):

- Produktions- und Handlungsorientierung
  Im Vordergrund der Auseinandersetzung mit Medien stehen kreative Gestaltung und experimentelles Erproben. Es geht um die aktive Nutzung (digitaler) Medien und nicht um den mehr oder weniger passiven Konsum von Medieninhalten. Das beginnt mit der Nutzung eines Buchs, das sich am Konzept des »Dialogischen Lesens« orientiert, und geht bis hin zur Nutzung des Tablets, nicht um eine App »zu spielen«, sondern um diese für die Erkundung der Welt zu nutzen. Das heißt nicht, dass nicht auch einmal ein Hörbuch zur Entspannung gehört werden darf; der Schwerpunkt liegt jedoch auf der aktiven Nutzung.
- Sicherheit
  Aufgabe von Trägern und pädagogischen Fachkräften ist es, eine sichere Mediennutzung zu ermöglichen. Dies geschieht durch die Auswahl geeigneter Medienprodukte sowohl bei der Hardware als auch bei der Software. Zudem sind sowohl bei Geräten als auch in Apps bzw. Programmen Sicherheitseinstellungen zu wählen, die sämtliche Risiken von Kindern fernhalten. Als Risiken werden dabei insbesondere der Zugriff auf persönliche Daten der Kinder und der Zugang der Kinder zu nicht angemessenen Inhalten verstanden.
- Mündiger Umgang
  Ziel der Medienbildung in kindheitspädagogischen Kontexten ist es, Kinder zu einem souveränen und selbstbestimmten Umgang mit (digitalen) Medien zu befähigen. Dazu kann erstens das Wissen über Zusammenhänge und Funktionsweisen von (digitalen) Medien wesentlich beitragen. Der zweite wichtige Baustein ist die kritische Reflexion von Medien und Medienpro-

dukten. Hier sollte von Seiten der Fachkräfte eine sachlich-analytische und nicht moralisierende Grundhaltung vorherrschen.

Diese drei Prinzipien können handlungsleitend für die pädagogische Arbeit sein und dabei helfen auszuwählen, welche medienbezogenen Aktivitäten stattfinden sollen.

2.2 Alltagsintegriert und Projektorientierung: Zugänge zur Medienbildung der kindheitspädagogischen Arbeit

Medienbildung kann mit sehr unterschiedlichen Schwerpunkten stattfinden. (Digitale) Medienbildung geht nicht notwendigerweise mit der Nutzung eines Bildschirms einher. Vielmehr kann der Bildungsbereich auch ohne Computer, Tablet und Mobiltelefon bearbeitet werden: Mit Alltagsmaterialien, Bilderbüchern und im Gespräch.

Im Folgenden werden fünf Zugänge zur Medienbildung vorgestellt, die das Spektrum möglicher Herangehensweisen verdeutlichen sollen (Knauf, 2023); Abbildung 1 gibt einen Überblick.

- Produktionsorientiert
  Bei diesem Zugang steht die kreative Nutzung von digitalen Geräten oder Apps im Vordergrund. Ziel ist es, dass Kinder mit Hilfe solcher digitalen Werkzeuge eigene Produkte herstellen. Je nach Alter und Interesse der Kinder kann die Komplexität der erstellten Produkte angepasst werden. Einfache Produkte sind Fotos, die bereits junge Kinder selbst erstellen können, beispielsweise mit dem Ziel, ihre Perspektiven einzufangen. Fotos können in selbst gestaltete Bücher oder Präsentationen eingebunden werden. Dies ist nur ein Beispiel für die Fülle von Produkten, die Kinder mit Hilfe von Medien erstellen können. Viele produktionsorientierte Anwendungen digitaler Medien ergeben sich im Alltag und im Zusammenhang mit anderen Bildungsbereichen. Fotos eignen sich etwa, um das Wachstum einer Pflanze zu dokumentieren oder die verschiedenen Schritte, die notwendig sind, um einen Nachtisch zuzubereiten. Mit Filmen kann die Tauglichkeit einer selbstgebauten Kugelbahn oder ein einstudierter Tanz festgehalten werden. Komplexere und aufwändigere Produktionen eignen sich dabei auch für Projekte. Eine kleinere Gruppe von Kindern kann dabei beispielsweise an einem Film arbeiten oder ein Buch entwickeln. Bei Bedarf können in solchen Projekten auch Fachleute von außen einbezogen werden.

- Ästhetisch-künstlerisch
Über einen ästhetischen Zugang können sich Kinder neue Dimensionen von Objekten erschließen. So können Kinder beispielsweise mit Hilfe (andernorts ausgemusterter) Overheadprojektoren mit Licht und Farben Stimmungen kreieren. Auch die Schaffung und Kombination von Klängen und Tönen wird oftmals durch Apps ermöglicht. Ästhetisch-künstlerische Produkte können auch mit Foto- und Filmkameras erzeugt werden, beispielsweise indem bestimmte Perspektiven oder Zoomeffekte genutzt werden. Inspiration für diesen Zugang können Kinder und Fachkräfte aus den vielfältigen Umsetzungen des Reggio-Ansatzes erhalten. Eine alltagsintegrierte Nutzung kann darin bestehen, in der dunklen Jahreszeit morgens den Projektor anzustellen, damit die Kinder mit Muggelsteinen und anderen transparenten Objekten eine besondere Atmosphäre im Gruppenraum gestalten können.
- Forschend
Mit Hilfe digitaler Werkzeuge können Kinder ihre natürliche Umwelt auf vielerlei Weisen forschend erkunden. Das beginnt mit einfachen Beobachtungen und Messungen (z. B. Temperatur, Regenwasser, Verhalten von Tieren) und der Untersuchung von Phänomenen in der Umgebung (z. B. Rollgeschwindigkeit verschiedener Objekte auf einer schiefen Ebene, Vergleich verschiedener Objekte unter dem digitalen Mikroskop). Mit Hilfe von Foto und Film, aber auch von Tabellen auf dem Computer können Beobachtungen und Untersuchungen dokumentiert werden (z. B. Wachstum von Pflanzen, Auftauen von Eis). Apps und das Internet können schließlich dabei helfen, die beobachteten Phänomene zu verstehen und zu analysieren (z. B. Pflanzenbestimmung, Vergleich von Wetterdaten).
- Reflexiv
In diesem Zugang setzen sich Kinder (und Erwachsene) auf einer Meta-Ebene mit ihren Medienerfahrungen auseinander. Zunächst geht es darum, dass die Kinder bewusst wahrnehmen, welche Bücher, Filme, Serien, Hörspiele und Apps sie nutzen. Wie die Aufzählung zeigt, können die in der Kita vorhandenen Bilderbücher einen guten Einstieg darstellen. Zudem können solche reflexiven Gespräche an die Themen anknüpfen, über die sich die Kinder sowieso austauschen, wenn es um bestimmte Serien oder Filmfiguren geht. In einem reflexiven Zugang zu Medien können Figuren oder Held*innen aus Medien genauer beleuchtet werden. Auch können technische Aspekte untersucht und verglichen werden, z. B. kann die Technik des Zeichentricks mit einem selbstgebastelten Daumenkino verdeutlicht werden. Auch können Kinder gemeinsam überlegen, welche Medienprodukte sie besonders gerne mögen und welche nicht – und warum das so ist. Diese

einfache Bewertung ist ein erster wichtiger Schritt in Richtung Mündigkeit gegenüber Medien, weil die Kinder hier aus der Rolle der Konsumierenden in die der Bewertenden kommen. Selbstverständlich gehört auch die Reflexion des eigenen Mediennutzungsverhaltens zu diesem Zugang. Dabei ist zu beachten, dass Kinder nicht aufgrund ihrer Gewohnheiten oder den in der Familie vorhandenen Abläufen beschämt werden.

• Informatisch
Die Funktionsweise digitaler Geräte steht im Mittelpunkt dieses Zugangs. Damit ist nicht nur die Anwendungsebene gemeint (»Wie benutze ich ein Gerät?«), sondern auch die dahinterliegenden Informatikkonzepte. Konzepte wie Pixel oder Algorithmen etwa können sich bereits junge Kinder erschließen. Im Vordergrund steht dabei das Ziel, digitale Geräte als von Menschen gemachte Objekte sichtbar zu machen, die eben keine »Zaubermaschinen« sind. Zu diesem Zweck können unterschiedliche analoge wie digitale Materialien eingesetzt werden. Holz- und Legowürfel können dabei beispielsweise Pixel veranschaulichen. Muster und Sortierungen können mit vorhandenen Materialien erprobt werden. Mit analogen Brettspielen, freien Spielen, Apps und programmierbaren Objekten (z.B. BeeBot) können Prinzipien des Programmierens nachvollzogen werden.

Diese Zugänge verdeutlichen, dass insbesondere alltagsintegrierte Formen der Medienbildung und Förderung von Medienkompetenz naheliegen, wenn mit (digitalen) Medien gearbeitet wird. Im Sinne eines ko-konstruktiven didaktischen Ansatzes können aus diesen inzidentellen Bildungssituationen Projekte erwachsen: Ein Gespräch beim Imbiss über die Protagonist*innen der Lieblingsserie kann beispielsweise zu einem umfassenden Projekt über Medienheld*innen werden. Aus dem freien Spiel mit einem BeeBot kann ein Projekt über Roboter und künstliche Intelligenz werden.

3 Hochschuldidaktischer Impuls

Bei der Auseinandersetzung mit dem Bildungsbereich Medien kann zwischen einem experimentell-praktischen und einem reflexiv-theoretischen Teil unterschieden werden.

Für den *experimentell-praktischen* Teil ist es wichtig, dass Studierende digitale Werkzeuge und medienbezogene Aktivitäten selbst ausprobieren können. Auf diese Weise können sie selbst Erfahrungen mit dem Bildungsbereich sammeln. Wichtig ist dies auch, um Vorurteile abzubauen, die eventuell gegenüber dem Medieneinsatz bestehen. Indem Studierende erfahren, dass es auch bei diesem Bildungsbereich um ganz analoge, physische Erkundungen geht und Kinder eben nicht »vor einer App geparkt werden«, wie einige vielleicht zunächst vermuten, erfahren sie einen neuen Zugang zum Thema. Das Ausprobieren ist auch deshalb wichtig, um die Vielfalt digital- und medienpädagogischer Arbeit zu verdeutlichen.

Konkret kann ein Einstieg in das Thema über das Fotografieren stattfinden. Da Studierende in der Regel Smartphones mit Kamera dabeihaben, ist dies leicht umsetzbar. Eine Aufgabe könnte es sein, Beispiele für Digitalität in der Umgebung zu dokumentieren. Die entstandenen Fotos können auf einer kollaborativen Internetseite gesammelt werden (z. B. Padlet oder Miro) und anschließend gemeinsam über einen Beamer betrachtet werden. Bei der Auswertung kann dabei sowohl inhaltlich mit den Bildern gearbeitet werden (Wo steckt überall digitale Technik drin?) als auch methodenkritisch (Zu welchen Fragen ergeben Foto-Recherchen dieser Art mit Kindern Sinn?).

Grundsätzlich können Studierende zu allen oben genannten Zugängen selbst Erprobungen durchführen. Wenn viel Zeit zur Verfügung steht, könnten auch entsprechend der fünf Zugänge fünf Gruppen gebildet werden, bei denen jeweils eine Gruppe ein Beispiel für einen Zugang ausprobiert und anschließend der Gesamtgruppe vorstellt. Ist weniger Zeit vorhanden und stehen entsprechende Geräte bereit, dann macht vielen Studierenden das Ausprobieren von programmierbaren Geräten wie dem BeeBot oder Dash großen Spaß. Aufgabe sollte dabei aber immer auch sein, dass die Studierenden überlegen, wie die Geräte in die pädagogische Arbeit mit Kindern integriert werden können.

Der *reflexiv-theoretische* Teil kann sich erstens mit Theorien und Konzepten zum Thema Digitalisierung und Digitalität befassen. Neben einer Begriffsklärung sollte vor allem deutlich werden, wie umfassend und tiefgreifend der durch digitale Technik ausgelöste gesellschaftliche Wandlungsprozess ist. Zweitens ist es wichtig, über die Bedeutung von (digitalen) Medien für Kinder und Kindheiten ins Gespräch zu kommen. Dabei kann es auch darum gehen, etwaige Dramatisierungen mit empirischen Daten zu konfrontieren (z. B. MPFS, 2021). Ein hilfreicher Zugang kann hier auch die Auseinandersetzung mit der eigenen Medienbiografie und der eigenen aktuellen Mediennutzung sein. Für eine Medienbiografie können die Studierenden auf einer Zeitleiste, die ihr bisheriges Leben darstellt, eintragen, in welchem Alter sie welche Medien bzw. Medienprodukte besonders intensiv genutzt haben (Lieblingsserien, Idole, Lieblingsspiele). Neben dem Nachdenken über die reine Nutzung können sie auch eintragen, wann und über welche Medien es Streit mit den

Eltern gab und wie dieser gelöst wurde, welche Medien sie beeinflusst haben (Mode, Frisur, Verhalten, Kauf bestimmter Produkte). In 2er- oder 3er-Gruppen können sich die Studierenden ihre Biografien gegenseitig vorstellen. Die derzeitige Mediennutzung kann mit einer Punktabfrage statistisch erfasst werden. Hier werden bestimmte Medien/Medienprodukte aufgeführt (z. B. Smartphone, Tablet, E-Book-Reader, Instagram, TikTok, Lernplattform der Hochschule, WhatsApp) und die Studierenden markieren durch einen Punkt, wenn sie diese in den letzten 24 Stunden oder in der letzten Woche benutzt haben. Diese Statistik verdeutlicht in der Regel, wie durchdrungen unser Alltag von digitalen Medien ist. Zugleich wird der Blick auf das eigene Verhalten gelenkt. Dadurch kann verhindert werden, dass Kinder einseitig einer »falschen« Mediennutzung bezichtigt werden bzw. Eltern einer unzureichenden (medien-) pädagogischen Kompetenz.

Literatur

Edwards, S. (2022). Concepts for Early Childhood Education and Care in the Postdigital. *Postdigital Science and Education, 5* , 777–798. https://doi.org/10.1007/s42438-022-00356-7

Fawns, T. (2019). Postdigital Education in Design and Practice. *Postdigital Science and Education, 1*, 132–145. https://doi.org/10.1007/s42438-018-0021-8

Friedrichs-Liesenkötter, H. (2019). ›Wo Medienbildung draufsteht, steckt nicht unbedingt Medienbildung drin‹. Eine Dokumentenanalyse von Bildungsplänen und Curricula in Ausbildung und Studium zur frühkindlichen Medienbildung und -erziehung. *Medienimpulse, 57*(1).

Fröhlich-Gildhoff, K. & Fröhlich-Gildhoff, M. (2017). Digitale Medien in der Kita – die Risiken werden unterschätzt! *Frühe Bildung, 6*(4), 225–228. https://doi.org/10.1026/2191-9186/a000332

Hepp, A. (2018). Von der Mediatisierung zur tiefgreifenden Mediatisierung. In J. Reichertz & J. Bettmann (Hrsg.), *Kommunikation – Medien – Konstruktion* (S. 27–45). Wiesbaden: Springer.

IFP-Staatsinstitut für Frühpädagogik (2021). *Kompetenzrahmen zur digitalen Bildung an bayerischen Kitas.* IFP. Online-Veröffentlichung. https://materialkiste.kita.bayern/edu-sharing/components/render/6f324e80-5a81-424b-8d17-443fe39a77d4

Kerres, M. (2018). Bildung in der digitalen Welt, wir haben die Wahl. mebis – Landesmediendienzentrum Bayern. https://www.mebis.bayern.de/p/47760

Knauf, H. (2018). Die Nutzung digitaler Medien in der Kita entdramatisieren – eine Antwort auf Fröhlich-Gildhoff und Fröhlich-Gildhoff. *Frühe Bildung, 7*(2), 114–118. https://doi.org/10.1026/2191-9186/a000374

Knauf, H. (2023). *Kindertageseinrichtungen im digitalen Wandel.* Kita Fachtexte. Online-Veröffentlichung. https://www.kita-fachtexte.de/de/fachtexte-finden/kindertageseinrichtungen-im-digitalen-wandel.

Knauf, H. (2024). *Förderung digitaler Kompetenzen von Kindern in Kindertageseinrichtungen. Empirische Befunde und konzeptionelle Grundlegung.* München: Deutsches Jugendinstitut. https://www.weiterbildungsinitiative.de/publikationen/detail/foerderung-digitaler-kompetenzen-von-kindern-in-kindertageseinrichtungen

Knox, J. (2019) »What Does the ›Postdigital‹ Mean for Education? Three Critical Perspectives on the Digital, with Implications for Educational Research and Practice.« *Postdigital Science and Education*, 1, 357–370. https://doi.org/10.1007/s42438-019-00045-y.

KMK (Kultusministerkonferenz) & JMFK (Jugend- und Familienministerkonferenz) (2022). *Gemeinsamer Rahmen der Länder für die frühe Bildung in Kindertageseinrichtungen.* KMK & JMFK. https://www.kmk.org/fileadmin/veroeffentlichungen_beschluesse/2004/2004_06_03-Fruehe-Bildung-Kindertageseinrichtungen.pdf

Kultusministerium des Landes Niedersachsen (2022). *Nds. Rahmencurriculum Kindgerechte Medienbildung im Elementarbereich.* Kultusministerium Niedersachsen. Online-Veröffentlichung. https://bildungsportal-niedersachsen.de/fruehkindliche-bildung/bildungsauftrag/bildungsbereiche/medien-in-der-fruehen-bildung/

MPFS (Medienpädagogischer Forschungsverbund Südwest) (2021). *miniKIM-Studie 2020. Kleinkinder und Medien.* Stuttgart: MPFS.

Stalder, F. (2016). *Kultur der Digitalität.* Frankfurt am Main: Suhrkamp.

Thormann, M. (2015). Medienkompetenz oder Medienbildung? Zur Frage nach dem Zielwert medienpädagogischer Praxis. *MedienPädagogik: Zeitschrift für Theorie und Praxis der Medienbildung*, 1–14. https://doi.org/10.21240/mpaed/00/2015.02.23.x

Websites mit Praxis-Ideen und Hintergrundinformationen

Gutes Aufwachsen mit Medien https://www.gutes-aufwachsen-mit-medien.de/ Lokale Netzwerke für die Medienbildung.

Medienkindergarten Wien. https://medienkindergarten.wien/startseite Materialien, Ideen und Rezensionen zur Medienbildung in Kindertageseinrichtungen.

Schau hin. https://www.schau-hin.info/ Initiative zur Unterstützung von Eltern bei der Medienbildung.

Kampagne »Startchance kita.digital« https://www.ifp.bayern.de/projekte/qualitaet/startchancekitadigital.php Kampagnenwebsite des bayerischen Staatsinstituts für Frühpädagogik und Medienkompetenz mit zahlreichen Materialien für die Praxis.

Produzieren statt konsumieren – der Bildungsbereich Medien und Digitalität

Medienpädagogik Praxis Blog https://www.medienpaedagogik-praxis.de/handbuch/ Praxisprojekte zu verschiedenen Medien für verschiedene Altersgruppen.

V Ästhetische Bildung

Die ästhetische Bildung umfasst sowohl Bildungsprozesse entlang der unterschiedlichen Sinneswahrnehmungen und ihrer Reflexion als auch rezeptive und produktive Auseinandersetzungsformen mit unterschiedlichen künstlerischen Sparten. Bis auf Baden-Württemberg ist dieser Bildungsbereich in allen Bildungsplänen der Bundesländer präsent – allerdings mit sehr unterschiedlichen Bezeichnungen und in verschiedenen inhaltlichen Zuschnitten. Bayern, Niedersachsen, Nordrhein-Westfalen, Sachsen, Schleswig-Holstein und Thüringen verwenden eine spartenübergreifende Bezeichnung wie »Ästhetische Bildung« (Sachsen) oder »Musisch-ästhetische Bildung« (Nordrhein-Westfalen, Schleswig-Holstein). Bayern (»Ästhetik, Kunst, Kultur« und »Musik«), Hessen (»Bildnerische & darstellende Kunst« und »Musik & Tanz«) und Thüringen (»Musikalische Bildung« und »Künstlerisch-ästhetische Bildung«) weisen zwei unterschiedliche Bildungsbereiche gesondert aus. Einige Länder unterteilen sogar dreifach: Mecklenburg-Vorpommern (»Musik«, »Ästhetische Bildung«, »Bildnerisches Gestalten«), Rheinland-Pfalz (»Gestalterisch-kreativer Bereich«, »Musikalischer Bereich« und »Theater Mimik Tanz«) und Sachsen-Anhalt (»Bildende Kunst«, »Darstellende Kunst«, »Musik«). Bremen setzt mit »Rhythmik und Musik« auf das Konzept der musikalisch-rhythmischen Erziehung als Stellvertreter der künstlerischen Disziplinen, Berlin und Hamburg nennen als künstlerische Zugänge explizit »Bildnerisches Gestalten, Musik und Theaterspiel«, jeweils nach einer übergreifenden Bereichsbeschreibung: »Kunst« (Berlin) bzw. »Ästhetische Bildung« (Hamburg). An diese Vielheit anknüpfend analysiert Juliane Gerland zunächst die Bedeutung und die kindheitspädagogische Relevanz dieses Bereichs für die frühkindliche Bildung und hinterfragt die föderale Vielfalt der Bezeichnungsformen dieses Bildungsbereichs, bevor theoretische Positionen und pädagogische sowie forschungsbezogene Ansätze der musikalischen Bildung exemplarisch herausgearbeitet werden.

Sinnliche Wahrnehmung und künstlerisches Experimentieren als Bausteine frühkindlicher Bildung

Juliane Gerland

> Eindruck (im Sinne von Wahrnehmung) und Ausdruck (im Sinne von individueller Gestaltung) sind im Gemeinsamen Rahmen der Länder für die frühe Bildung in Kindertageseinrichtungen als zentrale Begriffe für den Bildungsbereich musisch-ästhetische bzw. ästhetische Bildung benannt. Im Fokus stehen verschiedene künstlerische Zugänge, beispielsweise Musik, Darstellende Künste, Bildende Künste, Tanz, Theater oder Literatur. Der musisch-ästhetische Bildungsbereich ist geprägt durch ein interdisziplinäres Zusammenspiel verschiedener künstlerischer Zugänge und theoretischer Orientierungen. Dieses Kapitel nimmt nach einer kurzen Begriffserläuterung theoretische Hintergründe und empirische Forschungspositionen in den Blick, erörtert projektartige und alltagsintegrierte Bildungsarbeit in Kindertageseinrichtungen und beschreibt abschließend Möglichkeiten passender Umsetzung in der kindheitspädagogischen Hochschullehre.

1 »Von der Muse geküsst« oder »einfach ästhetisch«? – einführende Begriffsklärung

Die Erläuterungen im Gemeinsamen Rahmen der Länder für die frühe Bildung in Kindertageseinrichtungen (KMK & JMK, 2022) verdeutlichen: In diesem Bildungsbereich geht es um Eindruck (im Sinne von Wahrnehmung) und Ausdruck (im Sinne von individueller Gestaltung). Die jeweiligen Bildungspläne der Bundesländer zeigen allerdings, dass die Inhalte dieses Bildungsbereichs durchaus unterschiedlich interpretiert werden. Während im Gemeinsamen Rahmen (und beispielsweise im Bildungsplan des Landes Niedersachsen) von »Ästhetischer Bildung« die Rede ist, firmiert dieser Bildungsbereich in Nordrhein-Westfalen unter »Musisch-ästhetischer Bildung«. In Thüringen hingegen wird kleinteiliger vorgegangen: man findet sowohl »Musikalische Bildung« als auch »künstlerisch-ästhetische Bildung« als einzelne Bildungsbereiche. Verbindende Elemente in den unterschiedlichen Dokumenten sind der Fokus auf Wahrnehmung – also Eindruck – und Gestaltung – also Ausdruck. Im Fokus stehen verschiedene künstlerische Zugänge, beispielsweise Musik, Darstellende Künste, Bildende Künste oder Literatur. Die Bezeichnung als *musisch* unterstreicht, dass unterschiedliche künstlerische Disziplinen gleichberechtigt in diesem Bildungsbereich repräsentiert werden sollen. Im vorliegenden Kapitel ist diese künstlerische Multiperspektivität grundsätzlich Ausgangspunkt für die weitere Darstellung und Reflexion. Um notwendige Konkretisierungen ergänzen zu können, werden einzelne Entwicklungen und Beispiele aus der Perspektive der musikalischen Bildung als einem alltagsrelevanten Teilbereich des musisch-ästhetischen Bereichs erörtert. Zu Beginn sollen die Begriffe *musisch* und *ästhetisch* kurz erörtert und ihre Relevanz für die frühkindliche Bildung skizziert werden.

Musisch: Muse ist in der griechischen Mythologie eine Tochter des Zeus und gilt als eine Schutzgöttin der Künste. Mit ‚musisch' werden üblicherweise Kontexte beschrieben, in denen die Auseinandersetzung mit den Künsten eine besondere Rolle spielen, zum Beispiel im Begriff »musisches Gymnasium«. Außerhalb solcher Bezeichnungen für bestimmte Schwerpunktsetzungen im Bildungssektor (so ja auch bei der Benennung dieses Bildungsbereichs) kommt der Begriff des Musischen zunehmend seltener vor.

Ästhetisch: Alltagssprachlich wird ästhetisch oft gleichbedeutend mit schön, gelungen oder geschmackvoll verwendet, also normativ und mit einer deutlich positiven Konnotation. Um die Relevanz dieses Bildungsbereichs der musisch-ästhetischen Bildung insbesondere für die frühe Kindheit in ihrem Kern zu erfassen, ist es jedoch notwendig, die eigentliche Bedeutung des Begriffs zu berücksichtigen.

Ästhetisch wird abgeleitet vom griechischen Wort Aisthesis, das die Lehre der sinnlichen und körperlichen Wahrnehmung und Empfindungen bezeichnet. Mit aisthetischen Prozessen sind Wahrnehmungs- und Empfindungsprozesse im engeren Sinne gemeint, beispielsweise das Hören oder Tasten und die individuelle emotionale Resonanz auf diesen Sinneseindruck. Ästhetische Prozesse hingegen schließen die »Reflexion des sinnlichen Wechselspiels zwischen Mensch und Welt« (Zirfas, 2012, S.168) mit ein. Auf der Ebene der Aisthesis geht es also um den Kontakt zwischen dem Individuum und der

Außenwelt durch sinnliche Wahrnehmung, auf der Ebene der Ästhetik geht es um die bewusste Reflexion dessen. Bildungsprozesse in der frühen Kindheit lassen sich prinzipiell auch als eine Pendelbewegung zwischen aisthetischen und ästhetischen Prozessen beschreiben. Säuglinge entwickeln sich zunächst in einem aisthetischen, vorreflexiven Modus (Stern, 2007; Reinwand, 2013). Ihre Auseinandersetzung mit der Welt findet unmittelbar und ausschließlich über die sinnliche Wahrnehmung statt. In einer gelingenden Entwicklung wird dieser Modus nach und nach um reflexive Bestandteile erweitert, die einen ästhetischen Modus ermöglichen. Durch diese reflexiven Bestandteile wird wiederum eine Ausdifferenzierung der sinnlichen (aisthetischen) Wahrnehmung befördert, die eine neue Ebene von Reflexion ermöglicht usw. Insbesondere die Auseinandersetzung mit künstlerischen Gegenständen und Methoden bietet hier ein spezifisches Potenzial und fördert die Kinder darin, »sich in ihrer Lebenswelt zu orientieren und sich mit ihr sowie mit anderen Menschen auseinanderzusetzen« (Bundesvereinigung Kulturelle Kinder- und Jugendbildung, 2016, S.3).

Die unterschiedlichen Denominationen diese Bildungsbereichs in den verschiedenen Bundesländern weisen darauf hin, dass die Schwerpunktsetzungen in diesem Bildungsbereich und auch seine Bezeichnung weder zwangsläufig noch eindeutig sind. Zentraler Aspekt in allen Bundesländern und im »Gemeinsamen Rahmen« ist das Wechselspiel von Eindrücken und ihrer Reflexion und (künstlerischen) Ausdrucks- und Gestaltungsweisen. Die Bezeichnung als *musisch* erscheint hier als weniger geeignet, da es regelmäßig zu Missverständnissen kommt, wenn *musisch* mit *musikalisch* gleichgesetzt wird. Bezeichnungen wie »Ästhetische und künstlerische Bildung«, »Wahrnehmen und Gestalten« oder »Ästhetisch-kulturelle Bildung« hingegen benennen das beschriebene Wechselspiel zwischen Eindruck und Ausdruck und verweisen gleichermaßen auf die Verortung im Bereich der Künste.

2 Theoretische Koordinaten

Der musisch-ästhetische Bildungsbereich ist durch ein interdisziplinäres Zusammenspiel verschiedener theoretischer Orientierungen und künstlerischer Zugänge geprägt. Entsprechend vielfältig sind die theoretischen Rahmungen, die herangezogen werden können. Im Folgenden wird daher ein theoretisches Koordinatensystem vorgeschlagen, das eine erste Orientierung bieten kann.

V Ästhetische Bildung

Die theoretischen Bezüge für den hier behandelten Bildungsbereich lassen sich in zwei Ebenen einordnen: zum einen sind theoretische Konstrukte relevant, die sich aus einer allgemeinen bildungsbezogenen Perspektive mit Aspekten von Wahrnehmung, Aisthesis, Ästhetik und künstlerischen Inhalten für die frühe Bildung befassen. Zum anderen ist es aber gleichfalls sinnvoll, die theoretischen Konstrukte der einzelnen künstlerischen Disziplinen und ihrer Vermittlung in den Blick zu nehmen. Erstere setzen den Fokus auf Prozesse der Wahrnehmung sowie des (künstlerischen) Ausdrucks und verstehen diese Elemente häufig als einen Gegenpol, beispielsweise zur naturwissenschaftlich-technischen Bildung. Sie arbeiten heraus, wie grundlegend und bedeutsam die Förderung von Wahrnehmung überhaupt als Voraussetzung für Bildungsprozesse ist. Wegweisende Beispiele sind hier u. a. die Arbeiten von Bilstein und Zirfas (2009), Staege (2016), Dietrich (2010) und Brandtstätter (2012). Autor*innen aus dem Feld der Kulturellen Bildung setzen diese grundlegenden Überlegungen zu ästhetischen Prozessen konkreter in Beziehung zu diversen kulturellen Praktiken und sind eher kulturwissenschaftlich, bzw. -pädagogisch oder -anthropologisch geprägt. Wichtige Impulse bieten hier etwa Fuchs (2008) oder Zacharias (2013). Auch Schäfer bietet relevante theoretische Anknüpfungspunkte, insbesondere durch seine Überlegungen zum Spiel als kindlichem Bildungs- und Ausdrucksprozess, das er ebenfalls als ästhetischen Möglichkeitsraum interpretiert (Schäfer, 2005).

Die zweite Ebene des Koordinatensystems wird durch die Theoriegebäude einzelner künstlerischer Disziplinen und ihrer Vermittlung gebildet. Insbesondere im Bereich Musik gibt es einen differenzierten Diskurs im Kontext frühe Bildung (Stadler Elmer, 2015; Lehmann & Dartsch, 2016) und ebenso im Feld der bildenden Künste (Peez, 2005; Brenne, 2019). Für den Bereich Tanz geben Obermaier et al. einen ausführlichen Überblick (Obermaier et al., 2024).

3 Empirische Forschung im Bereich musisch-ästhetischer Bildung

Die vermutlich größte Herausforderung für empirische Forschung im Kontext ästhetischer und künstlerischer Bildungsprozesse liegt in der Auswahl gegenstandsangemessener Forschungsmethoden. Wie kann etwas, das in erster Linie auf intraindividuelle Prozesse (wie ästhetische Bildung) und subjektive Interpretation (künstlerische Gestaltungsprozesse) zielt, systematisch und objektiv, evidenzbasiert und anhand exemplarisch erhobener Daten empirisch gefasst werden? Ein Blick auf die entsprechende Forschungslandschaft in den letzten 20 Jahren lässt zwei unterschiedliche Herangehensweisen erkennbar werden:

Einerseits gibt es den Bereich (Transfer-)Wirkungsforschung. Hier wird untersucht, welche Auswirkungen ästhetische und künstlerische Bildungsprozesse auf Individuen haben. Dies kann etwa bedeuten, dass aus neurowissenschaftlicher Perspektive mit bildgebenden Verfahren analysiert wird, wie sich regelmäßiges Musizieren auf neuronale Strukturen auswirkt (Habibi et al., 2018). Weiter gibt es zahlreiche Untersuchungen, die versuchen, Auswirkungen künstlerischen Handelns anhand von Kompetenzsteigerungen in nicht-künstlerischen Bereichen darzustellen, z. B. anhand besserer Ergebnisse in IQ-Tests oder besserer Leistungen in verschiedenen Schulfächern (Degé & Schwarzer, 2015). Hier zeigt sich die grundlegende Überzeugung, dass künstlerische Praxis förderlich für die individuelle Entwicklung ist. Der Fokus dieser Forschungsrichtung liegt allerdings eher auf den Auswirkungen ästhetisch-künstlerischer Bildung als auf den spezifischen Prozessen selbst. Darüber hinaus bleibt es hier immer bei einer gewissen Unschärfe der Kausalitäten, da auch die größeren (sozialen) Zusammenhänge ästhetisch-künstlerischer Bildung mitzudenken sind: Wer hat Zugang zu entsprechenden Angeboten? Wie werden die Angebote in familiären und weiteren sozialen Kontexten anerkannt und mitgetragen? etc.

Darüber hinaus gibt es im Kontext ästhetischer Bildung eine Forschungshaltung, die versucht, die Prozesse ästhetisch-künstlerischer Bildung bzw. künstlerischer Erfahrungen zu verstehen und zu beschreiben. Hier geht es insbesondere darum, dem komplexen und uneindeutigen Gegenstand gerecht zu werden und ihn überhaupt empirisch fassbar zu machen. Es handelt sich dabei in der großen Mehrzahl um qualitative und rekonstruktive Ansätze, die nur schwer zu verallgemeinern sind und deswegen in der Reichweite ihrer Aussagekraft auf den jeweils untersuchten Kontext begrenzt bleiben. Durch ihre detaillierten und dichten Erkenntnisse tragen diese Studien zu einem vertieften Verständnis ästhetisch-künstlerischer Bildungsprozesse und zu einer entsprechenden Theoriebildung bei. So analysiert Weber-Krüger die kindliche Perspektive auf bestimmte Angebote musikalischer Bildung, hier konkret der elementaren Musikpädagogik (Weber-Krüger, 2014), Staege (2010) beschreibt musikalisch-ästhetische Bildungsprozesse von Kindern mittels der dokumentarischen Videointerpretation und Gerland (2022) rekonstruiert videografisch ritualtheoretische Aspekte in Angeboten musikalischer Bildung in einer Kindertageseinrichtung.

V Ästhetische Bildung

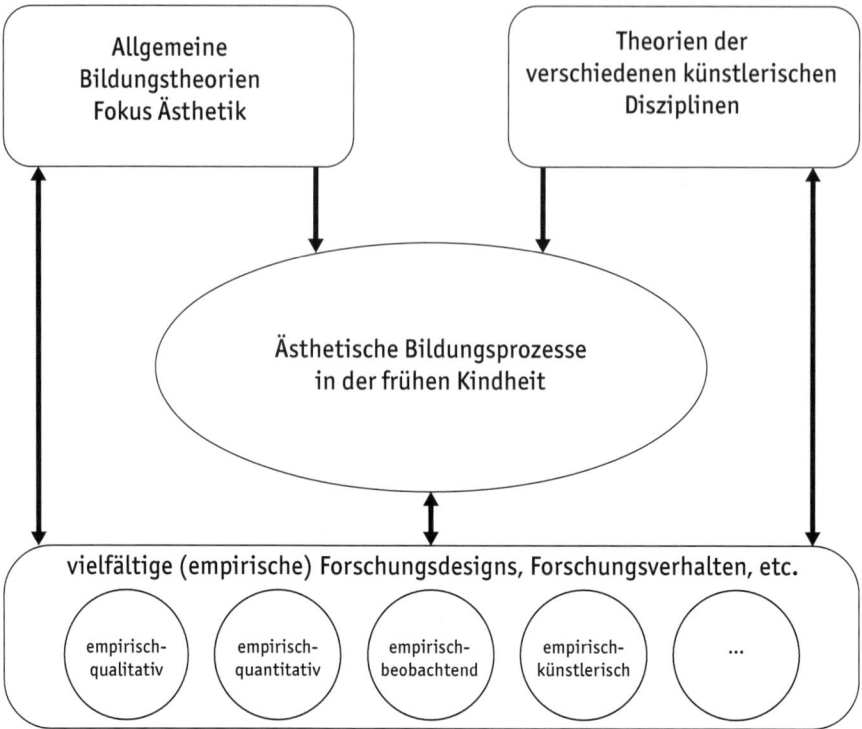

Abb. 10: Theoretische Bezüge und Forschungshaltungen im Kontext ästhetische Bildung

4 Bildungspotenziale ästhetischer und künstlerischer Praxis

Die Ergebnisse der Forschung aus beiden genannten Strömungen bestätigen, dass die Auseinandersetzung mit künstlerischen Gegenständen entwicklungsförderlich zu sein scheint. So liegen beispielsweise für den Kontext Musik Studien vor, die positive Auswirkungen auf sprachliche (Linnavalli et al., 2018; Politimou et al., 2019), motorische (Martins et al., 2018), kognitive (Loui et al., 2019) und sozial-emotionale (Ilari, 2016) Entwicklung belegen. Wie oben bereits angedeutet bleibt jedoch unklar, welche Kausalitäten bei diesen Zusammenhängen wirksam werden, da die Zusammenhänge in der Frage, wie Musik und musikalische Praxis Menschen und ihre Entwicklung beeinflusst, komplex sind. In den 1990er-Jahren wurde rund um die Diskussion zum sogenannten Mozart-Effekt (Rauscher, Shaw & Ky, 1993) deutlich, dass eine unterkomplexe Betrachtung den Eigensinn musikalischer Praxis als künstlerisch-ästhetische Handlungsform offensichtlich nicht angemessen berücksichtigen kann, ebenso wie die spezifischen Potenziale von Musik als einer besonderen Form zwischenmenschlicher Kommunikation und als Rahmen für Erfahrungen von Selbstwirksamkeit und künstlerischer Urheberschaft.

5 Zur Rolle der Fachkräfte im musisch-ästhetischen Bildungsbereich

Pädagogisches Handeln im musisch-ästhetischen Bildungsbereich wird häufig von zwei Missverständnissen begleitet, die zu Verunsicherung bei den pädagogischen Fachkräften führen können. Ein Beispiel ist der Gedanke, es ginge im musisch-ästhetischen Bildungsbereich insbesondere darum, spezielle künstlerische (Vorläufer-)Fertigkeiten zu schulen. Aus der darin immanenten Verantwortung für die Entwicklung der Kinder in diesem Feld resultiert für Fachkräfte eine Überforderung, da ihre pädagogische Qualifizierung nicht automatisch eine Expertise in Kunst, Musik oder anderen künstlerischen Sparten beinhaltet. Tatsächlich geht es hier jedoch weniger um eine Didaktik der einzelnen künstlerischen Disziplinen, sondern um eine flexible Nutzung möglichst verschiedenartiger Zugänge, um Kindern ästhetische Erfahrungen im Sinne grundlegender Bildungsprozesse zu ermöglichen. Ein zweites gängiges Missverständnis besteht in der Annahme, dieser Bildungsbereich sei besonders voraussetzungsreich, was zum einen spezifische künstlerische Vorerfahrungen und Begabungen der Fachkräfte und zum anderen geeignete Materialien angeht. Sicherlich sind musikalisch, künstlerisch oder tänzerisch versierte Fachkräfte eine große Bereicherung für ihre Teams und genauso wünschenswert sind auch hochwertige Malutensilien oder ein vielfältiges Musikinstrumentarium für jede Einrichtung – zwingende Voraussetzung für ästhetische Bildungsprozesse sind sie jedoch nicht.

Kern ästhetischer Bildungsprozesse ist die differenzierte Wahrnehmung der Welt, eine subjektive und emotionale Resonanz auf diese Wahrnehmung sowie eine zunehmende Reflexion dieser Prozesse, die schließlich eigene (künstlerische) Ausdrucksformen evozieren kann. Auch Alltagsgegenstände und ganz alltägliche Phänomene können Ausgangspunkt dieser Kette von Ereignissen sein. Die Erkundung der klanglichen Eigenschaften eines Teelöffels kann einem Zweijährigen genauso viel Gelegenheit zu ästhetischer Bildung bieten wie das Spiel auf einer Trommel; das Beobachten eines vom Wind durcheinandergewirbelten Laubhaufens hat ebensolches Bildungspotenzial wie das Malen mit Fingerfarbe. Viel entscheidender als die Spezifizität des Materials ist die Art und Weise, in der Fachkräfte die Kinder in ihren Handlungen begleiten. Bekomme ich als Fachkraft mit, dass ein Kind sich sehr genau mit einem Teelöffel beschäftigt? Kann ich mir vorstellen, was in dem Kind vorgeht, das den Laubhaufen beobachtet?

Gute Voraussetzungen für ästhetische Bildung sind dann gegeben, wenn die Fachkräfte ausreichend Kapazitäten haben, solche Momente nicht nur selbst zu registrieren, sondern die Kinder in diesen Momenten angemessen zu begleiten. Zum Beispiel in einem Gespräch über Wind, einem improvisierten Blättertanz oder durch ein Spiegeln der klanglichen Explorationen mit einem zweiten Teelöffel. So kann dem Kind verdeutlicht werden, dass es in seinen Beobachtungen und Handlungen verstanden wird. Die Beobachtungen selbst werden so konkreter und können in der Interaktion erfahren und vom Kind selbst zum Ausdruck gebracht werden. Hier werden an die Fachkräfte vergleichsweise subtile Anforderungen gestellt. Relevant sind eine sehr genaue Beobachtungskompetenz und feine Reaktionsmöglichkeiten, die gut an das Beobachtete anschließen. Es geht darum, auch kurzfristig differenzierte Ausdrucksweisen anbieten zu können: der angesprochene Blättertanz, die Entwicklung eines rhythmischen Motivs mit dem Teelöffel, ausdrucksvolle Nutzung der Stimme und des Körpers und weitere fantasievolle Interaktionsoptionen. Dabei kann ein Konflikt innerhalb des eigenen Rollenverständnisses entstehen: üblicherweise tanzen Erwachsene nicht wie Blätter. Sie musizieren auch gewöhnlich nicht mit Löffeln oder erfinden Lieder über Bushaltestellen. Die Bildungsarbeit in musisch-ästhetischen Kontexten macht dies jedoch erforderlich. Professionalität entsteht hier, indem den Fachkräften die Relevanz für gelingende kindliche Bildungs- und Entwicklungsprozesse bewusst ist und sie die beschriebene Spannung zwischen den Erwartungen an ein *erwachsenes* Verhalten und den Anforderungen hochwertiger Bildungsbegleitung reflexiv auflösen können. Beispielsweise indem sie flexibel auf verschiedene ästhetische relevante Handlungsoptionen zurückgreifen und diese bewusst einsetzen, um in einer guten Kommunikation mit den Kindern zu sein. Gelingt es, eine solche Haltung einzunehmen, gibt es keine Notwendigkeit mehr, elementares ästhetisch-künstlerisches Handeln als überfordernd, unangemessen oder peinlich zu bewerten.

6 Umsetzung in der Praxis: Klingender Alltag oder doch lieber ein Theater-Projekt?

Auch im Bereich der musisch-ästhetischen Bildung bieten sich sowohl für die alltagsintegrierte Bildungsbegleitung als auch für spezifische Projekte unzählige Gelegenheiten. Abhängig vom Profil der Einrichtung, von den Interessen der Kinder und Fachkräfte sowie von räumlichen, zeitlichen und materiellen Ressourcen sind hier Projekte in ganz unterschiedlichen Größenordnungen denkbar. Eine Ausstellung von Bildern zu einem bestimmten Thema oder mit einem bestimmten Material an einer zentralen Stelle in der Einrichtung ist relativ unaufwändig und selbsterklärend, die gemeinsame Aufführung eines Musicals mit allen Gruppen beim Sommerfest erfordert hingegen ein beträchtliches Maß an Vorbereitung und Mehraufwand. Weitere typische Projekte im musisch-ästhetischen Bildungsbereich sind das Bauen einfacher Instrumente und ihr musikalischer Einsatz, eine Klangforschungswerkstatt, eine Tanz-Woche mit verschiedenen Angeboten zu Bewegung als künstlerischem Ausdruck und vieles mehr.

Mindestens genauso zahlreich wie die Projektmöglichkeiten sind in diesem Bildungsbereich jedoch die alltagsintegrierten ästhetischen Bildungsgelegenheiten:

6.1 Musik

Für die Altersspanne der frühen Kindheit sind insbesondere Lieder eine passende Form musikalischer Aktivität. Damit sind sowohl neue und traditionelle Kinder- und Volkslieder aus verschiedenen Kulturkreisen gemeint als auch informelle Spiellieder, die das Spielen und andere außermusikalische Aktivitäten begleiten. Lieder können eine Ritualfunktion übernehmen, z.B. im Morgenkreis oder zum Einschlafen in der Mittagspause, sie können aber auch Mikrotransitionen im pädagogischen Alltag erleichtern (Müller, 2015). Die ganze Einrichtung kann sich einmal pro Woche zum gemeinsamen Singen von Lieblingsliedern verabreden, Bewegungslieder begleiten die Kinder bei sportlichen Aktivitäten, bestimmte Lieder erleichtern das Erlernen des Alphabets oder des Zählens. Auch das Spielen von Instrumenten lässt sich regelmäßig in den pädagogischen Alltag integrieren. Besonders gut funktioniert das, wenn die Einrichtung über einen Musikraum oder eine Klangwerkstatt mit geeignetem Instrumentarium verfügt, den die Kinder auch selbstständig

V Ästhetische Bildung

nutzen können. Wichtig ist, dass die Kinder hier Freiraum zum Explorieren und Experimentieren bekommen, um eigene musikalische Ideen entwickeln und umsetzen zu können. Im Gruppenraum funktioniert dies natürlich auch, allerdings können sich der Geräuschpegel des Gruppenalltags und die Klänge des musikalischen Experimentierens gegenseitig stören. Dann bietet es sich an, einzelne Instrumente, beispielsweise ein Glöckchen, ein Triangel oder eine Trommel gezielt in bestimmte Situationen einzubinden, um alltagsintegrierte Gelegenheiten für den Umgang mit Instrumenten zu schaffen. Praktisch ist es auch, mit geeigneten Alltagsgegenständen kleine Rhythmen zu spielen oder draußen zu erkunden, was sich als Klangerzeuger eignet – Steine, Stöcke, das Garagentor oder der Zaun bieten gute Experimentierbedingungen.

6.2   Bildende Kunst

Im Alltag künstlerisch tätig zu sein ist für viele Kinder selbstverständlich. In den meisten Einrichtungen ist die Möglichkeit, am großen Tisch zu malen, täglich gegeben. Neben vielfältigem und passendem Material (gutes Papier, Buntstifte, Bleistifte, Wachsmalstifte, Kreiden) ist es besonders wichtig, dass die Kinder in ihrem Tun keine überflüssigen normativen Einschränkungen erfahren (»Mal dem Fisch doch noch eine Flosse!«, »Da ist aber noch viel Platz auf Deinem Blatt...«). Neben Papier und Stift eignen sich unzählige weitere Materialien, um im Alltag mit den Kindern künstlerisch aktiv zu sein: so lassen sich im Herbst Muster und Formen aus Kastanien legen, man kann mit Zeitungspapier und Klebeband skulpturieren, Objekte aus gesäubertem Verpackungsmüll erschaffen und vieles mehr. Im freien Umgang mit den beschriebenen Materialien entsteht übrigens eher ein künstlerischer Prozess als bei vermeintlich kreativen Handlungen wie dem Basteln von Dekorationsgegenständen oder dem Ausmalen von Mandalas.

6.3   Literatur

Vorlesen von Büchern und Lyrik und das gemeinsame Betrachten von Bilderbüchern sind ein in Kindertageseinrichtungen üblicherweise täglich praktizierter Zugang zu Literatur. Ergänzend kann es sich anbieten, mit den Kindern über einen längeren Zeitraum Gedichte auswendig zu lernen oder gemeinsam Geschichten zu erfinden und mit Reimen und Sprachrhythmen zu spielen.

6.4 Theater

Auch theatrale Praxis muss nicht auf Projekte wie einstudierte Theaterstücke begrenzt bleiben, sondern kann in den pädagogischen Alltag integriert werden. Hier gilt es, kleine Szenen und Situationen im Alltag zu identifizieren, die zu schauspielerischen Experimenten einladen. Beispiele können sein: das Ausführen alltäglicher Abläufe in übertriebener Zeitlupe oder stark beschleunigt, Fokus auf mimische und gestische Ausdrucksweisen, das Improvisieren kürzester Szenen rund um eine bestimmte Requisite oder das Hineinschlüpfen in Rollen und Figuren etwa beim Verkleiden.

6.5 Tanz

Während spätestens zu Beginn der Pubertät die meisten Jungen* nicht mehr gerne tanzen, ist Tanz als Ausdrucksform körperlicher Bewegung in Verbindung mit Musik etwas, das in der frühen Kindheit die meisten Kinder begeistert. Für den Alltag bietet es sich an, freie und improvisierte Tänze zur Lieblingsmusik zu entwickeln oder Inhalte von Liedern in Bewegung umzusetzen. Um überhaupt einen Zugang zu Bewegung als Ausdrucksmittel zu ermöglichen, kann es sich anbieten, bestimmte Bewegungsqualitäten (Howahl, 2018) in den Fokus zu stellen. Beispielsweise werden Bewegungen gesammelt, die so groß wie möglich sind, dann Bewegungen, die so klein wie möglich sind, oder es sind (paarweise oder in der Gruppe) Bewegungen zu imitieren, die eine Person vormacht.

Natürlich ist es auch denkbar (und wünschenswert), dass sich die unterschiedlichen künstlerischen Zugänge begegnen. Viele Kinder können beispielsweise konzentrierter auf Musik hören, wenn sie dabei malen dürfen, was sie hören. Oder warum nicht das Bilderbuch, das gerade betrachtet wird, direkt auch szenisch umsetzen?

V Ästhetische Bildung

7 Gelingensbedingungen musisch-ästhetischer Bildungsarbeit

Vielfältige und anregende Materialien erleichtern es den Fachkräften, auch spontan passende Bildungsimpulse zu setzen und zu begleiten. Dabei geht es nicht ausschließlich um Material, das im engeren Sinne Inhalte des Bildungsbereichs transportiert (Musikinstrumente, Malutensilien, etc.). Wie bereits beschrieben, ist insbesondere in der frühen Kindheit der Wechsel und die Verknüpfung aisthetischer und ästhetischer Prozesse von Relevanz. Dies kann gerade auch im entsprechenden Umgang mit unspezifischen und interpretationsoffenen Gegenständen gelingen. So können Kinder beispielsweise beim Zeichen mit einem Stock im Matsch oder beim klanglichen Experimentieren mit Kochgeschirr erfahren, dass musikalisches oder künstlerisches Handeln weniger von Material und äußeren Bedingungen abhängt, sondern vielmehr von eigenen Aktivitäten und der individuellen Aufmerksamkeit. Sie erleben sich so als selbstwirksame Akteur*innen in elementaren künstlerischen Prozessen. Wichtiger als das Material sind dementsprechend die konzentrierte Aufmerksamkeit der Fachkräfte und entsprechende zeitliche Ressourcen. Wie für alle Bildungsbereiche ist auch für den Bereich der musisch-ästhetischen Bildung die Frage bedeutsam, ob und wie die entsprechenden Inhalte und Prozesse auch in den Familien der Kinder eine Rolle spielen. Aufmerksamkeit der Eltern und weiterer Familienangehöriger für die entsprechenden Entwicklungen der Kinder ermöglicht eine gute Unterstützung. Auch im familiären Kontext geht es nicht um besondere und voraussetzungsreiche Materialien oder Routinen: Bereits das Singen von Gute-Nacht-Liedern, Gespräche über besondere Beobachtungen (Eisblumen, jahreszeitliche Veränderungen in der Natur) oder gemeinsames Tanzen zu Lieblingsliedern sind wichtige Bausteine ästhetischer Bildung.

Unabhängig davon, ob in der Familie oder in der Kindertageseinrichtung: Entscheidend ist, dass ein Bewusstsein für diese sehr grundlegenden Bildungsprozesse vorhanden ist, denn Inhalte des musisch-ästhetischen Bildungsbereichs werden in der frühkindlichen Bildung aber auch gerade in der Schule regelmäßig an den Rand gedrängt zugunsten einer vermeintlich wichtigeren Förderung sprachlicher oder MINT-bezogener Kompetenzen. Bei einer solchen Priorisierung droht aus dem Blick zu geraten, dass insbesondere (aber keinesfalls ausschließlich) jüngere Kinder nicht *in Fächern* lernen, sondern dass grundlegende und mehrkanalige Bildungserfahrungen Voraussetzung für jegliches Lernen und Kompetenzerwerb darstellen. Eine Hierarchisierung oder gar ein Ausspielen unterschiedlicher Inhalte und Bildungsbereiche gegeneinander erscheint vor diesem Hintergrund nicht zielführend.

Bereits mehrfach war die Rede von zeitlichen Ressourcen, die Fachkräfte aufbringen müssen, um gemeinsam mit den Kindern ästhetische Bildungsprozesse zu gestalten. Vielerorts wird genau dies aber eine Herausforderung sein. In solchen Fällen ist es möglicherweise sinnvoll, sich Unterstützung zu suchen. Viele Einrichtungen arbeiten beispielsweise mit örtlichen Musik- oder Kunstschulen zusammen. Immer häufiger haben diese Institutionen Konzepte und Fachkräfte, die ästhetische Bildung alltagsintegriert und mit hoher fachlicher Kompetenz unterstützen können.

8 Hochschuldidaktischer Impuls

Für Lehrveranstaltungen zur ästhetischen Bildung in kindheitspädagogischen Studiengängen bieten sich verschiedene Formate an. Von besonderer Bedeutung erscheinen hier Seminarformate, die auch praktische Auseinandersetzung in den unterschiedlichen künstlerischen Disziplinen ermöglichen. Dabei sind einerseits Ansätze zu berücksichtigen, die eigene künstlerische Erfahrungen der Studierenden fokussieren, und andererseits Formate, die Bezug auf Fragen von entsprechender Anwendung in der kindheitspädagogischen Praxis und von Vermittlung in den Blick nehmen. In solchen eher didaktisch gedachten Seminaren können sich Studierende darin erproben, Anwendungsmöglichkeiten von beispielsweise Musik im KiTa-Alltag zu planen, entsprechende Materialien auszuwählen und auf ihre Bildungspotenziale hin zu überprüfen. Ergänzend bietet Literatur über die Wirkungen von Musik auf Kinder und ihre Entwicklung einen passenden theoretischen Wissenshintergrund.

Für eigene musikpraktische Erfahrungen bieten sich beispielsweise Bandseminare, Trommelseminare, Improvisationsgruppen, Chöre oder Songwriting-Workshops an. Wichtig ist ein unmittelbarer Bezug zu Interessen und Vorerfahrungen der Studierenden, um sinnhafte musikalische Erfahrungen und anschließende Reflexionsprozesse ermöglichen zu können.

Natürlich können auch klassische diskursive Veranstaltungen sinnvoll sein, bspw. wenn kein geeigneter Raum oder kein Material (oder nicht in ausreichender Menge) zur Verfügung steht. Hier empfiehlt sich aber zumindest punktuell die Integration musik-praktischer Elemente, z.B. ein Lied oder ein musikalisches Spiel zu Beginn jeder Seminareinheit, um regelmäßig einen sehr konkreten Bezug zum Gegenstand herzustellen. Auch Kooperationen mit außerhochschulischen Partnern können einen reizvollen Rahmen für Seminare zu musisch-ästhetischen Bildungsinhalten bieten. Im Rahmen eines Kooperationsseminars mit einer KiTa können Studierende verschiedene Ideen, Ansätze und Materialien direkt mit den Kindern erproben und diese Erfahrungen reflektieren.

Lehrveranstaltungen, die insbesondere musikalisch-künstlerische Praxis in den Fokus stellen, profitieren erfahrungsgemäß davon, wenn sie entweder inhaltlich-thematisch oder bezgl. der musikalischen Handlungsform frei sind und für den jeweils anderen Aspekt Vorgaben gegeben sind, die Orientierung bieten.

Beispiel: Skizze eines Seminars zur Vertonung von Bilderbüchern

Tab. 3: Seminarskizze zur Vertonung von Bilderbüchern (eigene Darstellung)

1. Termin	♦ Einführung in das Thema: – Warum ist das sinnvoll? – Was wird benötigt? – Was sind mögliche Herangehensweisen? – Austausch über Erfahrungen mit Bilderbüchern – Austausch über Erfahrungen mit Vertonung
2. Termin	♦ Übungen zur musikalischen Darstellung außermusikalischer Phänomene (mit elementarem Instrumentarium) – Natur – Emojis – Tiere – Maschinen – Sichtung geeigneter Bilderbücher
3. Termin	♦ Übungen zur musikalischen Darstellung außermusikalischer Phänomene (mit der Stimme und mit Körperinstrumenten) ♦ Ausprobieren verschiedener Strategien und Techniken zu Vertonung
4. Termin	♦ Übungen zur musikalischen Darstellung außermusikalischer Phänomene (mit Alltagsgegenständen) ♦ Ausprobieren verschiedener Strategien und Techniken zu Vertonung
5. Termin	♦ Bildung von Arbeitsgruppen ♦ Auswahl des Bilderbuchs ♦ Auswahl des Instrumentariums
6./7./8. Termin	♦ Entwicklung und Umsetzung der Vertonung

Tab. 3: Seminarskizze zur Vertonung von Bilderbüchern (eigene Darstellung) – Fortsetzung

9./10./11. Termin	• Zwischenpräsentation der Ergebnisse
12. Termin	• Präsentation der Ergebnisse in Kindertageseinrichtungen
13. Termin	• Theoretische Rückbindung
14. Termin	• Auswertung und Reflexion

9 Ausblick

Aktuelle und zukünftige Herausforderungen für die Bildungsarbeit im ästhetischen Bereich zeigen sich insbesondere entlang der verschiedenen gesellschaftlichen Transformationslinien. So erfordert eine Pluralisierung der Gesellschaft beispielsweise eine vorurteilsbewusste und vielfältige Auswahl von Inhalten und Material wie beispielsweise Kinderliedern. Digitalisierung ermöglicht es, jederzeit jegliche gewünschte Musik von hohem technischen Perfektionierungsgrad verfügbar zu haben: das ist einerseits praktisch und kann den pädagogischen Alltag erleichtern, andererseits prägt dies auch den Anspruch und die Hörgewohnheiten der Akteur*innen. Ein selbsterfundenes Lied oder eine spontane musikalische Umsetzung einer Idee besitzen völlig andere Qualitäten als gestreamte Hörbeispiele zum Mitsingen oder Zuhören. Möglicherweise ist das ein Grund für die zurückgehende Präsenz gemeinsamen Singens und Musizierens in Kindertageseinrichtungen, aber auch in Familien. Kindertageseinrichtungen und insbesondere Familienzentren kommt hier die bedeutsame Aufgabe zu, Kinder und Familien bei gemeinsamen ästhetischen Auseinandersetzungsprozessen zu unterstützen, indem sie für ästhetische Potenziale des Alltags sensibilisieren, konkrete Vorschläge zur Anregung ästhetischer Bildungsprozesse vermitteln und den kindgerechten Umgang mit künstlerischen Erfahrungen als einen gewinnbringenden Bestandteil ihrer Bildungs- und Erziehungsarbeit begreifen.

Literatur

Bilstein, J. & Zirfas, J. (2009). Bildung und Ästhetik. In J. Zirfas, L. Klepacki, J. Bilstein & E. Liebau (Hrsg.), *Geschichte der ästhetischen Bildung* (S. 7–26). Leiden: Brill | Schöningh. https://doi.org/10.30965/9783657764921_002

Brandtstätter, U. (2012). Ästhetische Erfahrung. In H. Bockhorst, V.-I. Reinwand-Weiss, & W. Zacharias (Hrsg.), *Handbuch kulturelle Bildung* (S. 174–180). München: kopaed.

Brenne, A. (2019). Künstlerisch-Ästhetische Forschung. Kunstpädagogik im Kontext der frühen und mittleren Kindheit. In A. Sabisch, T. Meyer, H. Lüber, E. Sturm (Hrsg.), *Kunstpädagogische Positionen* (Bd. 47). Universität Köln. Online-Veröffentlichung. https://kunst.uni-koeln.de/_kpp_daten/pdf/KPP47_Brenne.pdf

Bundesvereinigung Kulturelle Kinder- und Jugendbildung e. V. (BKJ) (Hrsg.) (2016): *Spiel und Kunst von Anfang an – Kulturelle Bildung für junge und sehr junge Kinder. Positionen und Ziele.* Online-Veröffentlichung. https://www.bkj.de/publikation/spiel-und-kunst-von-anfang-an/

Degé, F. & Schwarzer, G. (2015). Musik und kognitive Entwicklung. In G. Bernatzky & G. Kreutz (Hrsg.), *Musik und Medizin* (S. 359–373). Wien: Springer Vienna. https://doi.org/10.1007/978-3-7091-1599-2_23

Dietrich, C. (2010). Anfänge ästhetischer Bildung: Von der sensumotorischen Spur zur Sinn-Struktur. *Zeitschrift Ästhetische Bildung, 2*(1). http://zaeb.net/wordpress/wp-content/uploads/2021/01/Text_2_Diettrich.pdf

Fuchs, M. (2008). *Kulturelle Bildung.* München: kopaed.

Gerland, J. & Stange, C. (2022). Musik – Interaktion – Ritual. Ritualtheoretische Überlegungen und empirische Ansätze. In J. Koch, K. Schilling-Sandvoß & A. Welte (Hrsg.), *Interaktion, Musikpädagogik im Diskurs* (Bd. 5, S. 88–107). Aachen: Shaker Verlag.

Habibi, A., Damasio, A., Ilari, B., Elliott Sachs, M. & Damasio, H. (2018). Music training and child development: a review of recent findings from a longitudinal study. *Annals of the New York Academy of Sciences, 1423*(1), 73–81. https://doi.org/10.1111/nyas.13606

Howahl, S. (2018). Tanzen mit »Wow-Effekt«: Sinn sättigen und Bewegungsqualitäten differenzieren. In K. Althoff & U. Gebken (Hrsg.), *Bewegung, Spiel und Sport für alle: Tagungsband zum 2. Essener Kinder- und Jugendsportkongress* (S. 202–212). Hildesheim: Arete.

Ilari, B. (2016). Music in the early years: Pathways into the social world. *Research Studies in Music Education, 38*(1), 23–39. https://doi.org/10.1177/1321103X16642631

KMK (Konferenz der Kultusminister) & JMFK (Konferenz der Jugend- und Familienminister) (2022). *Gemeinsamer Rahmen der Länder für die frühe Bildung in Kindertageseinrichtungen.* KMK & JMFK. Online-Veröffentlichung. https://www.kmk.org/fileadmin/veroeffentlichungen_beschluesse/2004/2004_06_03-Fruehe-Bildung-Kindertageseinrichtungen.pdf

Lehmann, A. C. & Dartsch, M. (2016). Frühe musikalische Bildung. *Frühe Bildung, 5*(3), 123–124. https://doi.org/10.1026/2191-9186/a000267

Linnavalli, T., Putkinen, V., Lipsanen, J., Huotilainen, M. & Tervaniemi, M. (2018). Music playschool enhances children's linguistic skills. *Scientific Reports, 8*(1), 8767. https://doi.org/10.1038/s41598-018-27126-5

Loui, P., Raine, L. B., Chaddock-Heyman, L., Kramer, A. F. & Hillman, C. H. (2019). Musical Instrument Practice Predicts White Matter Microstructure and Cognitive Abilities in Childhood. *Frontiers in Psychology, 10.* https://doi.org/10.3389/fpsyg.2019.01198

Martins, M., Neves, L., Rodrigues, P., Vasconcelos, O. & Castro, S. L. (2018). Orff-Based Music Training Enhances Children's Manual Dexterity and Bimanual Coordination. *Frontiers in Psychology, 9.* https://doi.org/10.3389/fpsyg.2018.02616

Müller, S. (2015). *Musik und Regulation bei Kleinstkindern in der Kinderkrippe.* Kita-Fachtexte. Online-Veröffentlichung. https://www.kita-fachtexte.de/fileadmin/Redaktion/Publikationen/KiTaFT_Mueller_MusikundRegulation_2015.pdf

Obermaier, M., Steinberg, C., Molzberger, R. & Obermaier, K. (Hrsg.) (2024). *Tanzpädagogik - Tanzvermittlung.* Stuttgart: utb. https://www.utb.de/doi/book/10.36198/9783838559223

Peez, G. (2005). *Evaluation ästhetischer Erfahrungs- und Bildungsprozesse: Beispiele zu ihrer empirischen Erforschung.* München: kopaed.

Politimou, N., Dalla Bella, S., Farrugia, N., & Franco, F. (2019). Born to Speak and Sing: Musical Predictors of Language Development in Pre-schoolers. *Frontiers in Psychology, 10.* https://doi.org/10.3389/fpsyg.2019.00948

Rauscher, F. H., Shaw, G. L., & Ky, C. N. (1993). Music and spatial task performance. *Nature, 365*(6447), 611. https://doi.org/10.1038/365611a0

Reinwand, V.-I. (2013). Ästhetische Bildung – Eine Grundkategorie frühkindlicher Bildung. In M. Stamm & D. Edelmann (Hrsg.), *Handbuch frühkindliche Bildungsforschung* (S. 573–585). Wiesbaden: Springer. https://doi.org/10.1007/978-3-531-19066-2_40

Schäfer, G. E. (2005). *Bildungsprozesse im Kindesalter. Selbstbildung, Erfahrung und Lernen in der frühen Kindheit* (3. Auflage). Weinheim, Basel: Beltz Juventa.

Stadler Elmer, S. (2015). *Kind und Musik.* Wiesbaden: Springer. https://doi.org/10.1007/978-3-642-41692-7

Staege, R. (2010). How to do things with Music. Dokumentarische Videointerpretation als Zugang zur ästhetischen Erfahrung von Kindern. In G.E. Schäfer & R. Staege (Hrsg.), *Frühkindliche Lernprozesse verstehen. Phänomenologische und ethnographische Beiträge zur Bildungsforschung* (S. 233–246). Weinheim, München: Beltz Juventa.

Staege, R. (2016). *Einführung in die frühkindliche ästhetische Bildung.* Weinheim, Basel: Beltz.

Stern, D. (2007). *Die Lebenserfahrung des Säuglings.* Stuttgart: Klett-Cotta.

Weber-Krüger, A. (2014). *Bedeutungszuweisungen in der Musikalischen Früherziehung: Integration der kindlichen Perspektive in musikalische Bildungsprozesse.* Münster: Waxmann.

Zacharias, W. (2013). *Kulturpädagogik. Kulturelle Jugendbildung, eine Einführung.* Wiesbaden: Springer.

Zirfas, J. (2012). Die Künste und die Sinne. In H. Bockhorst, V.-I. Reinwand-Weiss & W. Zacharias (Hrsg.), *Handbuch kulturelle Bildung* (S. 168–173). München: kopaed.

V Ästhetische Bildung

Websites mit Praxis-Ideen und Hintergrundinformationen

Musik im Kindergarten und der Krippe: https://www.lugert-verlag.de/musik-im-kindergarten-und-in-der-krippe

Ideenbörse zu ästhetischer Bildung: https://www.kindergartenpaedagogik.de/fachartikel/bildungsbereiche-erziehungsfelder/kunst-aesthetische-bildung-bildnerisches-gestalten-basteln/1770/

Ideen zur Kreativitätsförderung und Tipps für Fachkräfte: https://www.kita.de/wissen/kreativitaet-foerdern/

Musik im Alltag (MIKA). Projekt der Bertelsmann Stiftung zu Musik im Kita-Alltag mit vielen Ideen für die Praxis: https://www.mika-erleben.de/

Bedeutung von Kreativität und Leitfaden für die Umsetzung in der Praxis: https://hamburgerschulverein.de/kreativitaetsfoerderung-in-der-kita-inspirierende-kunstprojekte-und-techniken-fuer-kinder/

Ästhetische Bildung im Kindergarten, kreative Förderung mit Auflistung der Facetten des Bildungsbereiches: https://www.kindergartenakademie.de/fachwissen/kreative-entwicklung/

VI Körper, Bewegung, Gesundheit, Prävention

Lange Zeit wurden körperbezogene Aspekte des Aufwachsens von Kindern in erster Linie als Teil der Pflege gesehen, so dass Fragen von Organisation und Hygiene im Vordergrund standen. In den letzten Jahrzehnten ist jedoch deutlich geworden, dass auch Themen rund um Körper und Gesundheit Bildungsthemen sind. In der (frühen) Kindheit werden Routinen aufgebaut und es kann ein grundlegendes Wissen über eine gesunde Lebensweise erworben werden. Dieser Präventionsgedanke umfasst sowohl die psychische und körperliche Gesundheit als auch Bewegung und den verantwortungsvollen Umgang mit Gefahrensituationen (Verhinderung von Unfällen).

Gesundheit und Bewegung bilden in nahezu allen 16 Bildungsplänen einen Bildungsbereich. In sieben Bundesländern sind – wie im »Gemeinsamen Rahmen« auch – beide Bereiche miteinander kombiniert (Bremen, Hamburg, Mecklenburg-Vorpommern, Niedersachsen, Saarland, Sachsen, Schleswig-Holstein). In fünf Bundesländern wird zwischen Bewegung und Gesundheit differenziert und jeder Bereich erhält jeweils einen eigenen Bildungsbereich (Bayern, Brandenburg, Hessen, Nordrhein-Westfalen, Rehinland-Pfalz). In Baden-Württemberg und Sachsen-Anhalt heißt der Bildungsbereich schlicht »Körper«. Thüringen und Berlin fokussieren dem Namen nach ausschließlich die Gesundheit, jedoch wird im Text jeweils auch hier auf Bewegung eingegangen. Körper und Gesundheit fungieren also teils auch als Oberbegriffe, die Bewegung mit einbeziehen.

In diesem Kapitel unterscheiden wir, wie die Mehrheit der Bundesländer, zwischen Bewegung einerseits und Gesundheit und Prävention andererseits. Renate Zimmer skizziert Bewegung als Motor der kindlichen Entwicklung; Thomas Altenhöner und Katja Makowsky verdeutlichen, wie Gesundheitsförderung und Prävention in Kitas umgesetzt werden können.

Bewegung: Motor der kindlichen Entwicklung und Zugang zur Welt

Renate Zimmer

> Bewegung ist Ausdruck kindlicher Lebensfreude und Vitalität. Sie ist aber auch ein Quell vielfältiger Erfahrungen, sie besitzt darüber hinaus ein hohes Bildungspotenzial und ist Voraussetzung für Gesundheit und Wohlbefinden. Im folgenden Beitrag wird die Bedeutung von Bewegung als Motor der kindlichen Entwicklung vorgestellt und diskutiert, welche spezifischen Potenziale im Bildungsbereich Bewegung liegen. Überlegungen zur Gestaltung der Bewegungserziehung in Kindertageseinrichtungen runden den Beitrag ab.

1 Sich die Welt aneignen – Bewegung als Zugang zur Welt

Bewegung gehört zu den elementaren Bedürfnissen und Betätigungsformen im Kindesalter. Sie gilt vom ersten Lebenstag an als Motor der kindlichen Entwicklung, als Zugang zur Welt (Voss, 2019; Zimmer, 2011a, 2020).

Das Kind ist ein Bewegungswesen, es ist auf Wahrnehmung und Bewegung angewiesen, um sich ein Bild von sich selbst zu machen, aber auch um sich die Welt anzueignen und sich mit ihr auseinanderzusetzen. Von Geburt an ist es ein aktiv lernendes, kompetent handelndes Wesen, das seine eigene Entwicklung vorantreibt und nach Herausforderungen sucht. Es benötigt jedoch auch eine Umwelt, die ihm ausreichend Spielraum und Erfahrungsmöglichkeiten bietet und es in seinem Bedürfnis nach forschendem und entdeckendem Lernen unterstützt.

Ein solches Bild vom Kind führt zu einem Erziehungs- und Bildungsverständnis, das Bewegung als elementare Handlungs- und Ausdrucksform des Kindes in den Vordergrund der pädagogischen Arbeit stellt, um so die körperlich-motorische Entwicklung, aber auch die sozial-emotionale und kognitive Entwicklung zu stärken. Es berücksichtigt einerseits die Selbstbildungsprozesse des Kindes, bezieht aber ausdrücklich auch die anregende und begleitende Rolle der Gleichaltrigen und der pädagogischen Fachkräfte als Interaktionspartner mit ein, betont die Herausforderungen, die von der räumlichen und dinglichen Umwelt ausgehen und die eine Erweiterung seiner Handlungsmöglichkeiten und die Stärkung seiner Kompetenzen erlauben (Fischer, 2019; Zimmer, 2022a).

1.1 Funktion der Bewegung

Bewegung kann – je nach Altersstufe – ganz unterschiedliche Funktionen einnehmen. Kleinkinder erkunden ihre dingliche und räumliche Umwelt über ihren Körper, sie explorieren die Beschaffenheit der Objekte, mit denen sie spielen: sie lassen beispielsweise einen Ballon fliegen und versuchen, ihn in der Luft zu halten. Ältere Kinder suchen die Begegnung mit anderen, ahmen deren Bewegungsvorbilder nach, wetteifern und vergleichen ihre Leistungen.

Folgende Funktionen der Bewegung können unterschieden werden (Zimmer, 2020):

- *Personale Funktion:* Den eigenen Körper und damit sich selbst kennenlernen, sich mit den eigenen körperlichen Fähigkeiten auseinandersetzen und ein Bild von sich selbst entwickeln.
- *Soziale Funktion:* Mit anderen gemeinsam etwas tun, mit- und gegeneinander spielen, sich mit anderen absprechen, nachgeben und sich durchsetzen.
- *Produktive Funktion:* Selbst etwas schaffen, herstellen, mit dem eigenen Körper eine Bewegungsfertigkeit hervorbringen – wie z. B. auf den Händen stehen oder einen Ball auf ein Ziel werfen.
- *Expressive Funktion:* Gefühle und Empfindungen in Bewegung ausdrücken, körperlich ausleben und ggf. verarbeiten, voller Freude in die Luft springen oder sich aus Ärger auf den Boden werfen.
- *Impressive Funktion:* Gefühle wie Lust, Freude, Erschöpfung und Energie empfinden, körperlich wahrnehmen.
- *Explorative Funktion:* Die dingliche und räumliche Umwelt kennenlernen und sich erschließen, sich mit Objekten und Geräten auseinandersetzen und ihre Eigenschaften erkunden, herausfinden, wie beim Schaukeln der Schwung verstärkt oder gebremst werden kann.
- *Komparative Funktion:* Sich mit anderen vergleichen, sich miteinander messen, wetteifern, dabei ein Spiel gewinnen und auch verlieren lernen.

- *Adaptive Funktion:* Belastungen erfahren, die körperlichen Grenzen kennenlernen, sich selbst gesetzten oder von außen gestellten Anforderungen anpassen.

2 Bewegung als Grundlage für eine gesunde Entwicklung

Veränderungen der Lebenswelt der Kinder, zunehmende Technisierung, Motorisierung, Verkehrsdichte und kleine Wohnungen schränken die Bewegungsmöglichkeiten der Kinder im Alltag ein (Burrmann, 2008). Hinzu kommt die Verdrängung körperlicher Aktivitäten durch die Nutzung von Medien über Smartphones, Tablets, Fernsehen, Spielkonsole und Computer. Die Corona-Pandemie und die damit einhergehenden Einschränkungen haben diese Entwicklung noch verstärkt.

2.1 Empfehlungen der WHO zur körperlichen Aktivität von Kindern

Die Weltgesundheitsorganisation (WHO) hat Leitlinien zur körperlichen Aktivität von Kindern definiert. Für ein gesundes Aufwachsen von Kindern werden u. a. folgende Empfehlungen ausgesprochen: Kinder im Alter von ein bis vier Jahren sollten sich mindestens drei Stunden täglich bewegen, dabei sollte eine Vielzahl von Aktivitäten und Bewegungsarten möglich sein. Bei Kindern über drei Jahren sollten darin auch mindestens 60 Minuten mit mittlerer und größerer Anstrengung enthalten sein, die sich über den Tag verteilen können. Sie sollten nicht mehr als eine Stunde am Tag körperlich inaktiv (sitzende Beschäftigungen etc.) sein (WHO, 2019).

Die Ergebnisse einer Studie zur Gesundheit von Kindern und Jugendlichen in Deutschland (KiGGs) macht allerdings deutlich, dass diese Werte nicht annähernd umgesetzt werden. Weniger als die Hälfte der drei- bis 17-jährigen erreichen die von der WHO empfohlenen 60 Minuten Mindestbewegungszeit, wobei keine Aussage darüber getroffen wird, ob sich dies auch auf die Unter-6-Jährigen bezieht. Lediglich 22,4 Prozent der Mädchen und 29,4 Prozent der Jungen bewegen sich am Tag mindestens eine Stunde. Die Daten belegen zudem, dass das Erreichen der empfohlenen täglichen Bewegungszeit mit zunehmendem Alter abnimmt. Mädchen sowie Kinder aus Familien mit niedrigem sozioökonomischem Status sind besonders betroffen (Woll et al., 2019).

2.2 Bewegungsmangel und seine Folgen

Bewegungsmangel und ein damit verbundener inaktiver Lebensstil gehören sowohl bei Kindern als auch bei Erwachsenen zu den größten gesundheitlichen Risikofaktoren (Völker, 2008). Die sich verändernde Lebens- und Bewegungswelt von Kindern wirkt sich auf die Alltagsgestaltung und in der Folge auch auf die motorische Leistungsfähigkeit der Kinder aus.

Wichtige Indikatoren für die Auswirkungen von Bewegungsmangel beziehen sich auf gesundheitsbezogene Merkmale wie z. B. die Zunahme von Übergewicht und Adipositas. Nach dem Kinder- und Jugendgesundheitssurvey (KIGGS) des Robert Koch-Instituts liegt der Anteil von übergewichtigen Kindern bei den drei- bis sechsjährigen Mädchen bei 10,8 Prozent und bei den Jungen bei 7,3 Prozent (Schienkiewitz et al., 2018). Diese Werte steigen mit zunehmendem Alter. Auch in diesem Zusammenhang spielt die Gefahr der Verdrängung körperlicher Aktivitäten durch zunehmenden Medienkonsum eine wichtige Rolle. Zu den Ursachen von Übergewicht gehören zwar auch genetische Faktoren, in erster Linie wird es jedoch hervorgerufen durch eine unausgewogene Ernährung, zunehmenden Medienkonsum und einen Mangel an Bewegung im Alltag. Zeit vor einem Bildschirm wie TV, Computer, Smartphone, Tablet oder Spielkonsole bedeutet *Zeit ohne Bewegung.* Zu viel Bildschirmzeit begünstigt die Entstehung von Übergewicht bei Kindern und Jugendlichen. So stellt Bünemann (2008) fest, dass in den jüngeren Altersgruppen bis zum Alter von 10 Jahren der Medienkonsum eindeutig einen Einfluss auf die Entwicklung von Übergewicht und Adipositas hat.

3 Bewegung als Grundlage für Bildungsprozesse

Auch wenn diese Argumente bereits ausreichen, um Bewegung als wichtigen Bildungsbereich in frühpädagogischen und schulischen Einrichtungen zu begründen, muss doch berücksichtigt werden, dass das Bildungspotenzial von Bewegung über die Förderung der körperlich-motorischen Leistungsfähigkeit hinausgeht.

3.1 Erwerb personaler Kompetenzen

Gerade in den ersten Lebensjahren stehen Körper- und Bewegungserfahrungen in einem engen Zusammenhang mit der Entwicklung des Selbstwertgefühls und des Selbstkonzepts. In Bewegungshandlungen erleben Kinder eine kontinuierliche Erweiterung ihrer Kompetenzen, sie spüren, dass ihre körperlichen Anstrengungen zur Bewältigung einer Aufgabe führen und sie erkennen, dass sie den Effekt einer Handlung selbst bewirkt haben (Selbstwirksamkeit). Sie nehmen aber auch wahr, was andere ihnen zutrauen und wie sie von ihrer sozialen Umwelt eingeschätzt werden. Diese Selbstwirksamkeitserfahrungen und die Selbstwahrnehmung münden ein in Einstellungen und Überzeugungen zur eigenen Person, die sich mit dem Begriff Selbstkonzept fassen lassen (Zimmer, 2022).

3.2 Erwerb sozialer Kompetenzen

Bewegungsaktivitäten bieten auch für soziale Lernprozesse vielfältige Gelegenheiten. In Bewegung nehmen Kinder Kontakt mit anderen auf und erleben erste Formen der Kooperation, sie spielen mit-, aber auch gegeneinander, handeln Regeln aus und nehmen unterschiedliche Rollen ein. Das gemeinsame Spiel in leistungs- und altersheterogenen Gruppen fordert dazu heraus, auf jüngere bzw. schwächere Kinder Rücksicht zu nehmen, sich mit den Erwartungen anderer auseinanderzusetzen, bei Konflikten Kompromisse zu finden und sich bei unterschiedlichen Zielen untereinander abzustimmen. Damit ist Bewegung auch ein wichtiger Bestandteil von Inklusion.

Bewegungsaktivitäten können dazu beitragen, dass Kinder elementare soziale Kompetenzen wie soziale Sensibilität, Empathie, Perspektivenübernahme, Kooperationsfähigkeit und Konfliktfähigkeit erwerben (Pfeffer, 2017; Zimmer, 2020). Eine Studie von Amft et al. (2013) ging der Frage nach, ob die Teilnahme an einer psychomotorischen Förderung über einen Zeitraum von 6 Monaten zur Verbesserung der sozio-emotionalen Kompetenzen von Kindern im Alter von 5 bis 9 Jahren führte. Die Kinder zeigten signifikante Zugewinne in ihrer Fähigkeit, Emotionen zu erkennen und Emotionen zu regulieren, im Verständnis sozialer Situationen und in ihrer Fähigkeit, sozial kompetent zu handeln (Amft et al., 2013).

Das Projekt SEKIB (Förderung sozial-emotionaler Kompetenzen in Bewegung) hatte das Ziel, die sozial-emotionale Entwicklung von Kindern im Kindergartenalter durch gezielte Bewegungsangebote zu unterstützen. Die Ergebnisse zeigten signifikante Verbesserungen bei den Kindern nach der

Fördermaßnahme, dies betrafen die sozial-emotionalen Kompetenzen, oppositionell-aggressives Verhalten, Hyperaktivität und emotionale Auffälligkeiten (Bischoff u.a., 2012).

3.3 Erwerb kognitiver Kompetenzen

Auch kognitive Prozesse des Denkens, Erkennens und Erinnerns sind eng mit Wahrnehmungen und Bewegungshandlungen verknüpft.

Sinnliche Erfahrungen – vor allem die der körpernahen Sinne wie die taktil-kinästhetische und die vestibuläre Wahrnehmung – spielen eine wesentliche Rolle bei der Vernetzung des Gehirns (Ayres, 2013; Zimmer, 2019a). Vorgegeben ist der Ablauf der neuronalen Entwicklung zwar durch die genetische Ausstattung, die Qualität dieser Entwicklung wird aber maßgeblich durch Umweltfaktoren geprägt (Eliot, 2002). Das Denken des Kindes ist daher eng an die Erfahrungsprozesse geknüpft, die es durch sein Handeln erwirbt.

Grundlegend für die Entwicklung der kognitiven Kompetenzen sind die Möglichkeiten des Kindes, experimentierend und erforschend mit den Objekten seiner Umwelt umzugehen und selbstständig – und auch in der Interaktion mit anderen – Erfahrungen sammeln zu können. Die auf diesem Weg gewonnenen Eindrücke können als dingliche oder auch als *materiale* Erfahrung bezeichnet werden. Materiale Erfahrungen sind vor allem Erfahrungen physikalischer Phänomene. Kinder machen solche Erfahrungen beim Variieren ihrer Handlungen unter verschiedenartigen Handlungsbedingungen. So ist das Erleben von Schwung, Gleichgewicht, Beschleunigung, Schwerkraft etc. unmittelbar an das eigene Tun gebunden. Materiale Erfahrungen können von Kindern nur über grundlegende Bewegungstätigkeiten beim Schaukeln, Rutschen, Balancieren, Klettern, Rollen, Springen etc. gewonnen werden. Über die Veränderung der Spiel- und Bewegungssituationen (z.B. beim Balancieren über unterschiedlich breite und hohe Geräte, beim Halten des Gleichgewichts auf instabilen Materialien) erleben sie unmittelbar Ursache und Wirkungen und lernen, Zusammenhänge zu erkennen (Zimmer, 2020).

4 Bewegung in Kindertageseinrichtungen

Die oben angeführten Überlegungen machen deutlich, dass Bewegung ein wichtiges Mittel kindlicher Entwicklungsförderung darstellt, dem in Kindertageseinrichtungen eine hohe Bedeutung zukommt. In einer Zeit, die geprägt ist durch eine Verhäuslichung des Kinderspiels in engen Wohnungen, durch zunehmende Digitalisierung und Motorisierung und durch einen begrenzten Zugang der Kinder zur Natur, tragen Kindertageseinrichtungen als erste öffentliche Bildungsinstitution außerhalb der Familie eine besondere Verantwortung. Hier ist es am ehesten möglich, zivilisationsbedingten Bewegungsmangel auszugleichen und Kindern täglich Raum und Gelegenheiten für eine gesunde ganzheitliche Entwicklung zu geben.

4.1 Didaktisch-methodische Überlegungen

Der Bildungsbereich Bewegung umfasst in Kindertageseinrichtungen sowohl situative Gelegenheiten, die sich durch eine bewegungsfreundliche Raumgestaltung und eine grundsätzlich permissive Haltung der pädagogischen Fachkräfte ergeben. Er umfasst aber auch offene Bewegungsangebote, die den Kindern in Form von Bewegungslandschaften oder frei zugänglichen Bewegungsräumen zur Verfügung stehen. Darüber hinaus ist auch die angeleitete Bewegungserziehung von Bedeutung, die regelmäßig von den pädagogischen Fachkräften angeboten wird und die ganz bestimmte pädagogische Ziele verfolgt wie z.B. das Kennenlernen von Spielen mit Regeln, die Hinführung zum Tanzen oder das Erproben des Gleichgewichts in vielfältigen Situationen (Schwarz, 2014; Ungerer-Röhrich et al., 2015; Zimmer, 2020).

4.1.1 Situative Bewegungsgelegenheiten – drinnen und draußen

Kinder brauchen täglich Gelegenheiten zum Rennen, Laufen, Klettern, Springen; sie brauchen Möglichkeiten, ihre Kräfte zu verausgaben und ihren Bewegungsbedürfnissen nachzukommen. Diese Bedürfnisse äußern sich meistens im freien Spiel, sie sind nicht einzugrenzen oder zu verschieben auf bestimmte festgelegte Zeiten oder Räume. Deswegen ist es wichtig, im Alltag der Kindertageseinrichtung viele freie Möglichkeiten des bewegungsreichen Spielens drinnen und draußen zur Verfügung zu stellen, die sie nach Belieben wahrnehmen können. Damit wird die Einrichtung am ehesten den unterschiedlichen Bedürfnissen der Kinder gerecht.

Vor allem das Draußenspielen hat hohe gesundheitliche Wirkungen, da es das Immunsystem stärkt und die motorischen Fähigkeiten übt. Beim Klettern wird die Bewegungskoordination geübt, beim Fangenspielen die Reaktion, beim Balancieren auf Mauern und über Steine das Gleichgewicht. Draußenspielen ist meist mit Tätigkeiten höchster Intensität und Konzentration verbunden – und trotzdem weitgehend selbstbestimmt. Die Kinder setzen sich selbst Ziele, bestimmen über ihre Spielmaterialien und deuten Spielsituationen nach ihrer eigenen Phantasie. So werden auch kreative Kräfte und Fantasie geweckt. Materialien und Dinge, die die Kinder in der Natur finden, werden zu Spielmaterialien, Stöcke, Steine und Blätter werden zum Bauen, Gestalten und in Rollenspielen eingesetzt.

4.1.2 Offene Bewegungsangebote

Offene Bewegungsangebote werden von den pädagogischen Fachkräften vorbereitet und auch begleitet. Sie haben aber zugleich einen hohen Freiheitsgrad, da die Kinder bereits bei der Vorbereitung einbezogen werden können. So werden auch die Interessen der Kinder berücksichtigt.

Die Bewegungslandschaft

Ein Beispiel für offene Bewegungsangebote ist die Bewegungslandschaft, die Kindern vielfältige Möglichkeiten zum selbstgesteuerten, fantasievollen Bewegungsspiel gibt.

Der Bewegungsraum, die Eingangshalle oder ein Mehrzweckraum werden wie eine Landschaft gestaltet: Geräte werden so miteinander kombiniert und durch Kleinmaterialien ergänzt, dass sich verschiedene Ebenen, unterschiedliche materiale Untergründe oder Hindernisse ergeben, die Kinder zum Erproben vielfältiger Grundbewegungsformen anregen und auffordern (Zimmer, 2014).

Ähnlich wie in der Natur gibt es

- Gräben zum Überspringen (z. B. Matten, die in regelmäßigen Abständen nebeneinander auf dem Boden liegen),
- Berge und Hügel zum Hinaufklettern und Herabspringen (Kästen, Matten und große aufeinander getürmte Schaumstoffelemente),
- schmale Stege zum Balancieren (Turnbänke oder zu einer langen Reihe zusammengestellte Stühle; Getränkekisten, die mit Brettern untereinander verbunden sind),
- Abhänge zum Rutschen und Klettern (schiefe Ebenen aus einer Bank, die an der Sprossenwand, an einem Kasten oder einem Tisch eingehängt ist),
- Tunnel, unter denen man hindurchkriechen oder -fahren kann (Rollbretter und Tische, die als Hindernisse dienen).

Bewegungslandschaften können ganz auf die individuellen Bedürfnisse von Kindern verschiedener Altersstufen abgestimmt werden. Für jüngere Kinder können sie bodennah gestaltet werden: mit Decken, Kissen, Matten, flachen Kästen und Schaumstoffblöcken bieten sie erste Herausforderungen bereits im Krabbelalter. Für ältere Kinder ist auch die dritte Raumdimension – die Höhe – besonders reizvoll, wenn aus Kästen, Balken und Podesten Kletterlandschaften gebaut werden (Müller & Just, 2021).

Die Bewegungsbaustelle

Eng verwandt mit der Bewegungslandschaft ist die Bewegungsbaustelle. Hierzu werden Kisten (z.B. Getränkekisten), Balken, Holzlatten, Reste von Drainagerohren oder Autoreifen eingesetzt. Die einfachen Dinge regen Kinder zum Bauen, Kombinieren und selbstständigen Schaffen von Bewegungsparcours an. Meist wird die Bewegungsbaustelle auf dem Außengelände eingesetzt (Miedzinski & Fischer, 2009).

Das Material gibt wenige Vorgaben, es kann beliebig kombiniert werden: Brücken werden gebaut, indem Bretter auf zwei entfernt stehende Autoreifen gelegt werden, schräg hinauf führen sie auf eine Getränkekiste, von der man zur anderen Seite hinabrutschen kann. Auf ein Rundholz wird ein Brett gelegt und schon entsteht eine Wippe, auf der zwei Kinder gemeinsam wippen können. Je einfacher die Materialien sind, umso mehr ist die Fantasie der Kinder gefordert. Es bedarf auch der Absprachen untereinander, denn eine Bewegungsbaustelle ist nur in der Gruppe einzurichten.

Bewegungsbaustelle und Bewegungslandschaft sind offene Bewegungsangebote – sie entstehen aber nicht zufällig und sind auch nicht ungeplant. Sie erfordern Vorbereitung hinsichtlich der Materialien und Gerätekombinationen – sie sind aber dennoch offen für die spezifischen Interessen und Bedürfnisse der Kinder und lassen ihnen einen möglichst großen Freiraum. Es wäre aber ein Trugschluss zu meinen, dass die pädagogische Fachkraft hier überflüssig ist! Sie begleitet die Kinder, achtet auf mögliche Gefahren, die in der selbstständigen Bewältigung entstehen können und von ihnen nicht erkennbar sind, sie begleitet Kinder, die noch der Hilfe und Unterstützung bedürfen, sie verstärkt und beobachtet und nimmt so an den Aktivitäten der Kinder teil. Insbesondere für die Beobachtung bietet die Bewegungslandschaft viele Möglichkeiten (Zimmer, 2021).

4.1.3 Regelmäßige, strukturierte Bewegungsangebote

Neben den situativen Bewegungsgelegenheiten, die sich im Alltag ergeben, und den offenen Angeboten in Form von Bewegungslandschaften und Bewegungsbaustellen sollte es auch regelmäßige, zeitlich geplante Bewegungsangebote geben, in denen ganz bestimmte inhaltliche Schwerpunkte im Vordergrund stehen (Regelspiele, Entspannung, Musik und Bewegung, Tanzen, Erproben von Bewegungsgeräten) und in denen eine Erweiterung der motorischen Fähigkeiten und Fertigkeiten der Kinder angestrebt werden kann. Sie sind nicht durch situative Bewegungsanlässe zu ersetzen, da hier in einem größeren Zeitrahmen mit den Kindern auch komplexere Themen und Inhalte bearbeitet werden können.

Die geplanten, regelmäßigen Bewegungszeiten werden meist als *Sportstunde* oder als *Bewegungsstunde* bezeichnet; sie sind häufig auch mit bestimmten Ritualen verbunden, zu denen unter anderem das Aufsuchen des Bewegungsraums und der Kleidungswechsel gehören. Kinder lieben diese Rituale meist sehr und oft sind auch nur die Bewegungszeiten aus ihrer Sicht richtige »Bewegungsstunden«, in denen sie sich umziehen und den Bewegungsraum aufsuchen können.

Auch diese Form der Bewegungserziehung sollte im Sinne von Offenheit durchgeführt werden, das heißt, dass trotz der Planung und Begleitung durch die pädagogische Fachkraft genügend Spielraum bleibt für situative Bedürfnisse der Kinder, für ihre spontanen Einfälle und Bewegungsideen.

Ein Wechsel von Phasen des freien Ausprobierens und Spielens mit Phasen der Impulsgebung durch die pädagogische Fachkraft berücksichtigt das Spielbedürfnis der Kinder, schafft aber auch die Möglichkeit zur Erweiterung ihres Bewegungsrepertoires und der Bewegungserfahrungen.

4.2 Psychomotorik und Inklusion

Bewegungsangebote sollten der Idee der Inklusion folgen, d.h., dass die Unterschiedlichkeit und Individualität jedes einzelnen Kindes anerkannt und wertgeschätzt wird und dass alle Kinder unabhängig von ihren Entwicklungs- und Leistungsvoraussetzungen gemeinsam spielen und lernen können (Hunger & Zimmer 2014). Daher ist eine Differenzierung der Angebote und eine offene Gestaltung, bei der alle Kinder ihre individuellen Stärken entfalten können, von großer Bedeutung. Die Schwierigkeitsgrade der Bewegungsangebote sollten so breit angelegt sein, dass jedes Kind individuelle Erfolgserlebnisse gewinnen kann.

Im Kontext der Bedeutung der Bewegung für die Umsetzung von Inklusion ist insbesondere der Ansatz der Psychomotorik hervorzuheben. Der Begriff »Psychomotorik« verweist auf die enge Verbindung zwischen der Psyche und der Motorik. Bewegungserfahrungen beeinflussen nicht nur die körperlich-motorischen Fähigkeiten von Kindern, gleichzeitig wirken sie sich auch auf ihre Einstellung zum eigenen Körper, auf das Bild von den eigenen Fähigkeiten, auf die Wahrnehmung der eigenen Person aus (Fischer, 2019; Zimmer, 2022a). Die Psychomotorik ist in ihrer Grundhaltung prinzipiell *inklusiv* ausgerichtet. Sie begegnet jedem Kind wertschätzend und offen und respektiert dessen individuelle Voraussetzungen. Durch die Individualisierung, aber auch durch die Einbeziehung des sozialen Kontextes hat die Psychomotorik das Ziel, jedes Kind so anzunehmen und individuell zu fördern, wie es ist – mit allen Begabungen, Stärken, Bedürfnissen und Beeinträchtigungen (vgl. Schache, 2013).

Psychomotorik will das Kind zur aktiven Auseinandersetzung mit seiner Umwelt anregen, will es in seinem Bedürfnis, sich die Welt handelnd zu erschließen, unterstützen. Dabei geht es weniger um Trainingsprogramme, die zum Abbau von Defiziten bei einigen Kindern dienen sollen, im Vordergrund stehen vielmehr Spiel- und Bewegungsgelegenheiten, die allen Kindern individuelle Handlungsmöglichkeiten erlauben (Zimmer, 2022a).

Dies beginnt mit dem Bereitstellen einer förderlichen Umwelt, in der die Kinder Geräte, Spielmaterial und Gegenstände vorfinden, die sie zum Erproben ihrer Geschicklichkeit und zum Experimentieren herausfordern, die ihnen aber auch Zeit und Raum geben, sich lange genug mit einer Sache auseinanderzusetzen, Handlungen zu wiederholen und in immer wieder neuen Versuchen das bisher Erreichte zu festigen. Gelegenheiten zum Schaukeln, Rutschen, Klettern, Springen, Wälzen, Rollen, Hangeln, aber auch zum Bauen, Toben, sich Ausruhen, Genießen und Zuschauen beim Spiel der anderen ermöglichen es den Kindern, eigenständig Wege des Lernens über Beobachten, Nachmachen, Experimentieren und Erproben zu wählen.

Im Vordergrund stehen erlebnisorientierte Bewegungsangebote, die dem Kind die Möglichkeit geben, eine positive Beziehung zu seinem Körper und damit zu sich selbst aufzubauen und zu einer realistischen, positiven Selbsteinschätzung beizutragen (Zimmer, 2022a).

5 Didaktische Prinzipien der Bewegungserziehung

Bei der Gestaltung der Bewegungsangebote in Kindertageseinrichtungen sollten bestimmte methodische und didaktische Überlegungen berücksichtigt werden. Sie können als didaktische Prinzipien verstanden werden. Dazu gehören

- Kindgemäßheit
- Offenheit
- Freiwilligkeit
- Erlebnisorientiertheit und Sinnhaftigkeit
- Entscheidungsmöglichkeit
- Selbsttätigkeit
- (Zimmer, 2020).

5.1 Kindgemäßheit

Bewegungsangebote in Kindertageseinrichtungen sollten sich grundsätzlich an den Interessen, Bedürfnissen und Fähigkeiten der Kinder orientieren und ihrer Neugierde und Entdeckerfreude gerecht werden. Sie sollten zum Handeln herausgefordert, in ihren Fähigkeiten jedoch nicht überfordert werden. Die Angebote sollten den unterschiedlichen Bewegungsbedürfnissen der Kinder entsprechen und ihnen auch Möglichkeiten zur Ruhe und zur Entspannung geben.

Im Vordergrund steht die Freude der Kinder an der Bewegung und am Spiel. Nur eine lustvolle, fröhliche Atmosphäre, in der das Kind ein eigenes Anspruchsniveau entwickeln kann, wird nachhaltig zu einer positiven Einstellung zum eigenen Körper und zu Vertrauen in die eigenen Fähigkeiten führen.

5.2 Offenheit

Die Bewegungssituationen sollen offen sein für situative Interessen der Kinder. Trotz der Planungen durch die pädagogische Fachkraft, die sich vor allem auf die Auswahl der Inhalte und die Gestaltung der Rahmenbedingungen beziehen, muss ausreichend Raum für spontane Einfälle der Kinder vorhanden sein. Auch in den ersten Lebensjahren können Kinder bereits an der Gestaltung der Bewegungserziehung beteiligt werden, wenn man ihre Fantasie im

Umgang mit Materialien und Geräten und ihre Fähigkeiten zur individuellen Deutung der Spielsituationen berücksichtigt.

Die Planung muss flexibel bleiben, sodass auch aktuelle Ereignisse aufgegriffen werden und die Kinder ihre eigenen Spielthemen entwickeln können.

5.3 Freiwilligkeit

Grundsätzlich sollte die Beteiligung an einem Bewegungsangebot den Kindern freigestellt werden. Im Vertrauen auf den Aufforderungscharakter der Geräte und Spielsituationen kann die pädagogische Fachkraft dem Kind die Entscheidung darüber überlassen, ob und wie es sich in das Spiel einbringt.

Einige – vor allem jüngere – Kinder brauchen zunächst einmal Zeit zum Beobachten und Zuschauen und beteiligen sich dann ganz von selbst. Die pädagogische Fachkraft kann das Kind zwar ermutigen, keinesfalls sollte sie es jedoch zu überreden versuchen.

5.4 Erlebnisorientiertheit und Sinnhaftigkeit

Bewegungsangebote sollten sich an der unmittelbaren Erlebniswelt des Kindes orientieren. Bewegungsgeschichten können die Spielhandlungen begleiten und auch Impulse für Veränderungen des Spielgeschehens geben.

Der kindlichen Fantasieentwicklung sollte auch in Bewegungssituationen genügend Raum gegeben werden. Materialien und Geräte können nach eigenen Vorstellungen kombiniert und neu zusammengesetzt werden. So entstehen Erlebnisräume, in denen es Kindern möglich wird, eigene Welten zu bauen und sich intensiv mit sich in der selbst geschaffenen Umgebung auseinanderzusetzen.

5.5 Entscheidungsmöglichkeit

Sich entscheiden zu können bedeutet immer auch, alternative Wahlmöglichkeiten zu haben. Dies betrifft sowohl die generelle Teilnahme am Bewegungsangebot als auch die Entscheidung, innerhalb der Bewegungsspiele bestimmte Rollen einzunehmen oder eine Gerätekombination anderen vorziehen zu können. Kinder sollten die Möglichkeit haben, selbstbestimmt zu handeln und eigene Entscheidungen für oder gegen eine Tätigkeit oder eine Rolle zu fällen.

Diese Fähigkeit muss bei Kindern erst entwickelt werden. Sie dürfen dabei weder überfordert werden (wenn der Entscheidungsspielraum z.B. zu groß ist und sie keine Grenzen erkennen), noch darf ihnen durch Anordnungen oder Anweisungen jede Möglichkeit der eigenen Entscheidung abgenommen werden.

5.6 Selbsttätigkeit

Handeln aus eigenem Antrieb ist für Kinder die Voraussetzung für die Entwicklung des *Ichs*. Kinder werden auf diesem Weg dazu befähigt, selbst die Initiative zu ergreifen und für ihr Handeln auch Verantwortung zu übernehmen.

Bewegungsangebote fordern zum selbsttätigen Handeln heraus. Der Erfolg oder Misserfolg ihrer Handlungen kann von den Kindern unmittelbar auf die eigene Person zurückgeführt werden. Impulse durch die pädagogische Fachkraft sollten zu einer Erweiterung der kindlichen Handlungsmöglichkeiten führen; sie können den Blick der Kinder für Alternativen in der Benutzung der Geräte öffnen, neue Ideen anregen oder das Zusammenspiel der Kinder unterstützen.

Diese didaktischen Prinzipien geben sowohl Hinweise für das Verhalten der pädagogischen Fachkräfte als auch für die inhaltliche Gestaltung der Bewegungsangebote. Sie sind nicht notwendig an ein Medium – wie z. B. die Bewegung – gebunden, sondern können ohne Weiteres als allgemeine Prinzipien des pädagogischen Handelns in der Kindertagesstätte verstanden werden.

Bewegungsangebote sind aufgrund der Offenheit der Spielsituationen, der Möglichkeit der Einbeziehung der Kinder bereits bei der Planung und aufgrund des Aufforderungscharakters der Geräte und Materialien jedoch ein besonders gutes Beispiel für die Realisierung der pädagogischen Ansprüche in der Praxis.

6 Hochschuldidaktischer Impuls

Lehrveranstaltungen zum Bildungsbereich Bewegung sollten sowohl theoretisches Fachwissen zur Bedeutung von Bewegung für die kindliche Entwicklung vermitteln als auch die Anwendung dieses Fachwissens im Rahmen der

Bewegungserziehung in Kindertageseinrichtungen ermöglichen. Kindheitspädagoginnen und -pädagogen sollten zudem über eigene Körper- und Bewegungserfahrungen verfügen. Im Rahmen ihres Studiums sollten sie Gelegenheiten haben, ihre bisherigen Erfahrungen und Kompetenzen zu erweitern und zu reflektieren, um diese in die pädagogische Praxis mit Kindern einzubringen.

Sie sollten ihr theoretisches Wissen und ihre praktischen Erfahrungen bewusst aufeinander beziehen können. Erst wenn eine »Verbindung von Handeln, Tun und Reflexion« entstanden ist, kann eine eigene Profession herausgebildet werden (Karsten, 2003). Pädagoginnen und Pädagogen sollten sich auch der Vorbildwirkung für Kinder bewusst sein, Bewegungsmotivation und -kreativität tragen dazu bei, dass die Pädagoginnen und Pädagogen eine Vorbildfunktion für die Kinder übernehmen (Hunger, 2000).

Mit welcher emotionalen Beteiligung Kinder Bewegungsmöglichkeiten in ihrer Kindertageseinrichtung wahrnehmen hängt nicht allein von den räumlichen und materialen Voraussetzungen und den konkreten Bewegungsangeboten ab, sondern vor allem auch vom Verhalten der pädagogischen Fachkräfte. Diese Haltungen und Einstellungen gilt es in der Ausbildung zu thematisieren und zu reflektieren (Zimmer, 2022).

Oft hat der Schulsport negative Erfahrungen hinterlassen, daher ist die Auseinandersetzung mit der eigenen Bewegungssozialisation ein hilfreicher Weg, um Ängste und Vorbehalte abzubauen und zu einer positiveren Einstellung zu Bewegung, Spiel und Sport zu kommen. So stellt Selbsterfahrung und die Reflexion der eigenen Bewegungsbiographie in der Auseinandersetzung mit dem Bildungsbereich Bewegung ein bedeutsames Element dar.

6.1 Beispiel für eine Lehrveranstaltungskonzeption

In einer Lehrveranstaltung zum Bildungsbereich Bewegung sollten folgende Themen behandelt werden (exemplarische Auswahl, Mindestumfang 4 SWS):

- Reflexion der eigenen Bewegungsbiographie. Welche Erfahrungen habe ich in meiner Kindheit, in der Schule gemacht? Wie haben sich diese eigenen Erfahrungen auf das eigene Bildungs- und Bewegungsverständnis ausgewirkt?
- Anthropologische Überlegungen: Der Mensch ist ein Bewegungswesen. »Sich die Welt zu eigen machen« als wichtiges Entwicklungsthema des Kindes.

- Funktion der Bewegung (explorative, personale, soziale Funktion etc.) und Bedeutung für kindliche Entwicklungsprozesse
- Bewegung als Voraussetzung für Gesundheit und Wohlbefinden. Wie sollte der Lebensraum von Kindern gestaltet werden, damit gesundes Auswachsen gelingt?
- Bewegung als Grundlage für Bildungsprozesse: Worin liegt das Bildungspotenzial von Bewegung zum Erwerb motorischer, emotionaler, sozialer, kognitiver und sprachlicher Kompetenzen?
- Didaktisch-methodische Grundsätze zur Gestaltung von Bewegungsangeboten (die pädagogische Fachkraft als Entwicklungsbegleiterin der Kinder, didaktische Prinzipien)
- Nutzung situativer Bewegungsgelegenheiten, Gestaltung offener Bewegungsangebote (z.B. Bewegungslandschaften, Bewegungsbaustelle)
- Planung, Durchführung und Reflexion von strukturierten Bewegungsangeboten, Bewegungsstunden (Regelspiele, Entspannung, Musik und Bewegung, Nutzung von Bewegungsgeräten)
- Die Natur als Bewegungs- und Erfahrungsraum, Bedeutung des Draußenspielens
- Anregungen zur Förderung der kindlichen Sinneswahrnehmung (insbesondere der körpernahen Sinne: taktile, kinästhetische, vestibuläre Wahrnehmung)
- Inklusive Aspekte bei der Gestaltung von Bewegungsangeboten – Berücksichtigung von Vielfalt und Heterogenität
- Psychomotorik als Konzept einer ganzheitlichen Entwicklungsbegleitung durch Bewegung. Bedeutung von Selbstwirksamkeitserfahrungen für den Aufbau eines positiven Selbstkonzepts
- Beobachtung und Dokumentation des Bewegungsverhaltens und der Bewegungsentwicklung von Kindern – Einnehmen einer ressourcenorientieren Haltung

7 Fazit

Bewegung beinhaltet viele Möglichkeiten zur Unterstützung von Entwicklungs- und Bildungsprozessen in der Kindheit. Bewegung ist als Medium der Vermittlung grundlegender motorischer, kognitiver, emotionaler und sozialer Lernprozesse zu verstehen. Diese haben auch für andere Bildungsbereiche wie für die Sprache (Madeira Firmino, 2015; Zimmer, 2019b) oder für die naturwissenschaftliche Bildung (Kaiser & Zimmer, 2015) Geltung und können diese unterstützen. Solche Querverbindungen sind kennzeichnend für die frühe Bildungsarbeit, da insbesondere in der Verbindung der verschiedenen Bildungsbereiche zahlreiche wertvolle Bildungsgelegenheiten liegen.

Literatur

Amft, S., Boveland, B., Hensler Häberlin, K. & Uehli Stauffer, B. (2013). Kann Psychomotorik zur Förderung sozio-emotionaler Kompetenzen beitragen? *Praxis der Psychomotorik, 38* (3), 134–135.

Ayres, A. J. (2013). *Bausteine der kindlichen Entwicklung.* Berlin: Springer.

Bischoff, A., Menke, R., Madeira Firmino, N., Sandhaus, M., Ruploh, B. & Zimmer, R. (2012). *Sozial-emotionale Kompetenzen. Fördermöglichkeiten durch Spiel und Bewegung (nifbe-Themenheft Nr. 12).* Osnabrück: Niedersächsisches Institut für frühkindliche Bildung und Entwicklung.

Bünemann, A. (2008). Zum komplexen Ursachengeflecht von Übergewicht und Adipositas im Kindes- und Jugendalter. In W. Schmidt (Hrsg.), *Zweiter Deutscher Kinder- und Jugendsportbericht* (S. 115–124). Schorndorf: Hofmann.

Burrmann, U. (2008). Bewegungsräume und informelle Bewegungs-, Spiel- und Sportaktivitäten für Kinder. In W. Schmidt (Hrsg.), *Zweiter Deutscher Kinder- und Jugendsportbericht* (S. 391–408). Schorndorf: Hofmann.

Eliot, L. (2002). *Was geht da drinnen vor? Die Gehirnentwicklung in den ersten fünf Lebensjahren.* Berlin: Piper.

Fischer, K. (2019). *Einführung in die Psychomotorik.* München: Ernst Reinhardt.

Hunger, I. (2000). *Handlungsorientierungen im Alltag der Bewegungserziehung.* Schorndorf: Hofmann.

Hunger, I. & Zimmer, R. (2024). *Inklusion bewegt. Herausforderungen für die frühkindliche Bildung.* Schorndorf: Hofmann.

Kaiser, A. & Zimmer, R. (2015). *Bewegter Sachunterricht.* Baltmannsweiler: Schneider.

Karsten, E. (2003). Sozialdidaktik. Zum Eigensinn didaktischer Reflexionen in den Berufsausbildungen
für soziale und sozialpädagogische (Frauen-) berufe. In: A. Schlüter (Hrsg.), *Aktuelles und Querliegendes zur Didaktik und Curriculumentwicklung. Festschrift für Werner Habel* (S. 350–374). Bielefeld: Janus Software Projekte.

Lensing-Conrady, R. (2019). *Die psychomotorische Kindertagesstätte. Leitfaden zur Zertifizierung als*
»Anerkannte psychomotorische Kita«. Dortmund: Modernes Lernen.

Madeira Firmino, N. (2015). *Bewegungsorientierte Sprachbildung und -förderung in der frühen Kindheit. Entwicklung und Implementierung einer bewegungsorientierten Sprachfördermaß-*

nahme im Krippenalltag unter Berücksichtigung familiärer Einflüsse. Bad Heilbrunn: Klinkhardt.
Miedzinski, K. & Fischer, K. (2009). *Die Neue Bewegungsbaustelle.* Dortmund: Modernes Lernen.
Miklitz, I. (2011). *Der Waldkindergarten. Dimensionen eines pädagogischen Ansatzes.* Berlin: Cornelsen.
Müller, M. & Just, R. (2021). *Beste Bewegungslandschaften.* Freiburg im Breisgau: Herder
Nentwig-Gesemann, I., Walther, B. & Thedinga, M. (2017). *Kita-Qualität aus Kindersicht.* Berlin: Deutsche Kinder- und Jugendstiftung.
Pfeffer, S. (2017). *Sozial-emotionale Entwicklung fördern.* Freiburg im Breisgau: Herder.
Schache, S. (2013). Die Buntheit der Psychomotorik – Profilbildung. In: Bender, S., Martzy, F., Schache, S. (Hrsg.), *Psychomotorik – arbeiten mit Kindern von 0 bis 3 Jahren* (S. 9–48). Köln: Bildungsverlag Eins.
Schaffner, K. (2004). *Der Bewegungskindergarten.* Schorndorf: Hofmann.
Schienkiewitz, A., Brettschneider, A. K., Damerow, S. & Schaffrath Rosario, A. (2018). Übergewicht und Adipositas im Kindes- und Jugendalter in Deutschland – Querschnittergebnisse aus KiGGS Welle 2 und Trends. *Journal of Health Monitoring, 3,* 16–23.
Schwarz, R. (2014b). *Frühe Bewegungserziehung.* München: Ernst Reinhardt.
Ungerer-Röhrich, U., Popp, V. & Quante, S. (2015). *Bildung durch Bewegung. Kita-Kinder ganzheitlich in ihrer Entwicklung fördern.* Berlin: Cornelsen.
Völker, K. (2008). Wie Bewegung und Sport zur Gesundheit beitragen – Tracking-Pfade von Bewegung und Sport zur Gesundheit. In W. Schmidt (Hrsg.), *Zweiter deutscher Kinder- und Jugendsportbericht* (S. 89–106). Schorndorf: Hofmann.
Voss, A. (Hrsg.), (2019). *Bewegung und Sport in der Kindheitspädagogik.* Stuttgart: Kohlhammer.
WHO (World Health Organization) (2019). *Guidelines on physical activity, sedentary behaviour and sleep for children under 5 years of age.* Online-Veröffentlichung.https://apps.who.int/iris/bitstream/handle/10665/311664/9789241550536-eng.pdf?sequence=1&isAllowed=y
Woll, A., Oriwol, D., Anedda, B., Burchartz, A., Hanssen-Doose, A., Kopp, M., Niessner, C., Schmidt, S., Bös, K. & Worth, A. (2019). *Körperliche Aktivität, motorische Leistungsfähigkeit und Gesundheit in Deutschland. Ergebnisse aus der Motorik-Modul-Längsschnittstudie (MoMo).* Karlsruhe: Karlsruher Institut für Technologie.
Zimmer, R. (2011a). *Vom Greifen zum Begreifen – Entwicklungsförderung durch Bewegung.* Freiburg im Breisgau: Herder.
Zimmer, R. (Hrsg.) (2011b). Psychomotorik für Kinder unter drei. Freiburg im Breisgau: Herder.
Zimmer, R. (Hrsg.) (2014). *Krippenkinder – Bewegungslandschaften.* Freiburg im Breisgau: Herder.
Zimmer, R. (2019a). *Handbuch Sinneswahrnehmung. Grundlagen einer ganzheitlichen Erziehung.* Freiburg im Breisgau: Herder.
Zimmer, R. (2019b). *Handbuch Sprache und Bewegung.* Freiburg im Breisgau: Herder.
Zimmer, R. (2020). *Handbuch Bewegungserziehung. Grundlagen für Ausbildung und pädagogische Praxis.* Freiburg im Breisgau: Herder.
Zimmer, R. (2021). *MotorikPlus. Beobachtung psychomotorischer Kompetenzen von Kindern im Alltag von Kindertageseinrichtungen.* Freiburg im Breisgau: Herder.

Zimmer, R. (2022a). *Handbuch Psychomotorik. Theorie und Praxis der psychomotorischen Förderung von Kindern.* Freiburg im Breisgau: Herder.

Zimmer, R. (2022b). *Der Bewegungskindergarten. Pädagogische Ansätze auf einen Blick.* Freiburg im Breisgau: Herder.

Gesundheitsförderung und Prävention als Herausforderung kindheitspädagogischen Handelns

Thomas Altenhöner & Katja Makowsky

> Gesundheit und Krankheit sind bereits in der frühen Kindheit wichtige Themen, weil sie akute Problemlagen darstellen, die es zu bewältigen gilt und die bedeutsam für die kindliche Entwicklung sein können sowie einen Einfluss auf die gesundheitliche Lage im späteren Leben ausüben. Die Relevanz spiegelt sich auch in den Bildungsbereichen des Gemeinsamen Rahmens der Länder für die frühe Bildung in Kindertageseinrichtungen wider, indem dort »Gesundheit und Prävention« explizit als Teil des Bildungsbereichs Körper, Bewegung, Gesundheit und Prävention verankert sind (JFMK & KMK, 2022).
> Der Beitrag beginnt mit der Vermittlung von Grundlagen zum Verständnis von Gesundheit und Krankheit. Nach der Vorstellung ausgewählter gesundheitlicher Herausforderungen anhand der aktuellen Befundlage werden mit den Bereichen Prävention und Gesundheitsförderung grundlegende Ansatzmöglichkeiten zur Verbesserung von Gesundheit und ihren Ressourcen aufgezeigt. Dabei wird die Bedeutung des Settingansatzes, der sich an den Lebenswelten der Kinder orientiert, herausgestellt. Mit dem Konzept von »Positieve Gezondheid« (Positive Gesundheit) wird ein in den Niederlanden entwickelter und zunehmend auch in Deutschland diskutierter Ansatz vorgestellt, um exemplarisch aufzuzeigen, wie die Entwicklung einer Kindertageseinrichtung systematisch am Konzept Positiver Gesundheit mit dem Ziel der Verankerung von Gesundheitsförderung in der Einrichtung unterstützt werden kann. Dabei wird erläutert, wie mit Hilfe des Konzeptes Positive Gesundheit individuelle Merkmale der Kinder im Hinblick auf die eigene Gesundheit erfasst werden können. Zudem wird exemplarisch auf einen Ansatz zur Ernährungsbildung in Kindertageseinrichtungen sowie ein Schulungsprogramm für Eltern und pädagogische Fachkräfte zur Stärkung der seelischen Gesundheit im Setting Kita eingegangen. Der Beitrag schließt mit einer kurzen Reflexion der aufgezeigten Herausforderungen und Ansätze zur Gesundheitsförderung im Setting Kita

sowie der Vorstellung von Möglichkeiten zur eigenen Recherche qualitativ hochwertiger Maßnahmen.

1 Grundlagen von Gesundheit und Krankheit

Sowohl für Gesundheit als auch für Krankheit existieren keine allgemeingültigen Definitionen. Wir alle dürften zwar bestimmte Vorstellungen dazu haben, jedoch wird bei näherer Betrachtung deutlich, wie subjektiv, aber auch gesellschaftsbedingt die Verständnisweisen geprägt sind. So kann beispielsweise eine pädagogische Fachkraft den Zustand eines Kindes als krank einstufen, während die Eltern oder auch das Kind selbst dies anders erleben. Zudem kann die Einschätzung auch zwischen Vertreter*innen verschiedener Berufsgruppen (z.B. Pädagogik, Psychologie, Medizin) unterschiedlich ausfallen. Es handelt sich sowohl im Alltag als auch in den Wissenschaften um sogenannte Konstruktionen von Wirklichkeit (Faltermaier, 2023), die von der jeweiligen Perspektive der Akteur*innen beeinflusst sind. Die Beschäftigung mit der Thematik ist dabei grundsätzlich durch zwei gegensätzlich wirkende Blickrichtungen geprägt. Zum einen fokussieren sogenannte pathogenetische Modelle im Wesentlichen auf das Phänomen Krankheit oder auch auf Verletzungen und potenzielle Risiken für das Auftreten dieser Ereignisse. Die salutogenetische Perspektive (Antonovsky, 1979) richtet den Blick demgegenüber auf Gesundheit und vornehmlich auf Determinanten, die zur Förderung oder Erhaltung von Gesundheit beitragen. Zur ersten Orientierung folgt eine biomedizinische Definition von Krankheit:

Krankheit

> »Störung der Lebensvorgänge in Organen oder im gesamten Organismus mit der Folge von subjektiv empfundenen und/oder objektiv feststellbaren körperlichen, geistigen oder seelischen Veränderungen. Krankheit wird von der Befindlichkeitsstörung ohne objektivierbare medizinische Ursache abgegrenzt« (Stellpflug & Münnch, 2022).

Eine solche, deutlich naturwissenschaftlich geprägte Definition heranzuziehen mag zunächst verwundern, da die Gefahr besteht, den Einfluss sozialer Determinanten von Gesundheit und Krankheit zur vernachlässigen (z.B. Richter & Hurrelmann, 2016). Weiterhin gilt sie als reduktionistisch, da sie im Wesentlichen auf von der Norm abweichende physische Störungen von Organen oder gar Organbestandteilen blickt, die objektiv messbar sind (Faltermaier, 2023) und dabei die psychische und soziale Dimension nicht ausreichend einbezieht.

Auf der anderen Seite ist das deutsche Gesundheitssystem mit seinen Versorgungsleistungen stark durch diese pathogenetische Perspektive geprägt. Dies bedeutet, dass diese Sichtweise auch für pädagogisches Arbeiten in Zusammenhang mit vorliegenden oder möglichen zu verhindernden Krankheiten (z. B. Infektionen) bzw. Störungen in den Lebensvorgängen (z. B. Sprachentwicklung) von Bedeutung ist. Gleichzeitig existiert mit der ICD (International Classification of Diseases) ein international genutztes Klassifizierungssystem, mit dessen Hilfe Krankheiten im deutschen Gesundheitssystem einheitlich benannt werden (BfArM, 2024).

Da kindheitspädagogisches Handeln im Wesentlichen ressourcenorientiert ist, richtet sich der Blick nun auf Gesundheit und ihre Determinanten. Die vermutlich am weitesten verbreitete Definition wurde 1946 in der Verfassung der World Health Organization (WHO) formuliert und ist inzwischen über 75 Jahre alt:

Gesundheit

> »Gesundheit ist ein Zustand des vollständigen körperlichen, geistigen und sozialen Wohlbefindens und nicht nur das Freisein von Krankheit oder Gebrechen. Das Innehaben des bestmöglichen Gesundheitszustandes ist eines der Grundrechte jedes menschlichen Wesens, ohne Unterschied des kulturellen Hintergrunds*, der Religion, der politischen Überzeugung und der wirtschaftlichen oder sozialen Stellung« (WHO, 1948, S. 1; *im Original »race«).

Die Definition enthält aus heutiger Sicht einige offensichtliche Schwächen. Kritisiert wird v. a., dass Gesundheit als fixer Zustand verstanden wird und dieser Zustand eines umfassenden Wohlbefindens ein utopisches Extrem darstellt (Faltermaier, 2023). Dementsprechend werden auch keine Übergangsstufen beschrieben. Aktuell wird für die gesundheitliche Lage eher angenommen, dass sie sich auf einem multidimensionalen Kontinuum bio-psycho-sozialer Gesundheit zwischen gesund und krank einordnen lässt (Faltermaier, 2023). Weiterhin fehlt in der Definition der Mensch als aktives Subjekt zur Gestaltung von Gesundheit.

Für die Kindheitspädagogik bietet die positive Orientierung an Gesundheit wesentliche Potenziale, da hieraus eine gute Handlungsbasis für ressourcenförderndes bzw. pädagogisches Arbeiten hervorgeht. Der Blick auf das persönliche Wohlbefinden rückt das subjektive Erleben des Kindes in den Vordergrund. Zentral ist aber der ganzheitliche Ansatz, der neben der biologischen auch die psychische und soziale Dimension von Gesundheit gleichwertig einbezieht. Entsprechend berücksichtigt dieses Verständnis sowohl die körperliche Ebene – hiermit könnte beispielsweise die Funktions- oder Leistungsfähigkeit des Herzkreislaufsystems gemeint sein – als auch den seelischen Bereich wie die seelische Befindlichkeit oder die Verfügbarkeit von Ressourcen (z. B. Selbstwertgefühl) sowie schließlich auch die Möglichkeit der Teilhabe oder die soziale Integration von Kindern in soziale Gruppen. Der zweite Teil der Definition macht deutlich, dass Gesundheit ein menschliches Grundrecht darstellt. Daher ist es inakzeptabel, wenn Gesundheit oder das Auftreten von Krankheiten von den sozialen, wirtschaftlichen Bedingungen oder auch von den Haltungen der Menschen abhängig sind. Dieser Aspekt ist insofern bedeutsam, da das Vorliegen gesundheitlicher Ungleichheiten insbesondere bei Erwachsenen auch für Deutschland umfassend belegt ist (Geyer, 2020).

2 Gesundheit und gesundheitsbezogene Herausforderungen in der Kindheit

Die Betrachtung der gesundheitlichen Lage ist aus verschiedenen Gründen bedeutsam: So ist es wichtig, etwas über potenzielle Problemlagen zu erfahren, um die Situation qualifiziert einschätzen und einen möglichen Interventionsbedarf ableiten zu können. Ebenso ist die Bedeutung der Kindheit für die Gesundheit im weiteren Leben nicht zu unterschätzen, da sich Kinder beispielsweise bestimmte Verhaltensweisen aneignen, die sich im Lebenslauf als in hohem Maße stabil erweisen und einen bedeutsamen Einfluss auf die spätere Gesundheit im Erwachsenenalter haben können (Ravens-Sieberer et al., 2018). Obgleich sich die Befundlage in den letzten beiden Jahrzehnten substanziell verbessert hat, liegen für Jugendliche und v. a. für jüngere Kinder nach wie vor deutlich weniger verallgemeinerbare Daten zur Gesundheit oder zum Auftreten von Krankheiten vor als für Erwachsene. Nachfolgend werden ausgewählte Erkenntnisse zur kindlichen Gesundheit vorgestellt. Sie betreffen beispielsweise die allgemeine Gesundheit, bestimmte körperliche oder psychische Problemlagen sowie gesundheitsrelevante Verhaltensweisen.

Allgemeine Gesundheit: Die Kindheit gilt als Lebensphase mit einer relativ guten allgemeinen Gesundheit. Dies bestätigen die Elternangaben in der Studie zur Gesundheit von Kindern und Jugendlichen in Deutschland (KiGGS), die ausweisen, dass 96–97 % der Eltern die allgemeine Gesundheit ihrer Kinder im Alter zwischen drei und zehn Jahren als »*gut*« bis »*sehr gut*« einstufen. Gleichzeitig zeigen die Daten, dass sich die allgemeine Gesundheit mit dem Älterwerden bis zum Alter von 17 Jahren verschlechtert und Kinder, die unter ungünstigeren sozioökonomischen Bedingungen leben, über eine schlechtere Gesundheit verfügen (Poethko-Müller et al., 2018). Für die frühe Kindheit lässt sich deshalb das recht allgemeine Ziel formulieren, dafür Sorge zu tragen, den guten Gesundheitszustand zu erhalten und in diesem Prozess insbesondere Kinder zu unterstützen, bei denen das Risiko einer Verschlechterung erhöht ist.

Bei der KiGGS-Studie handelt es sich um bundesweit repräsentative Erhebungen zur gesundheitlichen Lage von Kindern und Jugendlichen in drei Wellen (Basis: 2003 – 2006, Welle 1: 2009 – 2012, Welle 2: 2014 – 2017). Details und Veröffentlichungen zur Gesundheit von Kindern sind auf den Webseiten des Robert Koch-Instituts unter https://www.rki.de/DE/Content/Gesundheitsmonitoring/Studien/Kiggs/kiggs_node.html abrufbar.

Psychische Gesundheit: Eine gute psychoemotionale Befindlichkeit bzw. die seelische Gesundheit bildet eine wesentliche Voraussetzung für Motivation, Leistungsfähigkeit, Teilhabe und demensprechend auch für eine hohe Lebensqualität. Umgekehrt ist das Vorliegen von psychischen Auffälligkeiten mit ausgeprägten psychosozialen Beeinträchtigungen assoziiert und für die betroffenen Kinder oder Jugendlichen oft sehr belastend (Klipker et al., 2018). Die COVID-19-Pandemie stellte in Bezug auf die psychoemotionale Befindlichkeit einen ausgeprägten Belastungsfaktor dar. In der BELLA- sowie der COPSY-Studie wurde die psychoemotionale Situation bei Kindern und Jugendlichen im Alter von 7–17 Jahren vor und mehrmals im Verlauf der Pandemie erhoben.

Die BELLA-Studie untersucht die psychische Gesundheit und gesundheitsbezogene Lebensqualität von Kindern und Jugendlichen in Deutschland und ist ein Zusatzmodul der KiGGS-Studie. Die Erhebung umfasst fünf Wellen (2003 – 2006; 2004 – 2007; 2005 – 2008; 2009 – 2012; 2014 – 2017). Details und wissenschaftliche Publikationen zur Studie finden sich unter folgendem Link: https://www.uke.de/kliniken-institute/kliniken/kinder-und-jugendpsychiatrie-psychotherapie-und-psychosomatik/forschung/arbeitsgruppen/child-public-health/forschung/bella-studie.html.

Die COPSY-Längsschnittstudie untersucht die Auswirkungen und Folgen der COVID-19-Pandemie auf die psychische Gesundheit von Kindern und Jugendlichen in Deutschland und wurde in Anlehnung an die BELLA-Studie konzipiert. Die Erhebung umfasst sechs Wellen (05–06/2020; 12/2020–01/2021; 09–10/2021; 02/2022; 09–10/2022; 11/2023). Weitergehende Beschreibungen und Befunde sind unter https://www.uke.de/kliniken-institute/kliniken/kinder-und-jugendpsychiatrie-psychotherapie-und-psychosomatik/forschung/arbeitsgruppen/child-public-health/forschung/copsy-studie.html einsehbar.

Der Anteil von Kindern mit psychischen Auffälligkeiten lag vor der Pandemie bei 18 % und stieg zu Beginn der Pandemie stark – auf bis ca. 30 %. Danach sank er wieder bis auf 23 %, erreichte aber nicht mehr das vorpandemische Niveau (Reiß et al., 2023). In die KiGGS-Studie wurden – jedoch nur für die Zeit vor der Pandemie – auch jüngere Kinder einbezogen. Die Prävalenz einer psychosozialen Auffälligkeit lag dabei in vergleichbarer Höhe wie bei den BELLA-Daten für ältere Kinder. Zudem zeigt sich ein deutlicher geschlechtsspezifischer Unterschied, nach dem 21 % der Jungen und 14 % der Mädchen im Alter von drei bis fünf Jahren betroffen sind. Ein Ansatz zur Erklärung dieser Unterschiede liegt darin, dass die eingesetzten Erhebungsinstrumente vor allem Problematiken erfassen, wenn sich das Verhalten nach außen richtet. Von nach außen gerichteten Auffälligkeiten, z. B. Hyperaktivität, sind Jungen öfter betroffen. Zudem weisen die Befunde auf einen ausgeprägten sozialen Gradienten, nach dem Kinder in benachteiligenden Bedingungen deutlich öfter betroffen sind (Klipker et al., 2018).

Das Thema psychische Gesundheit wurde detaillierter aufgegriffen, da das Aufwachsen in der aktuellen Zeit durch eine deutliche Zunahme an akuten, aber auch stabilen Krisensituationen wie die Pandemie, bewaffnete Konflikte, Naturkatastrophen/Klimawandel und eine unsichere Wirtschaftslage geprägt ist. Die daraus resultierenden Einschränkungen wirken sich negativ auf verschiedene Bereiche – finanzielle Lage, soziale Lage, Bildung, Gesundheit sowie das Recht auf ein gewaltfreies Aufwachsen – und als Folge davon auch auf die seelische Gesundheit aus (Gossmann et al., 2023). Hieraus geht sowohl aktuell, aber vermutlich auch langfristig ein besonderer Unterstützungsbedarf sowie Herausforderungen für präventives und gesundheitsförderndes Handeln im Kontext frühkindlicher Bildung hervor.

Übergewicht: Übergewicht gilt bei Erwachsenen als bedeutsamer Risikofaktor für das Auftreten verschiedener chronisch-degenerativer Erkrankungen. Bereits für Kinder mit erhöhtem Body-Mass-Index (BMI) steigt die Wahrscheinlichkeit, als Erwachsene an Typ-2-Diabetes und Herz-Kreislauf-Erkrankungen zu erkranken (Llewellyn et al., 2016). Zudem ist Übergewicht von

Kindern und Jugendlichen mit einer geringeren Lebensqualität und einem größeren Mobbingrisiko assoziiert. Von den in Deutschland lebenden Kindern im Alter zwischen drei und sechs Jahren waren zwischen 2014 und 2017 etwa 9 % übergewichtig (einschließlich Adipositas). Im Alter von sieben bis zehn Jahren stieg die Prävalenz auf etwa 16 % (Schienkiewitz et al., 2018). Nach etwas neueren Daten für Bremen ergeben sich für achtjährige Kinder mit einer Prävalenz von 28 % (Jungen) und 24 % (Mädchen) deutliche höhere Werte. Die Daten weisen dabei auf das höhere Risiko von Jungen hin. Zudem sind Kinder in Familien mit einer schlechteren sozioökonomischen Lage deutlich öfter betroffen als Kinder in bessergestellten Familien (WHO, 2022).

Ernährung: Als ungesund gilt v. a. der zu häufige Konsum von fettreichen und zuckerhaltigen Nahrungsmitteln und Getränken. Die Deutsche Gesellschaft für Ernährung (DGE) empfiehlt u. a. den Konsum von Vollkornprodukten, Wasser sowie ausreichend Gemüse und Obst. Für den ausreichenden Verzehr von Gemüse und Obst gilt dabei die weit verbreitete Faustregel »*keep five a day*«, bei der mindestens drei faustgroße Portionen Gemüse und zwei faustgroße Portionen Obst konsumiert werden sollen (DGE, 2017). Die Empfehlung ist aufgrund der kleineren Hände gut auf Kinder übertragbar. In der KiGGS-Studie zeigte sich, dass lediglich 16 % der Kinder im Alter von drei bis zehn Jahren diese Empfehlung erfüllen (Krug et al., 2018). Gesüßte Getränke konsumieren mindestens einmal täglich 11 % der Kinder im Alter von drei bis sechs Jahren (Mensink et al., 2018). Bedeutsam ist, dass sich der Obst- und Gemüsekonsum sowie das Trinkverhalten zwischen jüngeren Mädchen und Jungen kaum bzw. nur gering voneinander unterscheiden. Mit dem Älterwerden verschlechtert sich das Ernährungsverhalten insgesamt und es treten zudem geschlechtsspezifische Differenzen zuungunsten der Jungen auf. Ebenso weisen die Daten auf sozioökonomische Differenzen zum Nachteil von Kindern aus Familien mit schlechteren sozioökonomischen Bedingungen hin (Mensink et al., 2018).

Körperliche Aktivität: Ausreichende Bewegung stellt ebenso wie gesunde Ernährung eine wichtige Ressource für gesundes Aufwachsen bzw. eine gute Entwicklung dar. Auch hier liegen konkrete Empfehlungen über den idealen Umfang vor. Nach den Nationalen Empfehlungen für Bewegung und Bewegungsförderung sollten sich Kinder im Alter von bis zu drei Jahren so viel wie möglich bewegen und so wenig wie möglich in ihrem natürlichen Bewegungsdrang gehindert werden. Kindergartenkinder sollten insgesamt mindestens eine Bewegungszeit von 180 Min./Tag und Grundschulkinder von mindestens 90 Min./Tag erreichen (Rütten & Pfeifer, 2016). Laut WHO sollten Kinder und Jugendliche im Alter von fünf bis siebzehn Jahren täglich mindestens 60 Minuten mäßig bis intensiv körperlich aktiv sein (WHO, 2010).

Unfälle/Verletzungen: 19 % der Jungen und 14 % der Mädchen im Alter bis siebzehn Jahre wurden nach den Daten der KiGGS-Welle 2 in den vorangegangenen zwölf Monaten wegen eines Unfalls ärztlich behandelt. Der Anteil unfallbedingt ärztlich behandelter Kinder bzw. Jugendlicher steigt mit dem Lebensalter. Jüngere Kinder im Alter von bis zu sechs Jahren sind mit ca. 16 % (Jungen) bzw. ca. 12 % (Mädchen) etwas weniger betroffen. Die genannten Unfälle der jüngeren Kinder ereigneten sich am häufigsten zu Hause oder in Betreuungseinrichtungen, sodass etwa 45 % der Unfälle von Drei- bis Sechsjährigen zuhause und ca. 35 % in Betreuungsenrichtungen passieren (Saß et al., 2019). Unfallbedingte Verletzungen gehören trotz abnehmender Todesfälle nach wie vor zu den häufigsten Gesundheitsproblemen in Kindheit und Jugend. Zudem können Beeinträchtigungen durch schwerere Verletzungen die Gesundheit auch langfristig bzw. lebenslang mindern.

Die Themen könnten problemlos auf weitere spezifische Fragestellungen z. B. zur Zahngesundheit oder einzelnen Krankheiten wie Infektionen ausgeweitet werden. Daher geben die Ausführungen nur einen ersten Einblick in gesundheitlich besonders bedeutsame Themen. Aus den beschriebenen Problemfeldern bzw. Herausforderungen lässt sich für die Kindheitspädagogik die Notwendigkeit von wirksamen Interventionen ableiten, mit denen die Möglichkeit gesunden Aufwachsens verbessert bzw. dem Auftreten absehbarer Schwierigkeiten vorgebeugt werden kann. An diesen Punkten setzen präventive und gesundheitsfördernde Maßnahmen an.

3 (Krankheits-)Prävention und Gesundheitsförderung als wichtige Ansatzpunkte für die Kindheitspädagogik

3.1 Krankheitsprävention

Krankheitsprävention ist konzeptionell pathogenetisch ausgerichtet, das heißt, sie orientiert sich am sogenannten Risikofaktorenmodell und somit an Determinanten, die das Auftreten negativer Ereignisse wie Krankheiten wahrscheinlicher machen. Dem Eintreten dieser Ereignisse soll vorgebeugt werden. Leppin definiert Krankheitsprävention wie folgt:

> »Krankheitsprävention versucht, durch strategische Interventionsmaßnahmen das Auftreten und Fortschreiten spezifischer Krankheiten oder unerwünschter physischer

oder psychischer Zustände bei Individuen oder in Populationen zu verhindern oder zu verzögern« (Leppin, 2018, S. 47).

Allerdings muss es nicht ausschließlich um eine bestimmte Krankheit gehen. D.h. es können auch ganze Krankheitsbereiche (z.B. Herzkreislauferkrankungen) sowie andere Ereignisse wie Unfälle oder Risikoverhalten in den Blick genommen werden. So kann beispielsweise mit dem Händewaschen als Hygienemaßnahme vielen Infektionskrankheiten oder mit Aufklärung spezifischem Risikoverhalten vorgebeugt werden.

In Bezug auf den Zeitpunkt der Intervention wird in der Regel in die drei Phasen Primärprävention, Sekundärprävention und Tertiärprävention unterschieden (Franzkowiak, 2022). Primärprävention richtet sich an gesunde Adressat:innen und setzt vor dem ersten Auftreten des unerwünschten Zustands an. In vielen Fällen geht es dabei um die Verhinderung des Neuauftretens von Krankheiten. Offensichtliches Beispiel wären das Impfen oder das Händwaschen. Sekundärprävention setzt in einem frühen Stadium einer vorliegenden Beeinträchtigung an, indem durch frühzeitiges Eingreifen der weiteren Ausbreitung, Manifestation oder Chronifizierung vorgebeugt wird. Hier kann das frühzeitige Erkennen von potenziellen Verhaltensauffälligkeiten oder ein systematisches Screening des Entwicklungsstandes dazu beitragen, dass sich der Zustand nicht verschlechtert, indem ggf. entsprechende Maßnahmen ergriffen werden. Da es in der tertiären Prävention darum geht, der Verschlimmerung einer bereits manifesten Krankheit vorzubeugen oder z.B. das Auftreten von Komplikationen zu verhindern, kommt dieser Phase in der kindheitspädagogischen Arbeit eher eine untergeordnete Rolle zu. Dennoch ist natürlich auch ein Teil von jüngeren Kindern von chronischen Krankheiten (z.B. Diabetes) oder (schweren) Behinderungen betroffen, sodass auch diese Kinder in den Einrichtungen entsprechend zu begleiten sind.

Hinsichtlich der Strategien zur Prävention unterscheidet Leppin (2018) zwischen drei Ansatzmöglichkeiten. Die erste zielt darauf ab, entweder Krankheitsursachen bzw. Risiken zu unterdrücken oder die Abwehr zu stärken. So kann im kindheitspädagogischen Kontext beispielsweise das Infektionsrisiko für Blasenentzündungen über das Erlernen hygienischen Abputzens nach einer Toilettennutzung reduziert werden. Eine zweite Ansatzmöglichkeit bezieht sich auf die Zielgruppe. Präventionsmaßnahmen können sich universell an große Teile der Bevölkerung oder als zielgruppenspezifische Verfahren ganz bestimmten Gruppen zuwenden. Kriterien können dabei Erkrankungsrisiken, soziodemografische Merkmale wie das Geschlecht oder auch soziale Kontexte, wenn sich Maßnahmen ausschließlich an Kinder in Kindertageseinrichtungen richten, darstellen. Der Fokussierung auf solche

Settings als Sozialzusammenhänge und der damit einhergegehenden Orientierung an den Lebenswelten der Zielpopulation kommt eine besondere Bedeutung zu (siehe hierzu auch Abschnitt Gesundheitsförderung). Die dritte Strategie bezieht sich darauf, inwieweit Maßnahmen auf die Veränderung von Verhalten oder von Umweltbedingungen – also die Verhältnisse – abzielen. Eine verhaltenspräventive Maßnahme kann sich mithilfe edukativer Verfahren auf die Reduktion des Konsums gesüßter Getränke richten. Die Anbringung von Geländern oder Haltegriffen bei Spielplatzgeräten stellt dagegen eine verhältnispräventive Maßnahme dar. Verhaltens- und verhältnispräventive Ansätze können in Settingansätzen gut miteinander kombiniert werden, indem z. B. Kitakinder sowohl wichtige Zusammenhänge rund um die Ernährung oder zu Nahrungsmitteln lernen und gleichzeitig ein gesundes Verpflegungsangebot vorgehalten wird.

3.2 Gesundheitsförderung

Während sich Prävention im Wesentlichen negativ an Krankheiten bzw. problematischen Zuständen und Gefahren orientiert, ist Gesundheitsförderung konzeptionell quasi gegensätzlich ausgerichtet. Hier geht es um den Erhalt oder die Verbesserung von Gesundheit sowie die Bedingungen und Ressourcen, die diese Prozesse unterstützen. In der Ottawa Charta wird Gesundheitsförderung wie folgt definiert:

> »Gesundheitsförderung zielt auf einen Prozess, allen Menschen ein höheres Maß an Selbstbestimmung über ihre Gesundheit zu ermöglichen und sie damit zur Stärkung ihrer Gesundheit zu befähigen« (WHO, 1986, S. 1).

Strategischer Ausgangspunkt für Gesundheitsförderung ist das Konzept der Salutogenese von Aaron Antonovsky (1979). Ihm ging es bei der Entwicklung des Konzepts darum herauszuarbeiten, was Menschen trotz der Belastungen, mit denen sie im Laufe des Lebens konfrontiert sind, gesund hält und sie dazu befähigt, gesund zu bleiben. Als zentrale – gesundheitsförderliche – Ressource formulierte er das Kohärenzgefühl. Hierbei handelt es sich um eine positive Grundeinstellung zum Leben, die sich in einem durchdringenden, dauerhaften und gleichzeitig dynamischen Gefühl der Zuversicht ausdrückt, das die inneren und äußeren Erfahrenswelten strukturiert und vorhersehbar sind. Das Individuum vertraut darauf, dass ihm die notwendigen Ressourcen zur Verfügung stehen, um den Anforderungen des Lebens begegnen zu können und diese als Herausforderungen zu erleben, bei denen sich ein Engagement zur Bewältigung lohnt (Antonovsky, 1997). Weitere Determinanten zur Bewältigung von Stressoren oder zur Sammlung positiver Lebenserfahrungen bestehen nach dem Konzept in generalisierten Widerstandsressourcen (z. B. personale oder soziale Ressourcen) oder Quellen für diese Ressourcen wie dem soziokulturellen Kontext (Bengel et al., 2001).

Gesundheitsförderung kann hierbei an der individuellen Ebene ansetzen, indem beispielsweise personale Schutzfaktoren wie Resilienz, Selbstwertgefühl, Selbstwirksamkeitserwartungen beziehungsweise Lebenskompetenzen von Kindern gestärkt werden. Interventionen können auch auf die Verbesserung der sozialen, ökologischen oder ökonomischen Rahmenbedingungen gerichtet sein. Dort kann es zum einen um Institutionen wie Kitas oder Schulen gehen, zum anderen aber auch um die Verbesserung gesellschaftlicher Bedingungen, z. B. bezogen auf rechtliche oder ökologische Bedingungen. Hinsichtlich der Wirksamkeit von Gesundheitsförderung hat sich gezeigt, dass Maßnahmen, die sowohl individuell auf der Verhaltensebene als auch an den Verhältnissen ansetzen, besonders wirksam sind (Altgeld & Kolip, 2018). Gesundheitsförderung folgt dabei der zentralen Prämisse, dass Gesundheit kein abstraktes Ziel darstellt, sondern im Alltag der Menschen, in ihren Lebenswelten geschaffen und aufrechterhalten wird (Hartung & Rosenbrock, 2022).

> »Ein Setting [...] ist ein Sozialzusammenhang, in dem Menschen sich in ihrem Alltag aufhalten und der Einfluss auf ihre Gesundheit hat. Dieser soziale Zusammenhang ist relativ beständig und seinen Mitgliedern auch bewusst. Er drückt sich aus durch formale Organisationen (z. B. Betrieb, Schule, Kita), regionale Situationen (z. B. Kommune, Stadtteil, Quartier), gleiche Lebenslagen (z. B. Rentner/Rentnerinnen), gemeinsame Werte oder Präferenzen (z. B. Religion, sexuelle Orientierung) bzw. durch eine Kombination dieser Merkmale« (Hartung & Rosenbrock, 2022, S. 669–670).

Settings stellen jeweils einen Teil der Lebenswelt von Menschen dar und gelten als zentraler Ansatzpunkt für Gesundheitsförderung. Der Settingansatz bildet somit die Kernstrategie für die Umsetzung von Gesundheitsförderung (Altgeld & Kolip, 2018). Er fokussiert auf die Lebenswelt der Menschen und dabei auf bestimmte Sozialzusammenhänge und die Rahmenbedingungen, in denen Menschen ihren Alltag verbringen (Hartung & Rosenbrock, 2022).

Kindertageseinrichtungen sind hier sehr wichtige Settings. Zunächst ist die möglichst frühe gesundheitsförderliche Begleitung sinnvoll, da die Lebensphase der frühen Kindheit und mögliche Belastungen von substanzieller Bedeutung für die Gesundheit im späteren Leben sind (Ravens-Sieberer et al., 2018). Die Betreuungsquoten lagen in Deutschland im Jahr 2023 bei Kindern unter drei Jahren bei 36 % und bei Kindern im Alter von drei bis sechs Jahren bei 91 % (Statistisches Bundesamt, 2023), sodass zumindest der ältere Teil der

Kinder sehr gut durch Maßnahmen in Kindertageseinrichtungen erreicht werden kann.

Ein Ansatz zur Gesundheitsförderung, der sowohl individuelle Aspekte des Kindes berücksichtigt als auch die Kindertageseinrichtung als Setting übergreifend einbezieht und damit auf Ebene der Verhältnisse ansetzt, stellt das von Huber et al. (2016) auch im deutschsprachigen Raum publizierte Konzept Posititieve Gezondheid (Positive Gesundheit) dar. Dieser seit Mitte der 2010er Jahre in den Niederlanden entwickelte Ansatz betrachtet Gesundheit als die Fähigkeit eines Menschen, sich an soziale, physische und emotionale Herausforderungen anzupassen und mit diesen weitestgehend unabhängig von anderen aktiv umzugehen (Huber et al., 2016). Basis dieses Ansatzes sind sowohl das o. g. Verständnis von Gesundheit der WHO (1948) als auch das bereits erwähnte Konzept von Gesundheit und Krankheit als Kontinuum (Antonovsky, 1979). In den Niederlanden hat die Auseinandersetzung mit einem positiven Verständnis von Gesundheit bereits zu einem umfassenden Wandel hinsichtlich einer breiteren Perspektive auf Gesundheit geführt. Im Vordergrund steht hierbei das Anliegen, Menschen in die Lage zu versetzen zu erkennen, was für ihre eigene Gesundheit wichtig ist. Ziel gesundheitsbezogener Interventionen ist es, Menschen zu befähigen und zu unterstützen, die Schritte zu unternehmen, die ihnen möglich sind, um ihre eigene Gesundheit positiv zu entwickeln (Positive Gesundheit e.V., o.J.). Mit Gründung des Vereins »Positive Gesundheit Deutschland« findet dieser Ansatz seit 2022 zunehmend auch in Deutschland Beachtung (GKLS, 2022). Für die praktische Umsetzung dieses Ansatzes stellen Huber et al. (2016) auf Basis umfasser Forschung Dimensionen vor, auf die sich Gesundheit bezieht. Hierzu werden zudem ergänzende Fragen als Gesprächsgrundlage zur Verfügung gestellt. Im Setting einer Kindertageseinrichtung könnte dieses Konzept im direkten Kontakt mit Eltern und Kindern sowie bei der Organisationsentwicklung eingesetzt werden.

Eine wichtige Voraussetzung, um in Gesprächen mit Eltern z.B. in einer Kindertageseinrichtung den Ansatz der Positiven Gesundheit umzusetzen, stellt zunächst die Implementierung dieses Konzeptes innerhalb der Organisation dar. Für den Bereich einer KiTa liegen bisher noch keine Erfahrungen vor, jedoch wurde dieser Ansatz in den Niederlanden bereits in sehr unterschiedliche Organisationen implementiert (vgl. Huber et al., 2023). Um Positive Gesundheit in das Arbeitsfeld integrieren zu können, sollte zunächst reflektiert werden, was die Akteur:innen in der Praxis verändern wollen und was sich positiv auf ihre Arbeitszufriedenheit auswirken würde. In diesem Zusammenhang sollten Überlegungen zur Identität der Einrichtung, d.h. den grundlegenden gesellschaftlichen Anforderungen, die an diese Einrichtung gestellt werden, im Hinblick auf die individuellen Bedürfnisse der einzelnen Fachkräfte im Zusammenhang mit ihrer Arbeit, angestellt werden. Im Anschluss daran ist es empfehlenswert, eine gemeinsame übergreifende Vision und schließlich eine Zielsetzung zu entwickeln. Angestrebt wird es, ein möglichst klares, realisierbares Bild der Zukunft zu entwickeln und Schritte abzuleiten, um dieses Ziel zu erreichen. Entsprechend dem Konzept Positive Gesundheit erfolgt in dieser Phase auch die umfassende Auseinandersetzung mit den zugrundeliegenden Vorstellungen. Dabei könnten ausgewählte Aspekte, die für die Einrichtung relevant erscheinen, priorisiert werden (Huber et al., 2023). Der Verein Positive Gesundheit Deutschland e.V. bietet zahlreiche Möglichkeiten (Literatur, Weiterbildungen, Angebote zum Erfahrungsaustausch), um sich mit dem Konzept der Positiven Gesundheit vertraut zu machen (Positive Gesundheit Deutschland e.V., o.J.). Ausgehend von der gemeinsamen Vision sollten im nächsten Schritt Strategien zur Umsetzung festgelegt werden (Huber et al., 2023). In einer Kindertageseinrichtung könnte z.B. das Anbieten gesunder Mahlzeiten, die Gestaltung der Räumlichkeiten, die Kommunikation, die Möglichkeiten der Partizipation, die Tagesstruktur und auch der Umgang mit herausfordernden Situationen mit den Kindern in den Blick genommen werden. Gemeinsam sollten Prioritäten festgelegt sowie überprüfbare Schritte und Ziele formuliert werden.

Für die Arbeit mit Kindern stellt der Verein ein Tool zur Verfügung, welches Leitfragen für die Reflexion mit Kindern ab 8 Jahren enthält. In Kombination mit den dort ausgearbeiteten unterschiedlichen kreativen Methoden und Materialien können auch mit jüngeren Kindern die folgenden Fragen themagtisiert werden:

- Mein Körper: Was lässt sich hinsichtlich der Energie des Kindes, in Bezug auf Essen, Bewegung, Schlafen, Schmerzen, Aussehen beobachten?
- Meine Gefühle und Gedanken: Wie geht das Kind aus Sicht der Eltern mit den eigenen Gefühlen um? Kann es sich selbst akzeptieren?
- Jetzt und später: Freut sich das Kind auf die Zukunft? Hat es Träume und Ziele?
- Sich in seiner Haut wohlfühlen: Kann das Kind genießen, glücklich und fröhlich sein?
- Sich beteiligen: Hat das Kind Freunde? Hat es das Gefühl, dazu zu gehören, wird es ausgegrenzt?
- Das tägliche Leben: Geht das Kind gerne zur KiTa; hat es den Eindruck, so sein zu können, wie es ist, kann es sich beschäftigen? (Positive Gesundheit Deutschland e.V., o.J.)

Im Kontakt der Fachkräfte mit den Eltern – beispielsweise im Rahmen der regelmäßig stattfindenden Entwicklungsgespräche – sollten diese Fragen und Themen, auch den Eltern gegenüber, transparent dargestellt und deren Bedeutung erläutert werden.

In den einzelnen Gruppen in der Kindertageseinrichtung könnte der Ansatz gesundheitsbezogene Herausforderungen fokussieren und hier konkrete Strategien zur Gesundheitsförderung ableiten. Auf der Ebene der Organisation könnte sich z. B. eine Priorität auf die Tagesstrukturierung und hierbei die Essenssituationen beziehen. Bezugnehmend auf die o. g. Herausforderungen könnte mit dem Thema Ernährung begonnen werden. Anknüpfend an die individuellen Vorstellungen der Kinder, die im Rahmen der kreativen Beschäftigung mit den einzelnen Aspekten deutlich werden, könnten Kindheitspädagog:innen Strategien einleiten. Bezogen auf den ersten der o. g. Themenbereiche »Mein Körper« können z. B. Projekte zur Ernährungsbildung durchgeführt werden. Eine Hilfestellung hierfür bieten z. B. die Handlungsempfehlungen, die im Rahmen der Evaluation des IN-FORM-Projektes von Expert:innen aus Wissenschaft und Praxis zur Verfügung gestellt werden (Niederberger et al., 2022). In Bezug auf den Bereich *Meine Gefühle und Gedanken* können Programme zur Förderung der psychischen Gesundheit in der Kindertageseinrichtung eingesetzt werden. Ein Ansatzpunkt könnte dabei die Beteiligung an der Umsetzung des Elterngrogramms *Schatzsuche*, eines Programms zur Förderung der seelischen Gesundheit in der Kindertageseinrichtung, darstellen. Dieses seit mittlerweile gut 10 Jahren in unterschiedlichen Bundesländern angebotene Programm wird nun seit 2024 auch in NRW umgesetzt und über das Landeszentrum für Gesundheit koordiniert. Das Programm bietet Kindertageseinrichtungen Materialien und Weiterbildungsmöglichkeiten für Fachkräfte an, die darauf abzielen, in Zusammenarbeit mit Eltern die seelische Gesundheit von Kindern in der Lebenswelt Kita zu stärken (HAG Kontor, 2024).

Im weiteren Verlauf können weitere Themen aus dem Bildungsbereich Soziale und (inter-)kulturelle Bildung in den Blick genommen werden, wie z. B. *Träume* und *Ziele für die Zukunft*, *Genießen können*, *Sich beteiligen* und *Freunde finden* sowie *Sich beschäftigen können* mit Hilfe kindgerecht gestalteter Bildungsprojekte. Das Konzept der Positiven Gesundheit bietet bei der Priorisierung und Auswahl der Themenbereiche eine Orientierung, zudem ermöglicht es die Ableitung von Methoden und Strategien, sodass die individuellen Vorstellungen und Einstellungen der Kinder, Eltern und der pädagogischen Fachkräfte gleichermaßen berücksichtigt werden können.

Um unabhängig vom konzeptionellen Ansatz qualitativ hochwertige Präventions- oder Gesundheitsförderungsmaßnahmen identifizieren zu können, hat der Landespräventionsrat Niedersachsen die Webseite *Grüne Liste Prävention* entwickelt (Landespräventionsrat Niedersachsen, 2024). Auf der Webseite wird eine Empfehlungsliste von Präventionsprogrammen vorgestellt, die auf ihre Wirksamkeit überprüft wurden. Auch das o.g. Programm Schatzsuche ist dort aufgeführt. Eine Orientierung an dieser Liste ist insofern hilfreich und sinnvoll, als dass im Bereich Gesundheitsförderung zahlreiche Interventionen existieren, jedoch nur ein Teil von ihnen evaluiert wurde. Auf der Webseite wird der Grad der Empfehlung für die einzelnen Programme erläutert und gleichzeitig können Maßnahmen gezielt nach ihrer Effektivität, dem Thema, der Organisationsform oder der Zielgruppe recherchiert werden.

4 Gesundheitsförderung und Prävention in der kindheitspädagogischen Hochschullehre

Lehrveranstaltungen im Bereich Gesundheit sollen sowohl theoretisch-wissenschaftliche Kenntnisse vermitteln als auch praktische Handlungskompetenzen für eine Anwendung bzw. Umsetzung von wirksamen Maßnahmen in Kindertageseinrichtungen bzw. in anderen Settings wie Familie oder Quartier. Im Grundlagenbereich des Studiums setzen sich die Studierenden zunächst mit unterschiedlichen Theorien und Modellen von Gesundheit und Krankheit auseinander und reflektieren ihre Bedeutung für die Kindheitspädagogik. Zudem wird epidemiologisches Grundwissen in Bezug auf die Häufigkeiten des Auftretens von gesundheitlichen Beeinträchtigungen (z.B. Krankheiten im Kindesalter) erworben. In diesem Zusammenhang befassen sich die Veranstaltungen insbesondere mit relevanten Determinanten, die sich im Kindesalter – aber auch mit Blick auf das weitere Leben – sowohl als Risikofaktoren ungünstig oder als Schutzfaktoren günstig auf die gesundheitliche Lage auswirken können. Hierdurch soll die besondere Bedeutung der Vermittlung von Ressourcen im Kindesalter wie Lebenskompetenzen oder Selbstwirksamkeit herausgearbeitet werden. Darauf aufbauend sind konzeptionelle Grundlagen von Gesundheitsförderung und Prävention zu erarbeiten.

Weiterführende Lehrveranstaltungen im Vertiefungsbereich des Studiums können sich mit gesundheitlicher Ungleichheit befassen. Die Studierenden lernen dabei, dass diese Thematik bereits vorgeburtlich bzw. in der frühen Kindheit bedeutsam ist und wie die gesundheitliche Chancengleichheit verbessert werden könnte. Zudem ist im Studienverlauf der Bereich Gesundheitsförderung und Prävention als praktisches Handlungsfeld zu vertiefen. Dabei sind verschiedene Lehrformate geeignet. So können gesundheitsfördernde Interventionsstrategien in Seminaren überlegt und Maßnahmen recherchiert werden, die im Rahmen von Praktika oder Projekten ausprobiert und deren Umsetzung – aber auch mögliche Wirkungen – reflektiert werden. Um dies ausreichend qualifiziert zu ermöglichen, sind zuvor bzw. kursbegleitend ausreichende forschungsmethodische Kompetenzen zu erwerben.

5 Fazit

Gesundheitsförderung und Prävention in kindheitspädagogischen Handlungsfeldern stellen die handelnden Akteur*innen vor umfassende Herausforderungen. Deutlich wurde, dass die frühe Kindheit eine mehrheitlich gesunde Lebensphase ist. Diese Phase kann gut genutzt werden, um Strategien für gesundheitsförderliches Verhalten und die Gestaltung gesunder Lebenswelten zu etablieren. Die aufgezeigten gesundheitlichen Herausforderungen in der Kindheit bieten eine Orientierung, um zu entscheiden, zu welchen Themenbereichen Angebote zur Gesundheitsförderung besonders dringend erscheinen. Das hier nur in Ansätzen vorgestellte Konzept der Positiven Gesundheit gibt ergänzend Anregungen zur Organisationsentwicklung und damit zur systematischen Verankerung von Gesundheitsförderung im Setting Kita. Auch erleichtert es die systematische Planung einzusetzender Interventionen und Strategien unter Beachtung der Perspektive der Kinder in der jeweiligen Einrichtung. Die dargestellten Ausführungen geben Anregungen, um sich näher mit Fragen zu Gesundheit und Krankheit in kindheitspädagogischen Handlungsfeldern zu beschäftigen. Zudem sollen sie zu einer qualifizierten Auseinandersetzung mit konkreten Maßnahmen zur Förderung von Gesundheit und gesundheitsbezogenen Ressourcen im Setting der Kindertagesstätte beitragen.

Literatur

Altgeld, T. & Kolip, P. (2018). Konzepte und Strategien der Gesundheitsförderung. In K. Hurrelmann, M. Richter, T. Klotz & S. Stock (Hrsg.), *Referenzwerk Prävention und Gesundheitsförderung* (5., vollständig überarbeitete Auflage, S. 47–55). Bern: Hogrefe.

Antonovsky, A. (1979). *Health, stress, and coping.* San Francisco: Jossey-Bass.

Antonovsky, A. (1997). *Salutogenese. Zur Entmystifizierung der Gesundheit.* Dt. erweiterte Herausgabe von A. Franke. Tübingen: dgvt.

Bengel, J., Strittmatter, R. & Willmann, H. (2001). *Was erhält Menschen gesund? Antonovskys Modell der Salutogenese – Diskussionsstand und Stellenwert.* Köln: BZgA.

BfArM (Bundesinstitut für Arzneimittel und Medizinprodukte) (2024). *ICD – Internationale statistische Klassifikation der Krankheiten und verwandter Gesundheitsprobleme.* BfArM. https://www.bfarm.de/DE/Kodiersysteme/Klassifikationen/ICD/_node.html.

DGE (Deutsche Gesellschaft für Ernährung) (2017). *10 Regeln der DGE.* DGE. https://www.dge.de/fileadmin/dok/gesunde-ernaehrung/ernaehrungsempfehlung/10-regeln/10-Regeln-der-DGE.pdf

Faltermaier, T. (2023). *Gesundheitspsychologie* (3., aktualisierte Auflage). Stuttgart: Kohlhammer.

Franzkowiak, P. (2022). Prävention und Krankheitsprävention. In Bundeszentrale für gesundheitliche Aufklärung (BZgA) (Hrsg.), *Leitbegriffe der Gesundheitsförderung und Prävention. Glossar zu Konzepten, Strategien und Methoden.* BZgA. Online-Veröffentlichung. https://leitbegriffe.bzga.de/alphabetisches-verzeichnis/praevention-und-krankheitspraevention/

GKLS (Gerhard Kienle Lehrstuhl an der Universität Witten Herdecke) (2022, 15. Juni). *Training für »Positive Health« in Deutschland.* Witten: GKLS. https://www.uni-wh.de/gkls/lehrstuhl/archiv/

Geyer, S. (2020). Soziale Ungleichverteilungen von Gesundheit und Krankheit und ihre Erklärungen. In M. Jungbauer-Gans & P. Kriwy (Hrsg.), *Handbuch Gesundheitssoziologie* (S. 169–192). Wiesbaden: Springer.

Gossmann, E., Erlewein, K. & Fegert, J.M. (2023). Psychische Gesundheit von Kindern und Jugendlichen in Krisenzeiten. Direkte und indirekte Auswirkungen und ihre Prävention. *Nervenheilkunde, 42*(10), 685–694.

HAG Kontor (2024). *Über uns.* https://www.schatzsuche-kita.de/informationen/ueber-uns

Hartung, S. & Rosenbrock, R. (2022, 22. Juni). Settingansatz/Lebensweltansatz. In Bundeszentrale für gesundheitliche Aufklärung (BZgA) (Hrsg.), *Leitbegriffe der Gesundheitsförderung und Prävention. Glossar zu Konzepten, Strategien und Methoden.* BZgA. https://doi.org/10.17623/BZGA:Q4-i106-2.0

Huber, M., Jung, H.P. & van den Brekel-Dijkstra, K. (2023). *Handbuch Positive Gesundheit in der Hausarztpraxis.* Wiesbaden: Springer.

Huber, M., van Vliet, M., Giezenberg, M., Winkens, B., Heerkens, Y., Dagnelie, P. C. & Knotterus, J.A. (2016). Towards a »patient-centred« operationalisation of the new dynamic concept of health: A mixed methods study. *BMJ Open* (5) :e010091.

Jugend- und Familienministerkonferenz (JFMK) & Kultusministerkonferenz (KMK) (2022). *Gemeinsamer Rahmen der Länder für die frühe Bildung in Kindertageseinrichtungen.* https://www.kmk.org/fileadmin/Dateien/veroeffentlichungen_beschluesse/2004/2004_06_03-Fruehe-Bildung-Kindertageseinrichtungen.pdf

Krug, S., Finger, J. D., Lange, C., Richter, A. & Mensink, G. (2018). Sport- und Ernährungsverhalten bei Kindern und Jugendlichen in Deutschland – Querschnittergebnisse aus KiGGS Welle 2 und Trends. *Journal of Health Monitoring, 3*(2), 3–22.

Klipker, K., Baumgarten, F., Göbel, K., Lampert, T. & Hölling, H. (2018). Psychische Auffälligkeiten bei Kindern und Jugendlichen in Deutschland – Querschnittergebnisse aus KiGGS Welle 2 und Trends. *Journal of Health Monitoring, 3*(3), 37–45.

Landespräventionsrat Niedersachsen (2024). *Grüne Liste Prävention – die Empfehlungsliste evaluierter Präventionsprogramme.* https://www.gruene-liste-praevention.de

Leppin, A. (2018). Konzepte und Strategien der Prävention. In K. Hurrelmann, M. Richter, T. Klotz & S. Stock (Hrsg.), *Referenzwerk Prävention und Gesundheitsförderung* (5., vollständig überarbeitete Auflage, S. 47–55). Bern: Hogrefe.

Llewellyn, A., Simmonds, M., Owen, C. G. & Woolacott, N. (2016). Childhood obesity as a predictor of morbidity in adulthood: a systematic review and meta-analysis. *Obesity Reviews, 17*(1), 56–67.

Mensink, G., Schienkiewitz, A., Rabenberg, M., Borrmann, A., Richter, A. & Haftenberger, M. (2018). Konsum zuckerhaltiger Erfrischungsgetränke bei Kindern und Jugendlichen in Deutschland – Querschnittergebnisse aus KiGGS Welle 2 und Trends. *Journal of Health Monitoring, 3*(1), 32–39.

Niederberger, M., Nowitzki-Grimm, S., Werner, L., Schleicher, K. & Lührmann, P. (2022). Optimierung der Verpflegung in Kita und Grundschule. Ergebnisse eines Delphi-Verfahrens im Rahmen der Evaluation eines IN FORM-Projekts. *Prävention & Gesundheitsförderung, 17*(4), 450–456.

Poethko-Müller, C., Kuntz, B., Lampert, T. & Neuhauser, H. (2018). Die allgemeine Gesundheit von Kindern und Jugendlichen in Deutschland – Querschnittergebnisse aus KiGGS Welle 2 und Trends. *Journal of Health Monitoring, 3*(1), 8–15.

Positive Gesundheit Deutschland e.V. (o.J.). *Was ist positive Gesundheit?* https://www.positive-gesundheit.eu/index.php/positive-gesundheit/was-ist-positive-gesundheit

Rademaker, A. L. (2018). *Agency und Gesundheit in jugendlichen Lebenswelten. Herausforderungen für die Kinder- und Jugendhilfe.* Weinheim, München: Beltz Juventa.

Ravens-Sieberer, U., Erhart, M. & Ottová-Jordan, V. (2018). Prävention und Gesundheitsförderung im Kindesalter. In: K. Hurrelmann, M. Richter, T. Klotz & S. Stock (Hrsg.), *Referenzwerk Prävention und Gesundheitsförderung* (5., vollständig überarbeitetet Auflage, S. 75–88). Bern: Hogrefe.

Reiß, F., Kaman, A., Napp, A.-K., Devine, J., Li, L.Y., Strelow, L., Erhart, M., Hölling, H., Schlack, R. & Ravens-Sieberer U. (2023). Epidemiologie seelischen Wohlbefindens von Kindern und Jugendlichen in Deutschland. Ergebnisse aus 3 Studien vor und während der COVID-19-Pandemie. *Bundesgesundheitsblatt, 66*, 727–735.

Richter, M. & Hurrelmann, K. (2016). Die soziologische Perspektive auf Gesundheit und Krankheit. In M. Richter & K. Hurrelmann (Hrsg.), *Soziologie von Gesundheit und Krankheit* (5., vollständig überarbeitetet Auflage, S. 3–19). Bern: Hogrefe.

Rütten, A. & Pfeifer, K. (Hrsg.) (2016). *National Recommendations for Physical Activity and Physical Activity Promotion.* Erlangen: FAU University Press.

Saß, A.C., Kuhnert, R. & Gutsche, J. (2019). Unfallverletzungen im Kindes- und Jugendalter – Prävalenzen, Unfall- und Behandlungsorte, Mechanismen. *Bundesgesundheitsblatt Gesundheitsforschung Gesundheitsschutz, 62*(10), 1174–1183.

Schienkiewitz, A., Brettschneider, A.-K., Damerow S. & Schaffrath Rosario, A. (2018). Übergewicht und Adipositas im Kindes- und Jugendalter in Deutschland – Querschnittergebnisse aus KiGGS Welle 2 und Trends. *Journal of Health Monitoring, 3*(1), 16–23.

Statistisches Bundesamt (2023, 27. September). Betreuungsquote: Anteil der Kinder in Kindertagesbetreuung nach Alter der Kinder und Bundesländern im Jahr 2023 [Graph]. Statista. https://de.statista.com/statistik/daten/studie/166642/umfrage/betreuungsquote-kindertagesbetreuung-in-deutschland/

Stellpflug, M.H. & Münnch, T. (2022). *Krankheit.* Pschyrembel Online. Online-Veröffentlichung. https://www.pschyrembel.de/Krankheit/K0C8J

WHO (World Health Organization) (1948). *Constitution of the World Health Organization.* https://apps.who.int/gb/bd/PDF/bd47/EN/constitution-en.pdf?ua=1

WHO (World Health Organization) (1986). *Ottawa-Charta zur Gesundheitsförderung.* WHO-autorisierte Übersetzung: Hildebrandt/Kickbusch auf der Basis von Entwürfen aus der DDR und von Badura sowie Milz. Genf: WHO. https://iris.who.int/handle/10665/349654

WHO (World Health Organization) (2010). *Global Recommendations on Physical Activity for Health.* Genf: WHO.

WHO (World Health Organization) (2022). *WHO European Childhood Obesity Surveillance Initiative (COSI).* WHO. https://www.who.int/europe/publications/i/item/WHO-EURO-2022-6594-46360-67071

Websites mit Praxis-Ideen und Hintergrundinformationen

Materialien über Gesundheit für Kinder ab 4 Jahren der Siemens-Stiftung: https://medienportal.siemens-stiftung.org/de/experimento-matrix?id=experimento_matrix

Ernährung in Kita und Schule: https://www.bzfe.de/bildung/praxiswissen-kita-und-kindertagespflege/ernaehrung-und-ernaehrungsbildung/ mit Infos für Fachkräften zum Umgang in Essenssituationen und Aufklärungen für das Verständnis eines positiven Ernährungsbildes. Mit Verweisen zu weiteren Programmen und Bundesländerinternen Initiativen

Programm für Kitas zum Thema Gesundes Essen: https://www.fitkid-aktion.de/startseite

Initiative für Fachkräfte, um Kinder für eine vielfältige Ernährung zu begeistern: https://ichkannkochen.de/

Materialiensammlung für das Thema Ernährung und Gesundheit in der Kita: https://www.bzfe.de/bildung/material-fuer-kita-und-tagespflege/

Online Informationen und Materialien rund um Gesundheit, Krankheit und Prävention: https://www.kindergesundheit-info.de/fachkraefte/kindergesundheit-in-der-kita/

https://www.bewegter-kindergarten.de/ – Programm in Kitas in Niedersachsen

Niedersächsische Kinderturnstiftung: https://www.kinderturnstiftung-nds.de/bewegungsideen#FuerKitas – Ideen und kostenlose Materialien für Bewegungseinheiten mit Kindern in der Kita

Auflistung der Bewegungsprogramme in den Bundesländern mit Verlinkungen: https://www.kinderkinder.dguv.de/bewegungs-programme/

VII Umweltbildung und Bildung für nachhaltige Entwicklung

Während Bildung für nachhaltige Entwicklung ein noch junges Thema ist, kann die Umweltbildung auf eine längere Tradition zurückblicken. Umwelt, Natur und/oder Ökologie kommen in elf Bundesländern im Titel eines Bildungsbereichs vor. Lediglich in Baden-Württemberg, Saarland, Sachsen, Schleswig-Holstein und Thüringen wird diesem Thema kein eigenständiger Bildungsbereich gewidmet. Teilweise wird das Thema mit Technik kombiniert (Berlin, Brandenburg, Bremen, Hamburg). Einzelne Bundesländer (Brandenburg, Mecklenburg-Vorpommern) haben auch bereits den Begriff der Nachhaltigkeit aufgenommen; hier sind die jeweiligen Bildungspläne relativ aktuelle Dokumente (aus den Jahren 2020 und 2024).

In seinem Beitrag befasst sich Marcus Knauf mit dem Zusammenhang von Umweltbildung und Bildung für nachhaltige Entwicklung und wirft die Frage auf, ob diese Neuorientierung tatsächlich einen zusätzlichen Nutzen bringt.

Durch gute Bildungsarbeit tragen Kindertageseinrichtungen zur Nachhaltigkeit bei – eine Kritik an einem Bildungsbereich BNE in der frühen Kindheit

Marcus Knauf

> Politische Rahmenpapiere fordern, Bildung für nachhaltige Entwicklung (BNE) als Bildungsbereich in Kindertageseinrichtungen zu verankern. Der Beitrag zeigt, dass das Konzept BNE in der frühen Bildung bislang inhaltlich unklar geblieben ist. Es bestehen grundsätzliche Zweifel, ob BNE als Bildungsbereich in der *frühen* Bildung angemessen ist. Aus dieser kritischen Haltung heraus macht der Beitrag einen Vorschlag, wie Träger von Kindertageseinrichtungen und Pädagoginnen und Pädagogen Nachhaltigkeit sinnvoll integrieren können. Die Quintessenz: Durch eine gute Bildungsarbeit tragen Kindertageseinrichtungen zur Nachhaltigkeit bei. Ein eigener Bildungsbereich ist nicht sinnvoll.

1   Annäherung an den Begriff Nachhaltigkeit

Was bedeutet Nachhaltigkeit? Und was bedeutet Nachhaltigkeit in Kindertageseinrichtungen? Mit dieser Frage beginne ich mein Seminar zum Thema Nachhaltigkeit für Studierende der Pädagogik der Kindheit. Die Antworten fallen Studierenden leicht; die zur Verfügung gestellten Moderationskarten reichen meist nicht aus. Fast alle Studierenden assoziieren mit Nachhaltigkeit in Kitas Themen zu Umwelt- oder Ressourcenschutz, zum Beispiel Müllvermeidung oder Energie- und Wassereinsparung; vereinzelt gibt es auch Nennungen zu sozialen Aspekten, zum Beispiel gerechte Teilhabe und Förderung. Für die Studierenden ist der Begriff Nachhaltigkeit positiv besetzt. Eine solche Abfrage ist sehr hilfreich, zeigt sie doch ein in der Gesellschaft verbreitetes

Alltagswissen über Nachhaltigkeit. Mit den assoziierten Themen wird Nachhaltigkeit weitgehend als *ökologische Nachhaltigkeit* verstanden, als Synonym zu Ökologie oder Umweltschutz. Diese Themen sind für eine Bildungsinstitution wie eine Kita relevant. Sie können Bildungsinhalt sein oder dazu beitragen, die Kita als Unternehmen umweltfreundlicher zu gestalten. Dieses Alltagsverständnis von Nachhaltigkeit verkürzt zwar die Bedeutung von Nachhaltigkeit, denn Nachhaltigkeit umfasst mehr als Ökologie und Umweltschutz. Aber sie wird auf eine Weise formuliert, die aus frühpädagogischer Perspektive angemessen ist. Sie steht damit im Gegensatz zu vielem, was in den letzten Jahren formuliert wurde, wenn Nachhaltigkeits- oder BNE-Fachleute vorschlagen, wie Nachhaltigkeit in der frühen Bildung umgesetzt werden soll. Dieser Beitrag formuliert eine Kritik an diesen Vorschlägen und stellt die grundsätzliche Frage, ob Bildung für nachhaltige Entwicklung ein zentraler Bildungsinhalt in Kindertageseinrichtungen sein sollte bzw. wie das Thema Nachhaltigkeit in Kitas aufgegriffen werden kann. Hierzu ist es zunächst notwendig zu verstehen, wie sich das Leitbild Nachhaltigkeit entwickelt hat und zu einem wichtigen normativen Konzept für die (frühe) Bildung wurde.

2 Eine kleine Geschichte der Nachhaltigkeit

Der Begriff Nachhaltigkeit tauchte erstmals im 18. Jahrhundert Jahren auf. Hanns Carl von Carlowitz forderte in seinem Werk »Sylvicultura Oeconomica« »eine continuirliche beständige und nachhaltende Nutzung« von Wäldern (von Carlowitz, 1713). Diese Forderung war eine Reaktion auf die durch die einsetzende Industrialisierung übernutzen Wälder. Zugleich strebte Carlowitz auch die optimale Bewirtschaftung der Waldflächen mit einem höchstmöglichen Ertrag an. Von Carlowitz gab mit dem Handlungsprinzip der Nachhaltigkeit eine konstruktive Antwort auf die drohende Holzknappheit; diese Antwort war dabei weniger von ökologischen als von ökonomischen Motiven getrieben. Wälder nur noch so stark zu nutzen, wie sie nachwachsen, wurde zum Paradigma der nachhaltigen Forstwirtschaft. Ressourcen so zu nutzen, dass sie für zukünftige Generationen erhalten bleiben, bildet auch den Kern des modernen Nachhaltigkeitsdiskurses.

Die mit dem wirtschaftlichen Fortschritt verbundenen negativen Effekte auf die Umwelt lösten nach dem 2. Weltkrieg Debatten über Umweltschutz und die Grenzen des Wachstums aus. Diese Debatten gewannen in den 1960er und 1970er Jahren an Intensität. Publikationen zu Umweltthemen erreichten eine hohe Popularität; Beispiele hierfür sind das Buch »Silent Spring« (deutsch: »Der stumme Frühling«) von Rachel Carson (1962), in dem sie die negativen Auswirkungen von Pestiziden auf die Umwelt beschrieb, oder der Bericht des Club of Rome, der vor den »Grenzen des Wachstums« warnte (Meadows et al., 1972).

Der 1987 veröffentlichte Brundtland-Bericht *Our Common Future* (UN, 1987) definierte nachhaltige Entwicklung [sustainable development], wie sie bis heute verstanden wird als »Entwicklung, die die Bedürfnisse der Gegenwart befriedigt, ohne zu riskieren, daß künftige Generationen ihre eigenen Bedürfnisse nicht befriedigen können« (Hauff, 1987).

Besondere Bedeutungen hatten die Umweltkonferenzen der Vereinten Nationen, bei denen das Konzept der Nachhaltigkeit fest im internationalen Dialog verankert wurde. Bei der UN-Konferenz in Rio de Janeiro 1992, auch als »Erdgipfel von Rio« bezeichnet, wurde erstmals explizit nicht nur die ökologische, sondern auch die ökonomische und soziale Nachhaltigkeit in die Abschlusserklärung aufgenommen (UN, 1992). Die Agenda 21 wurde bis auf die lokale Ebene heruntergebrochen und ist mit dem Slogan »Think globally, act locally« verbunden. Zehn Jahre später in Johannesburg wurde Bildung als grundlegendes Werkzeug zur Förderung nachhaltiger Entwicklung festgelegt (UN, 2002); für den Zeitraum 2005–2014 wurde die *Dekade Bildung für nachhaltige Entwicklung* (BNE) proklamiert. In der Agenda 2030 stellten die Vereinten Nationen in New York mit 17 Zielen für nachhaltige Entwicklung (Sustainable Development Goals – SDGs) einen universellen Aktionsplan für Nachhaltigkeit auf (UN, 2015).

Spannt man den Bogen von Hans Carl von Carlowitz 1713 bis zu den Vereinten Nationen 2015, wird eine deutliche Erweiterung des Begriffs sichtbar (vgl. auch Knauf, 2014). Heute geht es nicht mehr nur um den Erhalt natürlicher Ressourcen (bei von Carlowitz: der Wald), sondern um eine grundsätzliche Gerechtigkeit, auch in sozialer und wirtschaftlicher Hinsicht. Neben der Erhaltung der Lebensgrundlagen für unsere Kinder, Enkel und Urenkel geht es heute auch darum, dass alle aktuell lebenden Menschen die gleichen Chancen haben sollen – egal ob in Europa, Afrika oder Asien. Nachhaltigkeit beschreibt also eine umfassende inter- und intragenerationale Gerechtigkeit. Sie ist zu einem normativen Leitbild geworden, dessen Kern ein ethisch-moralisches und zugleich handlungsleitendes Prinzip ist (Pufé, 2014).

Nachhaltigkeit erhält auf diese Weise einen umfassenden Charakter und eignet sich für die Integration einer Vielzahl gesellschaftlicher Belange. Mit dieser Ausweitung des Nachhaltigkeitsbegriffs ist die Gefahr seiner Beliebigkeit verbunden. Grundsätzlich stellt sich die Frage, wie es gelingen kann, der Komplexität des Konzepts Nachhaltigkeit in Einrichtungen für junge Kinder angemessen zu begegnen. Die Antwort auf diese Frage sollen die in den vergangenen Jahren entstandenen Konzepte zur Bildung für nachhaltige Entwicklung geben.

3 Bildung für nachhaltige Entwicklung (BNE) in der frühkindlichen Bildung

Im Nationalen Aktionsplan BNE des Bundesbildungsministeriums wurden für alle Ebenen des Bildungssystems Handlungsfelder definiert, so auch für die frühe Bildung. Dazu gehört nicht nur die Integration von BNE in den Bildungsplänen und in der Aus- und Weiterbildung, sondern auch die Nutzung von BNE als professioneller Handlungsgrundlage von Fachkräften und Trägern (Nationale Plattform Bildung für nachhaltige Entwicklung, 2017). BNE wird damit nicht nur zu einem Bildungsinhalt in Kitas, sondern zu einem strukturbezogenen Handlungsprinzip von Einrichtungen und ihren Trägern.

Ein Blick in die Bildungspläne der Bundesländer hingegen zeigt, dass BNE bislang nur teilweise berücksichtigt wurde. Anders als in den Curricula für Schulen, wo BNE durchgehend implementiert wurde (Grundmann, 2017), wurde BNE nur in etwa der Hälfte der Bildungspläne explizit aufgenommen (Arnold et al., 2016). Es ist zu erwarten, dass sich dies zukünftig ändern wird. Gab es 2004 im Gemeinsamen Rahmen der Länder für die frühe Bildung in Kindertageseinrichtungen (JMK & KMK, 2004) noch keinen eigenen Bildungsbereich nachhaltige Bildung, wurde in dessen Novellierung 2022 der Bildungsbereich »Umweltbildung und Bildung für nachhaltige Entwicklung« geschaffen (JMK & KMK, 2022). Möglicherweise drückt sich in der jahrelangen Zurückhaltung eine Unsicherheit aus, wie man mit diesem Thema in der frühen Kindheit umgehen sollte.

Die Umsetzung im Nationalen Aktionsplan und im »Gemeinsamen Rahmen« verdeutlicht, dass BNE und ihre Institutionalisierung eine große Relevanz hat, mit denen sich Träger wie auch Pädagog*innen in Kindertageseinrichtungen auseinandersetzen müssen. Ganz konkret werden sie mit der Frage konfrontiert werden, wie BNE im Kitaalltag ihren Platz finden soll. Welche Vorschläge gibt es also, wie BNE konkret gefördert werden kann?

3.1 Konzeptionelle Grundlagen von BNE

BNE zielt darauf ab, Wissen, Fähigkeiten, Werte und Perspektiven zu vermitteln, die notwendig sind, um eine nachhaltige Zukunft zu gestalten. So soll ein Verständnis für die globalen Herausforderungen wie Klimawandel, Ressourcenknappheit und sozialer Ungerechtigkeit geschaffen werden.

BNE in Deutschland hat ihren Ursprung in den Umweltbewegungen der 1970er und 1980er Jahre (z.B. Beer & de Haan, 1984; zur Geschichte der BNE z.B. Bormann, 2013). Die Charakteristika der in dieser Zeit praktizierten Umwelterziehung bzw. Umweltbildung beschreiben de Haan und Harenberg (1999) mit »Angst, Abwehr und technische Schadensbegrenzung«. Mit BNE stellen sie dem »Bedrohungsszenario« der Umwelterziehung ein »Modernisierungsszenario« gegenüber (Haan & Harenberg, 1999). De Haan und Harenberg führen als zentralen Begriff der BNE die Gestaltungskompetenz ein. Die Gestaltungskompetenz betont die zukunftsorientierte und aktive Formung der Gesellschaft, im Gegensatz zur ängstlichen Haltung der Umwelterziehung (Haan & Harenberg, 1999). Bereits de Haan und Harenberg (1999) erkannten die hohen Anforderungen, die mit dem Begriff der Gestaltungskompetenz für Bildungsprozesse verbunden sind, obwohl sie mit ihrer Orientierung an der Schule ältere Kinder und Jugendliche im Blick hatten und nicht Kinder in den ersten sechs Lebensjahren.

Politisch wurde das Thema BNE durch den Nationalen Aktionsplan von 2002 vorangetrieben (Deutscher Bundestag, 2002). Der Aktionsplan markierte den Beginn einer systematischen Integration von BNE in alle Bildungsbereiche. Im Rahmen der UN-Dekade für Bildung für nachhaltige Entwicklung von 2005 bis 2014 gewann BNE in deutschen Bildungseinrichtungen weiter an Bedeutung. Die Roadmap »Bildung für eine nachhaltige Entwicklung« (BNE 2030) hat zum Ziel, eine gerechtere Welt zu schaffen und zu den 17 Nachhaltigkeitszielen beizutragen, indem Wissen, Bewusstsein und Handeln gefördert werden. Die Nachhaltigkeitsziele sollen zentraler Inhalt von BNE sein (UNESCO, 2021). Für die Umsetzung sieht das BNE 2030-Papier Jugendliche als wichtigste Akteure, während (jüngere) Kinder nicht genannt werden.

Anders ist es in der Deutschen Nachhaltigkeitsstrategie (erstmals: Bundesregierung, 2016). Die Nachhaltigkeitsstrategie betont die große Bedeutung der frühkindlichen Bildung zur Erreichung der UN-Nachhaltigkeitsziele. Das *SDG 4 Hochwertige Bildung* setzt als eines von zwei Zielen den Ausbau der Ganztagsbetreuung für Kinder unter sechs Jahren (Destatis, 2024). Als Grundgedanke lässt sich zusammenfassen: Wenn man es (mehr) Kindern unter sechs Jahren ermöglicht, eine Kindertageseinrichtung zu besuchen, wird ein erheblicher Beitrag zur Erfüllung der deutschen Nachhaltigkeitsziele geleistet.

Die frühe institutionalisierte Bildung selbst ist damit schon per se ein Beitrag zur nachhaltigen Entwicklung.

3.2 Kritische Perspektiven auf BNE in der frühkindlichen Bildung

Die Berücksichtigung von BNE ist eine Anforderung, die heute aus dem politischen Raum an Einrichtungen der frühen Kindheit gestellt wird. Die Frage jedoch, *warum* dies sinnvoll ist, bleiben die Roadmap der Bundesregierung oder die Papiere der Vereinten Nationen schuldig. Auch theoretische Begründungen bleiben oftmals schwach. Beispielsweise zeigt sich, dass Pramling Samuelsson (2011) in ihrem paradigmatischen Aufsatz »Why We Should Begin Early with ESD: The Role of Early Childhood Education« die selbstgestellte Frage nicht beantwortet. Stattdessen wird nicht folgerichtig argumentiert, dass frühkindliche Bildung einen erheblichen Einfluss auf die Bildung von Menschen hat und die Annahme, es würde entsprechend auch zu nachhaltigem Denken und Handeln von Menschen beitragen, wenn sie sich nur früh genug mit diesem Thema auseinandersetzen. Kurz: Je früher, desto besser. Dieser Argumentation könnte man mit Jickling (1992) entgegenhalten, dass Bildung darauf abzielen solle, Kinder zum selbstständigen Denken zu befähigen, wohingegen es bei BNE um die (frühzeitige) Internalisierung bereits vorgegebener Werte und Inhalte gehe. Den Gedanken der »Instrumentalisierung bzw. Funktionalisierung von Bildung zum Zweck der Erreichung des Ziels einer nachhaltigen Entwicklung« greift auch Hamborg (2017) auf. Zudem weist er darauf hin, dass BNE auch als Alibi missbraucht wird, um von den wahren Problemen abzulenken und die Verantwortung für Klimakrise und globale Ungerechtigkeit an die Individuen zu delegieren: »Wenn die Individuen nur genügend Kompetenzen entwickelt haben und sich ausreichend Mühe geben, kann auch das Ziel einer nachhaltigen Entwicklung erreicht werden. Dabei wird der Blick auf strukturelle Aspekte bestehender Verhältnisse verdeckt« (Hamborg, 2017).

Wenn, wie in der vorliegenden Betrachtung, junge Kinder im Fokus stehen, kann die Subjektivierung von Verantwortung als besonders problematisch angesehen werden. Genau in diese Stoßrichtung formulierten Schäfer et al. (2012) eine grundsätzliche Kritik an BNE als Bildungsinhalt in der frühen Kindheit: Nachhaltigkeit und Umweltprobleme seien Aufgaben, die Erwachsene lösen sollen; diese Aufgaben, an denen wir selbst scheiterten, nun ausgerechnet Kindern aufzubürden, sehen sie deshalb als zynisch an. Stattdessen sollte es das Ziel sein, dass Kinder durch Neugier und Liebe zur Natur eine positive Haltung entwickeln.

Es zeigt sich, dass das auf den ersten Blick fraglos gute Ansinnen, dass sich bereits Kita-Kinder mit dem Thema der Nachhaltigkeit befassen, bei differenzierter Betrachtung weniger eindeutig positiv zu bewerten ist. Zwar wird die Einbindung von BNE in die frühkindliche Erziehung politisch gefordert, jedoch bleiben die konkreten Gründe und theoretischen Begründungen oft vage. Zudem wird das Aufbürden dieser Verantwortung auf junge Kinder als unangemessen angesehen, da es die Aufgabe Erwachsener sei, aktuelle Umweltprobleme und Ungerechtigkeiten zu lösen. Eine Fokussierung auf BNE in der frühkindlichen Bildung kann dazu führen, dass Bildung instrumentalisiert wird, um individuelle Verantwortung für strukturelle und globale Probleme zu fördern, was den Blick für die eigentlichen Ursachen dieser Probleme verstellt.

3.3 BNE im Spannungsfeld von Theorie und Praxis

Neben den genannten theoretischen Herausforderungen erweist sich auch die Umsetzung von BNE in der Praxis von Kindertageseinrichtungen als schwierig. Die Auswertung der vorliegenden Literatur zeigt fünf Probleme:

1. Begriffliche Unschärfe und starke Abstraktion
2. Reduktion auf ökologische Nachhaltigkeit
3. Fehlende Altersangemessenheit
4. Moralisierende Haltung und alarmistische Angst- und Untergangsrhetorik
5. Fokussierung von Aktivitäten mit geringer Wirkung.

1. Die *starke Abstraktion* zeigt sich bereits im Gemeinsamen Rahmen der Länder für die frühe Bildung in Kindertageseinrichtungen. Er fordert dazu auf, die »Behebung bereits entstandener Schäden und die Wechselwirkungen zwischen Ökologie, Ökonomie, Kultur und Sozialem im Sinne der Bildung für nachhaltige Entwicklung« in den Mittelpunkt zu stellen (JMK & KMK 2022). Wie dieses anspruchsvolle Ziel mit Kindern in der Kita erreicht werden kann, bleibt jedoch offen. Die Komplexität des Themas Nachhaltigkeit macht es besonders schwierig, konkrete Maßnahmen zu formulieren, weshalb die vorliegenden Arbeiten oftmals auf abstraktem und allgemeinem Niveau stehenbleiben und wie Stoltenberg (2009) den Schwerpunkt auf die Erörterung grundlegender Prinzipien wie etwa Gestaltungskompetenz und den Strategien für eine nachhaltige Entwicklung legen. Typisch ist auch die Nennung allgemein frühpädagogischer Prinzipien ohne bzw. mit einem schwer erkennbaren Bezug zu Nachhaltigkeit als

Umsetzungsmöglichkeiten: Partizipation, Kita als Erfahrungs-, Lern- und Gestaltungsort nutzen, Förderung von Fantasie und Ausdrucksmöglichkeiten, Arbeit in Projekten, Spiel oder Entdeckendes Lernen (z. B. Pramling Samuelsson, 2011; Stoltenberg, 2009). Die Verwendung von BNE für nahezu jede beliebige pädagogische Aktivität der frühen Kindheit zeigt sich auch in der vom Wissenschaftsladen Bonn (2019) herausgegebenen Sammlung mit Praxis-Beispielen. Die meisten der zusammengetragenen Beispiele zeigen sinnvolle Aktivitäten, die aber nicht immer einen Bezug zu Nachhaltigkeit haben, z. B. »die Zubereitung des Frühstücks« (Wissenschaftsladen Bonn, S. 28). Es zeigt sich, dass Nachhaltigkeit in der Praxis als Container für gutes (pädagogisches) Handeln aufgefasst wird und dann nahezu alles umfasst, was als gut und richtig empfunden wird.

2. Ein weiteres Problem besteht darin, dass das Thema BNE oftmals auf die ökologische Nachhaltigkeit reduziert wird. Beispielhaft ist hier die Publikation »Umweltbildung und -erziehung in Kindertageseinrichtungen. Ausgewählte Themen und Projekte zur Bildung für nachhaltige Entwicklung« des Familienministeriums und des Umweltministeriums in Bayern (STMAS & STMUV, 2016). Bereits im Titel wird eine Gleichsetzung von BNE mit Umweltbildung bzw. -erziehung vorgenommen.

3. Als drittes grundlegendes Problem erweist sich die in vielen Beiträgen fehlende Altersangemessenheit für Kinder in den ersten sechs Lebensjahren. Als konkretes Beispiel, wie man mit den Nachhaltigkeitsdimensionen arbeiten kann, schlägt etwa Stoltenberg (2009) vor, bei der Behandlung des Themas »Boden unter nachhaltiger Perspektive« den Kindern zu vermitteln, dass Böden »Puffer, Filter oder Transformatoren für Schadstoffe« darstellen. Solche Formulierungen legen den Eindruck nahe, dass schulische Inhalte auf die frühkindliche Bildung übertragen und nicht sinnvoll angepasst werden. In ähnlicher Manier empfehlen Kauertz et al. (2019) in einer Veröffentlichung der Stiftung »Haus der kleinen Forscher« (jetzt: Stiftung Kinder forschen) als Bildungsziel: »Kinder unterscheiden zwischen notwendigen Bedingungen (Cut-off-Kriterien) und abwägbaren Bedingungen (Trade-off-Kriterien).« Auch hier wurden weder kindgerechte Inhalte noch frühpädagogische Methoden gefunden; auch fehlt eine altersangemessene Sprache.

4. Der Klimawandel und die mit ihm verbundenen negativen Auswirkungen auf Mensch und Umwelt bereiten vielen Menschen Sorgen. Diese Sorge zeigt sich zum Teil in einem Alarmismus, den Erwachsene auf Kinder übertragen. Gepaart ist dieser Alarmismus oftmals mit einer unangemessenen moralisierenden Haltung, die insbesondere das Konsumverhalten der Familien kritisiert. Gefangen in den Ängsten vor der Zukunft hat es eine

pädagogische Haltung der Zuversicht schwer. Eine Analyse von 83 Sachbilderbüchern zu den Themen Umwelt und Klima aus den Jahren 2018 bis 2021 zeigte, dass viele dieser Bücher damit arbeiten, den Kindern Angst zu machen und zum Moralisieren neigen (Knauf, 2023). Überwiegend wurde an die Verantwortung der Kinder appelliert, um sie so zu umweltbewusstem Handeln zu motivieren; Suffizienz war dabei die wichtigste Strategie. In den Büchern fanden sich nur selten Ideen für möglicherweise zukunftsverändernde Innovationen; Kinder wurden nur in wenigen Büchern ermutigt, als Wissenschaftlerinnen oder Erfinder die Welt zu verändern.
5. Zahlreiche der Vorschläge und Ideen in der Literatur, wie man sich nachhaltig verhält, haben einen geringen ökologischen Impact. Sie fühlen sich vor allem gut an, bewirken aber wenig. Die vorgeschlagenen Maßnahmen könnte man in Anlehnung an Wynes & Nicholas (2017) als »lower-impact actions«, also Maßnahmen mit geringem Nutzen, bezeichnen. In den Kitas, deren Bemühen um Nachhaltigkeit der Wissenschaftsladen Bonn (2019) dokumentiert hat, liest man häufig, dass man auf biologische, regionale und saisonale Lebensmittel setze. Biologischer Anbau oder Saisonalität sind aus Umweltsicht von eher geringer Bedeutung (Benz, 2021). Wenn man auf der individuellen Ebene etwas erreichen wollte, müsste man stattdessen bei der Ernährung sicherstellen, dass Einrichtungen möglichst auf tierische Produkte und Genussmittel (Schokolade und Kakao) sowie die Vernichtung von Lebensmitteln verzichten (Benz, 2021). Bezieht man auch die soziale Dimension von Nachhaltigkeit mit ein, so gibt es auch Argumente für den Kauf regionaler Lebensmittel, wird dadurch ggf. der Erhalt einer bäuerlichen Landwirtschaft in der Region gefördert. Demgegenüber erfüllen importierte Produkte aus Entwicklungsländern ggf. auch die soziale Dimension von Nachhaltigkeit, denn sie ermöglichen den dort Lebenden ein höheres Einkommen. An diesem Beispiel erkannt man, dass Nachhaltigkeit selbst durch verschiedene Zielkonflikte geprägt ist und eine Handlungsanweisung, wie man sich nachhaltig verhält, oftmals nicht so einfach zu geben ist.

Viele der vorgebrachten Beispiele gehören selbstverständlich zu einem vernünftigen Handeln, wie etwa das Löschen des Lichts, wenn man einen Raum verlässt, oder das Reparieren eines kaputten Fahrrads. Hier stellt sich die Frage, ob diese Selbstverständlichkeiten das Label *nachhaltig* benötigen.

Vor dem Hintergrund dieser Kritik und der gleichzeitigen Aufgabe, das Thema Nachhaltigkeit in Kindertageseinrichtungen zu berücksichtigen, werden im nächsten Kapitel Strategien skizziert, wie Nachhaltigkeit und BNE einen sinnvollen Platz in Kitas finden könnten (Disclaimer: Es ist nicht die Verankerung als Bildungsbereich).

4 Wie könnte Nachhaltigkeit und nachhaltige Bildung angemessen in Einrichtungen der frühen Kindheit umgesetzt werden?

Ich schlage fünf Punkte vor, wie Nachhaltigkeit als Thema in Kitas verankert werden kann:

1. Nachhaltigkeit sollte nicht als Bildungsbereich, sondern als Querschnittsthema betrachtet werden. Dies betrifft zum einen die Organisation und zum anderen den Bildungsinhalt. Indem man die Verantwortung für Nachhaltigkeit auf der Ebene der Einrichtung verortet, ist sie dort, wo sie hingehört – bei Erwachsenen und nicht bei jungen Kindern. Verortet man BNE als Querschnittsthema der vorhandenen Bildungsbereiche (vgl. STMAS & STMUV, 2016), wird das Risiko verringert, dass Nachhaltigkeit als eigenständiger Bildungsbereich mit einem Ansatz der Aufklärungspädagogik etabliert wird. Ein Beispiel für dieses Prinzip bietet der Bayerische Bildungs- und Erziehungsplan für Kinder in Tageseinrichtungen bis zur Einschulung (STMAS & IFP, 2010).
2. Nachhaltigkeitsthemen sollten alltagsintegriert dort aufgegriffen werden, wo es thematisch und inhaltlich passt. Auch die Umsetzung in einem Projekt kann sinnvoll sein. Insofern unterscheiden sich die pädagogischen Prinzipien bei dem Thema BNE nicht von denen bei allen anderen Bildungsbereichen. Es handelt sich vielmehr um die Prinzipien frühkindlicher Bildung, die inhaltlich variiert werden. Nicht jede Selbstverständlichkeit muss gleich als nachhaltig aufgeladen werden. Bei starker Hitze und Trockenheit Wasser für Vögel bereitzustellen, ist z.B. nicht nachhaltig, sondern rücksichtsvoll – bzw. vernünftig.
3. Angst ist ein schlechter pädagogischer Ratgeber. Pädagog*innen brauchen eine positive Einstellung zur Zukunft. Wenn sie davon überzeugt sind, dass der Kollaps der Erde bevorsteht, dann wird ihr pädagogisches Handeln angstbesetzt sein, wenn Nachhaltigkeit thematisiert wird. Diese Ängste können sich auf die Kinder übertragen. Das kann verhindern, dass sie die Persönlichkeit entwickeln, die notwendig ist, um in der Zukunft individuell

zu bestehen und auch gesellschaftlich entscheidende Impulse zu geben. Genügsamkeit und das Sammeln von Müll sind zwar einfache, auch von Kindern umzusetzende Strategien, sie allein werden aber konkret kaum zu einem grundlegenden Wandel beitragen. Es bleibt deshalb eine zentrale Aufgabe von Pädagog*innen, den Kindern Zuversicht zu geben. Trotz aller aktuellen Krisen haben die letzten Jahrzehnte in Bezug auf Gleichberechtigung der Geschlechter, Lebenserwartung oder die Bekämpfung von Armut und Hunger einen weltweiten Fortschritt gebracht, der uns für die Zukunft ermutigen kann (z. B. Pinker, 2018; Rosling, 2018). Die Aufgabe von Pädagog*innen ist es, die entsprechenden Kompetenzen zur Gestaltung der gemeinsamen Zukunft zu fördern. Und diese Kompetenzen liegen paradoxerweise nicht in dem Thema selbst, sondern außerhalb – zum Beispiel in einer guten mathematischen oder naturwissenschaftlichen Bildung. Gute Bildung zur nachhaltigen Entwicklung in der frühen Kindheit ist am ehesten die Bildung, die sich dieses Etikett gar nicht verordnet, sondern die Kinder auf altersangemessene Weise fördert.
4. Pädagog*innen brauchen ein Basiswissen zu Nachhaltigkeit. Sie sind – ebenso wie Träger und Leitungen von Einrichtungen – vor die Aufgabe gestellt, das Thema Nachhaltigkeit in ihrer Einrichtung sinnvoll zu etablieren. Bei allen möglichen Vorbehalten gegenüber dem Konzept gibt es politische Vorgaben, die eine Etablierung dieses Konzepts forcieren. Alle Beteiligten sollten sich daher der Grenzen und Möglichkeiten der jeweiligen Umsetzung vor Ort bewusst sein. Bei Gressel (2022) finden sich Beispiele, wie man die in Kindertageseinrichtungen geleistete Arbeit den 17 UN-Nachhaltigkeitszielen zuordnen kann. Mit einem solchen Vorgehen kann mit einfachen Mitteln den formalen Verpflichtungen genüge getan werden. Zum Basiswissen über Nachhaltigkeit gehört auch zu wissen, wo tatsächlich Wirkungen erzielt werden können und wo nicht. Dies sind meistens Maßnahmen, die nicht im Einflussbereich der Kinder liegen: fleischlose Ernährung (anstelle beispielsweise von Biolebensmitteln) oder die ressourcenschonende Energieversorgung (anstelle beispielsweise einer Ölheizung).
5. Die Bildungsarbeit in Kindertageseinrichtungen knüpft unmittelbar an das SDG 4 Hochwertige Bildung in der Nachhaltigkeitsstrategie der UN-Nachhaltigkeitsziele an. Mit einer guten kindorientierte Bildungsarbeit tragen Pädagoginnen und Pädagogen in ihren Einrichtungen substanziell zum Thema Nachhaltigkeit bei.

5 Hochschuldidaktischer Impuls: Planspiel nachhaltige Kita

Dieser Artikel sollte einen Eindruck davon geben, wie komplex das Thema Nachhaltigkeit ist und welche Fragen sich (künftige) Pädagoginnen und Pädagogen stellen können, wenn sie sich mit diesem Thema beschäftigen.

Um einerseits der Komplexität des Themas gerecht zu werden und andererseits ein anregendes und motivierendes Setting für Studierende zu schaffen, arbeite ich mit einem Planspiel. Ein Planspiel ist eine Lehrmethode, bei der Studierende durch simuliertes Handeln in einem modellhaften, aber realitätsnahen Szenario komplexe Prozesse und Systeme erforschen können (zu Planspielen an Hochschulen Goldmann & Schwanholz, 2023). Dabei übernehmen die Teilnehmenden Rollen, die bestimmte Interessen und Ziele innerhalb des definierten Szenarios repräsentieren – in einem Planspiel zu Nachhaltigkeit in der Kita schlüpfen sie in die Rolle der Mitglieder eines Kita-Teams. Ihre Aufgabe besteht darin, sich mit ihrer Kita für den Deutschen Nachhaltigkeitspreis zu bewerben.

Grundlage und Ausgangspunkt dafür bildet eine Einführung in das Thema Nachhaltigkeit durch den Dozenten. Dieser stellt sicher, dass die Studierenden über das notwendige Basiswissen verfügen.

Anschließend sind die Gruppen gefordert, das Thema als Einrichtung umzusetzen und für andere verständlich aufzubereiten. Dabei sollen sie sich an einer konkreten Einrichtung orientieren, die mindestens eines der Gruppenmitglieder sehr genau kennt. Insgesamt wird die Seminargruppe so in mehrere Teams gegliedert, die miteinander um den Nachhaltigkeitspreis konkurrieren. Das Planspiel umfasst vier thematische Runden:

- Analyse/Status Quo: Identifikation von Stärken und Schwächen der Einrichtung in Hinblick auf Nachhaltigkeit.
- Nachhaltigkeitsziele und konkrete Maßnahmen: Entwicklung von Schritten, die die Nachhaltigkeit der Einrichtung verbessern können; Grundlage sind die SDGs.
- BNE: Entwicklung von Bildungsgelegenheiten oder Projekten für Kinder im Kontext von Nachhaltigkeit.
- Kommunikation: Darstellung der gewählten Maßnahmen und Strategien für die Öffentlichkeit.

Für die Arbeitsphasen haben die Gruppen jeweils ca. zwei Stunden Zeit. Dabei treffen die Studierenden Entscheidungen und interagieren miteinander in einer strukturierten Umgebung, wodurch sie theoretisches Wissen praktisch anwenden, strategisches Denken entwickeln und die Konsequenzen ihrer Entscheidungen direkt erleben können. Ziel ist es, durch aktives Erleben und Reflektieren tiefergehende Einsichten in die behandelten Themen zu gewinnen und die damit einhergehenden sozialen, ökonomischen und politischen Dynamiken besser zu verstehen. Den Abschluss jeder Runde bildet eine Präsentation der Ergebnisse.

Wenn man möchte, kann man eine zusätzliche Motivation dadurch erreichen, dass man das Planspiel stärker wettbewerbsorientiert anlegt: Die fiktiven Einrichtungen stehen miteinander in Konkurrenz – und am Ende wird das beste Konzept prämiert. Will man den Praxistransfer erhöhen, kann man zu Beginn des Seminars eine Kita besuchen. Die Gruppen entwickeln für diese Kita in mehreren Runden ein Nachhaltigkeitskonzept. In einer abschließenden Präsentation würden die Studierenden in der Kita ihre Konzepte vorstellen. Auf diese Weise wäre ein intensiver Dialog mit den Pädagoginnen und Pädagogen in der Praxis zum Thema Nachhaltigkeit möglich.

Zu empfehlen ist, die Veranstaltung als Blockseminar mit einem Umfang von zwei bis vier Semesterwochenstunden durchzuführen. Studienleistungen können – je nach Anforderung – die aktive Teilnahme an der Veranstaltung, die Ausarbeitung einer Spielrunde oder der gesamten Bewerbung für den Nachhaltigkeitspreis sein.

Mit dieser Aufgabe wird das Thema Nachhaltigkeit so angelegt, dass sowohl organisationale Aspekte als auch das Thema BNE ausreichend berücksichtigt werden können.

Literatur

Arnold, M.-T., Carnap, A. & Bormann, I. (2016). *Bestandsaufnahme zur Verankerung von Bildung für nachhaltige Entwicklung in Bildungs- und Lehrplänen.* Stiftung »Haus der kleinen Forscher«. Online-Veröffentlichung. https://www.stiftung-kinder-for-schen.de/fileadmin/Redaktion/4_Ueber_Uns/Evaluation/Abgeschlossene_Studien/170301_BNE_Expertise.pdf

Beer, W. & de Haan, G. (Hrsg.), (1984). *Ökopädagogik. Aufstehen gegen den Untergang der Natur.* Weinheim: Beltz.

Benz, M. (2021, 01. Oktober). »Regionale Lebensmittel schonen die Umwelt« – das stimmt nicht immer. Aber es gibt andere Wege, wie Konsumenten ihre Ökobilanz tatsächlich verbessern können. Neue Zürcher Zeitung. https://www.nzz.ch/wirtschaft/regionale-lebensmittel-ueberschaetzter-effekt-fuer-umwelt-und-klima-ld.1646776

VII Umweltbildung und Bildung für nachhaltige Entwicklung

Bormann, I. (2013). Bildung für nachhaltige Entwicklung. Von den Anfängen bis zur Gegenwart – Institutionalisierung, Thematisierungsformen, aktuelle Entwicklungen. In N. Pütz, K. W. Martin & N. Logemann (Hrsg.), *Bildung für nachhaltige Entwicklung. Aktuelle theoretische Konzepte und Beispiele praktischer Umsetzung* (S. 11–29). Frankfurt am Main: Lang. https://doi.org/10.3726/978-3-653-02878-2

Carson, R. (1962). *Silent spring*. New York: Fawcett Crest.

Destatis (Hrsg.) (2024). *Indikatoren der Deutschen Nachhaltigkeitsstrategie. 4 Hochwertige Bildung. Inklusive, gleichberechtigte und hochwertige Bildung gewährleisten und Möglichkeiten lebenslangen Lernens für alle fördern*. Online-Veröffentlichung. https://dns-indikatoren.de/4/

Deutscher Bundestag (Hrsg.) (2002). *Bericht der Bundesregierung zur Bildung für eine nachhaltige Entwicklung. Unterrichtung durch die Bundesregierung* (Drucksache 14/7971, 03.01.2002). Online-Veröffentlichung. https://dserver.bundestag.de/btd/14/079/1407971.pdf

Die Bundesregierung (Hrsg.) (2016). *Deutsche Nachhaltigkeitsstrategie. Neuauflage 2016. Kabinettsbeschluss vom 11. Januar 2017*. Online-Veröffentlichung. https://www.bundesregierung.de/resource/blob/975292/730844/3d30c6c2875a9a08d364620ab7916af6/deutsche-nachhaltigkeitsstrategie-neuauflage-2016-download-bpa-data.pdf?download=1

Goldmann, A. & Schwanholz, J. (2023). Editorial: Planspiele in der Hochschullehre. *Zeitschrift für Hochschulentwicklung, 18* (Sonderheft Planspiele), 11–17. https://doi.org/10.21240/zfhe/SH-PS/01

Hauff, V. (Hrsg.), (1987). *Unsere gemeinsame Zukunft: der Brundtland-Bericht der Weltkommission für Umwelt und Entwicklung*. Greven: Eggenkamp.

STMAS & STMUV (Bayerisches Staatsministerium für Arbeit und Soziales, Familie und Integration & Bayerisches Staatsministerium für Umwelt und Verbraucherschutz), (2016). *Umweltbildung und -erziehung in Kindertageseinrichtungen. Ausgewählte Themen und Projekte zur Bildung für nachhaltige Entwicklung*. Online-Veröffentlichung. https://www.lbv.de/files/user_upload/Dokumente/Umweltbildung/Brosch%C3%BCre-Umweltbildung%20und%20-erziehung%20in%20Kindertageseinrichtungen%20-%20ausgew%C3%A4hlte%20Themen%20und%20Projekte-lbv-stmuv.pdf

STMAS & IFP (Bayerisches Staatsministerium für Arbeit und Sozialordnung, Familie und Frauen & Staatsinstitut für Frühpädagogik), (2010). *Der Bayerische Bildungs- und Erziehungsplan für Kinder in Tageseinrichtungen bis zur Einschulung* (4. Auflage). Berlin: Cornelson Scriptor.

de Haan, G. & Harenberg, D. (1999). *Bildung für eine nachhaltige Entwicklung. Gutachten zum Programm* (Materialien zur Bildungsplanung und zur Forschungsförderung, Heft 72). Bonn: Bund-Länder-Kommission (BLK). https://doi.org/ 10.25656/01:218

Gressel, C. (2022, 13. Juni). *17 Ziele – 17 Beispiele für Nachhaltigkeit im Kita-Alltag. Rund um KiTa. Das Elternportal zu Kita und Kindertagespflege*. https://www.rund-um-kita.de/17-ziele-17-beispiele-fuer-nachhaltigkeit-im-kita-alltag/

Grundmann, D. (2017). *Bildung für nachhaltige Entwicklung in Schulen verankern. Handlungsfelder, Strategien und Rahmenbedingungen der Schulentwicklung*. Wiesbaden: Springer. https://doi.org/10.1007/978-3-658-16913-8

Hamborg, S. (2017). »Wo Licht ist, ist auch Schatten« – Kritische Perspektiven auf Bildung für nachhaltige Entwicklung und die BNE-Forschung im deutschsprachigen Raum. In M.

Brodowski (Hrsg.), *Bildung für Nachhaltige Entwicklung. Interdisziplinäre Perspektiven* (S. 15–31). Berlin: Logos Verlag.
Jickling, B. (1992). Viewpoint: Why I Don't Want My Children to Be Educated for Sustainable Development. *The Journal of Environmental Education, 23*(4), 5–8. https://doi.org/10.1080/00958964.1992.9942801
JMK & KMK (Hrsg.) (Jugendministerkonferenz & Kultusministerkonferenz), (2022). *Gemeinsamer Rahmen der Länder für die frühe Bildung in Kindertageseinrichtungen.* Online-Veröffentlichung. https://www.kmk.org/fileadmin/veroeffentlichungen_beschluesse/2004/2004_06_03-Fruehe-Bildung-Kindertageseinrichtungen.pdf
JMK & KMK (Jugendministerkonferenz & Kultusministerkonferenz), (2004). *Gemeinsamer Rahmen der Länder für die frühe Bildung in Kindertageseinrichtungen.* Online-Veröffentlichung. https://www.kmk.org/fileadmin/veroeffentlichungen_beschluesse/2004/2004_06_04-Fruehe-Bildung-Kitas.pdf
Kauertz, A., Molitor, H., Saffran, A., Schubert, S., Singer-Brodowski, M., Ulber, D. & Verch, J. (2019). Zieldimensionen einer Bildung für Nachhaltige Entwicklung (BNE) für Kinder, pädagogische Fach- und Leitungskräfte. In Stiftung »Haus der kleinen Forscher« (Hrsg.), *Frühe Bildung für nachhaltige Entwicklung - Ziele und Gelingensbedingungen. Wissenschaftliche Untersuchungen zur Arbeit der Stiftung »Haus der kleinen Forscher«* (Band. 12). Opladen, Berlin, Toronto: Barbara Budrich. https://www.stiftung-kinder-forschen.de/fileadmin/Redaktion/Ansatz_und_Wirkung/Wissenschaftliche_Begleitung/Publikationen/Band_12.pdf
Knauf, M. (2014). Is the Sustainability Revolution Devouring Its Own Children? Understanding Sustainability as a Travelling Concept and the Role Played by Two German Discourses on Sustainability. *Forests, 5*(11), 2647–2657. https://doi.org/10.3390/f5112647
Knauf, M. (2023). Zwischen Wissen und Handeln - eine qualitative Studie zu Sachbilderbüchern für Kinder über Umwelt und Klima. *Zeitschrift für Didaktik der Naturwissenschaften, 29*(4). https://doi.org/10.1007/s40573-023-00152-1
Meadows, D. H., Meadows, D. L., Randers, J. & Behrens, W. W. III. (1972). *The Limits to Growth. An Essay on the Principle of Population.* London: J. Johnson.
Nationale Plattform Bildung für nachhaltige Entwicklung (2017). *Nationaler Aktionsplan Bildung für nachhaltige Entwicklung Der deutsche Beitrag zum UNESCO-Weltaktionsprogramm.* Nationale Plattform Bildung für nachhaltige Entwicklung. Berlin: Nationale Plattform für nachhaltige Entwicklung. https://www.bne-portal.de/bne/shareddocs/downloads/files/nationaler_aktionsplan_bildung-er_nachhaltige_entwicklung_neu.pdf?__blob=publicationFile&v=3
Pinker, S. (2018). *Aufklärung jetzt: Für Vernunft, Wissenschaft, Humanismus und Fortschritt. Eine Verteidigung.* Frankfurt: S. Fischer.
Pramling Samuelsson, I. (2011). Why We Should Begin Early with ESD: The Role of Early Childhood Education. *IJEC, 43*, 103–118. https://doi.org/10.1007/s13158-011-0034-x
Pufé, I. (2014). Was ist Nachhaltigkeit? Dimensionen und Chancen. *APuZ - Aus Politik und Zeitgeschichte, 64*(31–32), 15–21.
Rosling, H. (2018). *Factfulness: Wie wir lernen, die Welt so zu sehen, wie sie wirklich ist.* Berlin: Ullstein.

Schäfer, G. E., Panitz, K. & Kleinow, M. (2012). »Aufklärungspädagogik ist der falsche Ansatz«. Ein kritischer Blick auf Bildung für nachhaltige Entwicklung als pädagogisches Programm. *Theorie und Praxis der Sozialpädagogik, 7*, 16–23.

Stoltenberg, U. (2009). *Bildung für eine nachhaltige Entwicklung im Elementarbereich.* Online-Veröffentlichung. Bonn: bne. https://www.bne-portal.de/bne/shareddocs/downloads/files/ute-stoltenberg-fuer-lp-2009.pdf?__blob=publicationFile&v=2

UNESCO (Organisation der Vereinten Nationen für Bildung, Wissenschaft und Kultur), (2021). *Bildung für nachhaltige Entwicklung Eine Roadmap. BNE 2030.* UNESCO. Online-Veröffentlichung. https://www.unesco.de/sites/default/files/2022-02/DUK_BNE_ESD_Roadmap_DE_barrierefrei_web-final-barrierefrei.pdf

UN (United Nations), (1987). *Report of the World Commission on Environment and Development: Our Common Future.* Oxford: Oxford University Press. https://sustainabledevelopment.un.org/content/documents/5987our-common-future.pdf

UN (United Nations), (1992). *Report of the United Nations Conference on Environment and Development.* Online-Veröffentlichung. https://www.un.org/en/development/desa/population/migration/generalassembly/docs/globalcompact/A_CONF.151_26_Vol.I_Declaration.pdf

UN (United Nations), (2002). *Report of the World Summit on Sustainable Development, Johannesburg.* Online-Veröffentlichung. https://digitallibrary.un.org/record/478154?v=pdf

UN (United Nations), (2015). *Transforming our world: the 2030 Agenda for Sustainable Development, Resolution adopted by the General Assembly on 25 September 2015.* Online-Veröffentlichung. https://documents.un.org/doc/undoc/gen/n15/291/89/pdf/n1529189.pdf?token=mjpAPuIqbXm5iF6N9t&fe=true

von Carlowitz, H. C. (1713). *Sylvicultura Oeconomica: haußwirthliche Nachricht und Naturmäßige Anweisung zur Wilden Baum-Zucht.* Leipzig: Johann Friedrich Braun.

Wissenschaftsladen Bonn (2019). *Beispiele aus den KiTas. Bildung für nachhaltige Entwicklung in der Praxis.* Online-Veröffentlichung. https://www.wilabonn.de/images/PDFs/NachhaltigeKiTa/Praxisleitfaden_Beispiele_aus_den_KiTas.pdf

Wynes, S. & Nicholas, K. A. (2017). The climate mitigation gap: Education and government recommendations miss the most effective individual actions. *Environmental Research Letters, 12*(7), 074024. https://doi.org/10.1088/1748-9326/aa7541

Websites mit Praxis-Ideen und Hintergrundinformationen

Materialien zum Thema Umwelt ab 4 Jahren: https://medienportal.siemens-stiftung.org/de/experimento-matrix?id=experimento_matrix

Projektideen der Siemens-Stiftung zum Thema Nachhaltigkeit und Beispielen für die Umsetzung mit Kindern: https://medienportal.siemens-stiftung.org/de/experimento-matrix?id=experimento_matrix

Praxisleitfaden zu Bildung für nachhaltige Entwicklung (BNE) mit Beispielen aus Kitas: https://www.wilabonn.de/images/PDFs/NachhaltigeKiTa/Praxisleitfaden_Beispiele_aus_den_KiTas.pdf

BNE in Kita, Grundschule und Hort mit Projektbeschreibungen und Gelingensbedingungen für die Umsetzung in der Praxis: https://www.stiftung-kinder-forschen.de/ueber-uns/partnerschaften-projekte/bildung-fuer-nachhaltige-entwicklung-bne/

Kostenfreie Materialien für Kitas zu Klima für Fachkräfte: https://klima-kita-netzwerk.de/materialien-fuer-kitas/

Einfach mal anfangen! Clevere Ideen für Klimaschutz in der Kita (Ideen für die Umsetzung von Klimaschutz in der Kita): https://www.klett-kita.de/portal/einfach-mal-anfangen-clevere-ideen-fuer-klimaschutz-in-der-kita?mtm_campaign=tps-praxismappe&mtm_source=fb&mtm_medium=portal&mtm_content=fb-post

Verzeichnis

Die Autorinnen und Autoren

Dr. Thomas Altenhöner ist Professor für das Lehrgebiet Gesundheitswissenschaften an der Hochschule Bielefeld. Seine Arbeitsschwerpunkte liegen in den Bereichen Sozialepidemiologie, Prävention und Gesundheitsförderung.

Dipl.-Päd. Güler Arapi ist Lehrkraft für besondere Aufgaben am Fachbereich Sozialwesen der Hochschule Bielefeld. Sie lehrt u.a. zu den Themen Kindheit, Migration, Heterogenität und Diskriminierung. Arapi promoviert zum Thema »Kindheit und Differenz. Erfahrungen und Umgang der Adressierung des Andersseins« an der Universität Bielefeld.

Dr. Juliane Gerland ist Professorin für Musikpädagogik mit dem Schwerpunkt sonderpädagogische Förderung und Inklusion an der Universität Münster. Sie forscht zu Inklusion und Diversität in der Musikalischen Bildung sowie zu pädagogischer Professionalisierung im Musikschulkontext.

Lena S. Jaeger ist wissenschaftliche Mitarbeiterin am Institut für Didaktik der Mathematik an der Universität Bielefeld. Sie forscht schwerpunktmäßig zur Entwicklung des probabilistischen Denkens von Kindern im Elementar- und Primarbereich.

Dr. Helen Knauf ist Professorin für Bildung und Sozialisation im Kindesalter an der Hochschule Bielefeld. Ihre Arbeitsschwerpunkte liegen in den Bereichen Digitalität und Digitalisierung in Kindertageseinrichtungen sowie Bildungsdokumentation.

PD Dr. Marcus Knauf ist selbstständiger Berater; er beschäftigt sich wissenschaftlich mit den Themen Klimaschutz, Wald und Holz und Nachhaltigkeit. Er lehrt am Fachbereich Biologie der Universität Hamburg sowie an der Fakultät für Umwelt und Natürliche Ressourcen der Universität Freiburg.

Dr. Miriam M. Lüken ist Professorin für Didaktik der Mathematik mit dem Schwerpunkt frühe mathematische Bildung an der Universität Bielefeld. Sie forscht zur Entwicklung des mathematischen Denkens von Kindern im Elementar- und Primarbereich.

Dr. Nadine Madeira Firmino ist Professorin für Erziehungswissenschaften mit dem Schwerpunkt Didaktik der frühen Bildung an der Hochschule Bielefeld. Ihre Lehr- und Forschungsschwerpunkte liegen in den Bereichen Alltagsintegrierte Sprachbildung, Bildungs- und Entwicklungsdokumentation im Elementarbereich und Pädagogische Qualität.

Dr. Katja Makowsky ist Professorin für Pflege und Gesundheitswissenschaften in den Handlungsfeldern der Sozialen Arbeit und der Kindheitspädagogik an der Hochschule Bielefeld. Ihre Schwerpunkte sind Familien in belastenden Lebenslagen z.B. aufgrund psychischer Erkrankungen und qualitative Forschungsstrategien.

Dr. Alexander Scheidt ist Professor für Erziehungswissenschaft mit dem Schwerpunkt Beratung, Qualitätsentwicklung und Organisation in kindheitspädagogischen Systemen an der Hochschule Bielefeld. Zu seinen Forschungsgebieten gehört der Einfluss von Neugier und sozialer Interaktion auf die Entwicklung wissenschaftlichen Denkens.

Prof. Dr. Renate Zimmer ist Erziehungswissenschaftlerin mit dem Schwerpunkt frühe Kindheit. Sie lehrte und forschte als Professorin für Sportwissenschaft an der Universität Osnabrück und leitete bis 2018 das von ihr mitgegründete Niedersächsische Institut für Frühkindliche Bildung und Entwicklung (nifbe). Zu Ihren Arbeitsschwerpunkten gehören die Psychomotorik, Bewegungserziehung, Entwicklungsbeobachtung, Sprache und Bewegung, Sinneswahrnehmung.